I CAPOLAVORI DELLA LETTERATURA

Alfieri *Tragedie*

(≈1780)

Vittorio Alfieri

TRAGEDIE

Fratelli Melita Editori

ISBN 88-403-6726-8

© 1990 Fratelli Melita Editori, La Spezia
Prima edizione: 1990.

L'AUTORE E LE SUE OPERE

Nacque in Asti il 17 Gennaio 1749 da genitori nobili e con una solida posizione economica. Perduto il padre, conte Antonio Alfieri, quando aveva un anno appena, fu affidato alla tutela dello zio Pellegrino Alfieri, governatore di Cuneo.
Nel 1758 entrò nel Collegio dei nobili in Torino. Ripetute malattie e un'indole violenta da esse inasprita, resero tristi i primi anni della sua giovinezza. Fu ricevuto nell'Accademia di Torino verso la fine del secondo lustro; frequentò poi le lezioni di legge nell'Università torinese, ma quattordicenne appena lasciò le letture legali, passando ad altro ramo di studi.
Uscito dall'Accademia, condusse vita spensierata e dispendiosa; viaggiò molto in Italia, visitò tutte le principali capitali d'Europa e ritornò a Torino il 5 maggio 1772. Quivi stette per due anni trattenuto da una passione che non fu lodevole, ma fu lo stimolo della sua inclinazione per la poesia.
Dopo alcuni esperimenti lirici compose una specie di tragedia, intitolata *Cleopatra*, che si rappresentò in Torino il 16 giugno 1775 ad un tempo con una commediola intitolata i *Poeti*, nella quale egli medesimo derideva la sua tragedia. L'esito di queste composizioni, che furono applaudite e ripetute, scaturì il poeta. Il giovane ozioso e dissipatore si accese d'amore per lo studio e se ne videro presto i frutti. *Filippo Secondo* e *Polinice* furono le due sue prime tragedie; *Antigone* venne poco dopo.
Si recò poi in Toscana per studiare, come poi il Manzoni, la parlata vera toscana, e scrisse quì l'*Agamennone*, l'*Oreste*, il *Don Garzia*, e la *Congiura de' Pazzi*.
Dimorando a Firenze conobbe la contessa Maria Stolbergd d'Albany e se ne innamorò perdutamente. Separatasi essa dal marito, Alfieri la seguì in vari luoghi, finché nel 1788, essendo morto il ma-

rito, prese a convivere con lei. In questo tempo scrisse la *Maria Stuarda*, la *Rosmunda*, l'*Ottavia* ed il *Timoleone*. Affidò in Siena la stampa delle sue tragedie ad un suo amico, e dettò frattanto la *Merope*, il *Saul*, i due *Bruti*, l'*Agide*, la *Sofonisba* e la *Mirra*.
Nell'età di 46 anni si diede allo studio della lingua greca; tradusse le *Rane* di Aristofane, i *Persiani* di Eschilo, il *Filottete* di Sofocle e l'*Alceste* di Euripide. Queste traduzioni dal greco, le sei commedie, le satire e la traduzione delle Commedie di Terenzio occuparono il rimanente della sua vita.
Morto a Firenze l'8 ottobre 1803, fu sepolto nella chiesa di Santa Croce, dove l'amica sua gli fece innalzare un magnifico sepolcro su disegno del *Canova*.

ANTIGONE

ANTIGONE — *Atto 5. - Scena VI.*

ARGOMENTO

Morti che furono Eteocle e Polinice, il trono di Tebe era dovuto ad un figlio del primo, detto Leodamante. Creonte si dichiarò tutore del fanciullo, e prese le redini del governo. Il primo atto di autorità di quest'uomo tanto celebre pel suo crudele talento fu di vietare, sotto pena della vita dei trasgressori, che fosse data sepoltura ai corpi dei Greci caduti estinti nella guerra contro Tebe, e giacenti sotto le mura di questa città col cadavere del principe Polinice nominato poc'anzi. La di lui sorella Antigone, a cui si aggiunge Argia, figlia di Adrasto re di Sicione e d'Argo, e moglie di Polinice, concepì il pietoso disegno di dare l'onor della tomba al fratello; e si accinsero a mandarlo di notte furtivamente ad effetto. Ma furono scoperte: Argia fuggì: Antigone fu presa, e dal tiranno condannata a morte. La cura di eseguir la sentenza fu da Creonte data ad Emone suo figlio, che amava da più anni teneramente la principessa. Narrano i mitologi, che questi, invece di ucciderla, la nascose presso alcuni pastori, e n'ebbe anche un figlio, il quale poi cresciuto, in certi publici giuochi si fe' conoscere, e palesò esser viva ancora sua madre. Allora Creonte, cui nulla potè piegare ad umanità, fece sepellire Antigone viva; ed Emone disperato sulla tomba di lei si uccise. Ravvicinando i tempi, e di poco variando i fatti, Alfieri da tale racconto ha tratta questa Tragedia.

ANTIGONE

PERSONAGGI

Creonte **Argia**
Antigone **Emone**

Guardie - Seguaci d'Emone

Scena, la Reggia in Tebe.

ATTO PRIMO

SCENA I.

Argia

Eccoti in Tebe, Argia... Lena ripiglia
Del rapido viaggio... Oh! come a volo
D'Argo venn'io! — Per troppa etade tardo,
Mal mi seguiva il mio fedel Menéte:
Ma in Tebe io ..o. L'ombre di notte amico
Velo prestaro all'ardimento mio;
Non vista entrai. — Questa è l'orribil reggia,
Cuna del troppo amato sposo, e tomba.
Oh Polinice!... il traditor fratello
Qui nel tuo sangue l'odio iniquo ei spense.
Invendicata ancor tua squallid'ombra
S'aggira intorno a queste mura, e niega
Aver la tomba al fratel crudo appresso,
Nell'empia Tebe; e par, ch'Argo mi additi...
Sicuro asilo Argo ti fu: deh! il piede
Rimosso mai tu non ne avessi!... Io vengo
Per lo tuo cener sacro. A ciò prestarmi

Sola può di sua mano opra pietosa
Quell'Antigone, a te già cara tanto
Fida sorella. Oh come io l'amo! oh quale,
Nel vederla, e conoscerla, e abbracciarla
Dolcezza al cor me ne verrà! Qui seco
A pianger vengo in su la gelid'urna,
Che a me si aspetta; e l'otterrò: sorella
Non può a sposa negarla. — Unico nostro
Figlio, ecco il don, ch'io ti riporto in Argo;
Ecco il retaggio tuo; l'urna del padre! —
Ma dove, incauta, il mio dolor mi mena?
Argiva son, sto in Tebe, e nol rimembro?
L'ora aspettar, che Antigon'esca... E come
Ravviserolla?... E s'io son vista?... Oh cielo!...
Or comincio a tremar;... qui sola... Oh!... parmi,
Che alcun si appressi: Oimè!.. che dir?.. qual arte?
...Mi asconderò.

SCENA II.

Antigone.

— Questa è la reggia; oscura
La notte: or via; si vada... E che? vacilla
Il core? il piè, mal ferme l'orme imprime?
Tremo? perchè? donde il terrore? imprendo
Forse un delitto?... o morir forse io temo?
Ah! temo io sol di non compier la impresa.
O Polinice, o fratel mio, finora
Pianto invano... — Passò stagion del pianto:
Tempo è d'oprar: me del mio sesso io sento
Fatta maggiore: ad onta oggi del crudo
Creonte, avrai da me il vietato rogo;
L'esequie estreme, o la mia vita, avrai.
Notte, o tu, che regnar dovresti eterna
In questa terra d'ogni luce indegna,
Del tuo più denso orrido vel ti ammanta,
Per favorir l'alto disegno mio.
De' satelliti regi al vigil guardo
Sottrarmi; io spero in te. — Numi, se voi

Espressamente non giuraste, in Tebe
Nulla opra mai pietosa a fin doversi
Trarre, di vita io tanto sol vi chieggio,
Quanto a me basti ad eseguir quest'una.
Vadasi omai: santa è l'impresa: e sprone
Santo mi punge, alto fraterno amore...
Ma, chi m'insegue? Oimè! tradita io sono...
Donna a me viene? Oh! chi sei tu? rispondi.

SCENA III.

Argia ed Antigone

ARG.
   Una infelice io sono.
ANT.   In queste soglie
   Che fai? che cerchi in sì tard'ora?
ARG.   Io... cerco...
   ...D'Antigone...
ANT.   Perchè. — Ma tu, chi sei?
   Antigone conosci? a lei se' nota?
   Che hai seco a far? che hai tu comun con essa?
ARG.
   Il dolor, la pietà...
ANT.   Pietà? qual voce
   Osi tu in Tebe proferir? Creonte,
   Regna in Tebe, nol sai? noto a te forse
   Non è Creonte?
ARG.   Or dianzi io qui giungea...
ANT.
   E in questa reggia il piè straniera ardisci
   Por di soppiatto? a che?...
ARG.   Se in questa reggia
   Straniera io son, colpa è di Tebe: udirmi
   Nomar qui tale io non dovrei.
ANT.   Che parlí?
   Ove nascesti?
ARG.   In Argo.

ANT.   Ahi nome! oh quale
  Orror m'ispira! A me pur sempre ignoto,
  Deh, stato fosse! io non vivria nel pianto.
ARG.
  Argo a te costa lagrime? di eterno
  Pianto cagion mi è Tebe.
ANT.   I detti tuoi
  Certo a me suonan pianto. O donna, s'altro
  Dolor sentir che il mio potessi, al tuo
  Io porgerei di lagrime conforto:
  Grato al mio cor fora la storia udirne,
  Quanto il narrarla, a te: ma, non è il tempo,
  Or che un fratello io piango...
ARG.   A tu se' dessa;
  Antigone tu sei...
ANT.   Ma... tu...
ARG.   Sei dessa.
  Argia son io; la vedova infelice
  Del tuo fratel più caro.
ANT.   Oimè!... che ascolto?...
ARG.
  Unica speme mia, solo sostegno,
  Sorella amata, al fin ti abbraccio. — Appena
  Ti udia parlar, di Polinice il suono
  Pareami udire: al mio core tremante
  Porse ardir la tua voce: osai mostrarmi...
  Felice me!... ti trovo... Al rattenuto
  Pianto, deh! lascia ch'io, tra' dolci amplessi,
  Libero sfogo entro al tuo sen conceda.
ANT.
  — Oh come io tremo! O tu, figlia di Adrasto,
  In Tebe? in queste soglie? in man del fero
  Creonte?... Oh vista inaspettata! oh vista
  Cara non men che dolorosa!
ARG.   In questa
  Reggia, in cui me sperasti aver compagna,
  (E lo sperai pur io) così mi accogli?
ANT.
  Cara a me sei, più che sorella.. .Ah! quanto
  Io già ti amassi, Polinice il seppe:
  Ignoto sol m'era il tuo volto; i modi,
  L'indole, il core, ed il tuo amore immenso

Per lui, ciò tutto io già sapea. Ti **amava**
Io già, quant'egli: ma, vederti in Tebe
Mai non volea; nè il vo'... Mille funesti
Perigli (ah! trema) hai qui d'intorno.

ARG. Estinto
Cadde il mio Polinice, e vuoi ch'io tremi?
Che perder più, che desiar mi resta?
Abbracciarti, e morire.

ANT. Aver poi morte
Qui non degna di te.

ARG. Fia degna sempre,
Dov'io pur l'abbia in su l'amata tomba
Del mio sposo.

ANT. Che parli?.. Oimè.. La tomba?...
Poca polvere, che il copra, oggi si vieta
Al tuo marito, al mio fratello, in Tebe,
Nella sua reggia.

ARG. Oh ciel! Ma il corpo **esangue**...

ANT.
Preda alle fiere in campo ei giace...

ARG. **Al campo**
Io corro.

ANT. Ah! ferma il piè. — Creonte **iniquo**,
Tumido già per l'usurpato trono,
Leggi, natura, Dei, tutto in non cale
Quell'empio tiene; e, non che il rogo ei **nieghi**
Ai figli d'Argo, ei dà barbara morte
A chi da lor la tomba.

ARG. In campo preda
Alle fiere il mio sposo?... ed io nel **campo**
Passai pur dianzi!... e tu vel lasci?... Il sesto
Giorno già volge, che trafitto ei cadde
Per man del rio fratello; ed insepolto,
E nudo ei giace? e le morte ossa ancora
Dalla reggia paterna escluse a forza
Stanno? e il soffre una madre?...

ANT. Argia diletta.
Nostre intere sventure ancor non sai. —
Compier l'orrendo fratricidio appena
Vede Giocasta, (ahi misera!) non piange,
Nè rimbombar fa di lamenti l'aure.

Dolore immenso le tronca ogni voce;
Immote, asciutte, le pupille figge
Nel duro suol: già dall'averno l'ombre
De' dianzi spenti figli, e dell'ucciso
Lajo, in tremendo flebil suono chiama;
Già le si fanno innanti; erra gran pezza
Così l'accesa fantasia tra i mesti
Spettri del suo dolore: a stento poscia
Rientra in sè; me desolata figlia
Si vede intorno, e le matrone sue.
Fermo ell'ha di morir, ma il tace; e queta
S'infinge, per deluderci... Ahi me lassa!...
Incauta me!... delusa io son: lasciarla
Mai non dovea. — Chiamar placido sonno
L'odo, gliel credo, e ci scostiamo: il ferro,
Ecco, dal fianco palpitante ancora
Di Polinice ha svelto, e in men ch'io il dico,
Nel proprio sen lo immerge; e cade, e spira. —
Ed io che fo?... Di questo fatal sangue
Impuro avanzo, anch'io col ferro istesso
Dovea svenarmi; ma, pietà mi prese
Del non morto, nè vivo, cieco padre.
Per lui sofferta ho l'abborrita luce;
Serbata io m'era a sua tremula etade...

ARG.
    Edippo?... Ah! tutto ricader dovea
In lui l'orror del suo misfatto. Ei vive?
E Polinice muore?

ANT.   Oh! se tu visto
Lo avessi! Edippo misero! egli in somma,
Padre è del nostro Polinice; ei soffre
Pena maggior che il fallo suo. Ramingo,
Cieco, indigente, addolorato, in bando
Ei va di Tebe. Il reo tiranno ardisce
Scacciarlo. Edippo misero! far noto
Non oserà il suo nome: il ciel, Creonte,
Tebe, noi tutti, ci colmerà di orrende
Imprecazioni. — Al vacillante antico
Suo fianco irne sostegno eletta io m'era:
Ma gli fui tolta a forza; e qui costretta
Di rimanermi: ah! forse era dei Numi
Tale il voler; chè, lungi appena il padre,
Degli insepolti la inaudita legge

Creonte in Tebe promulgò. Chi ardiva
Romperla qui; chi, se non io?
ARG.   Chi teco,
Chi, se non io, potea divider l'opra?
Qui ben mi trasse il cielo. Ad ottenerne
Da te l'amato cenere io veniva:
Oltre mia speme, in tempo ancora io giungo
Di riveder, riabbracciar le care
Sembianze; e quella cruda orribil piaga
Lavar col pianto; ed acquetar col rogo
L'ombra vagante... Or, che tardiam? Sorella,
Andianne; io prima...
ANT.   A santa impresa vassi;
Ma vassi a morte: io 'l deggio, e morir voglio:
Nulla ho che il padre al mondo, ei mi vien tolto:
Morte aspetto, e la bramo. — Incender lascia,
Tu che perir non déi, da me quel rogo,
Che coll'amato mio fratel mi accolga.
Fummo in duo corpi un'alma sola in vita,
Sola una fiamma anco la morte nostre
Spoglie consumi, e in una polve unisca.
ARG.
Perir non deggio? Oh! che di' tu? vuoi forse
Nel dolor vincer me? Pari in amarlo
Noi fummo; pari; o maggior io. Di moglie
Altro è l'amor, che di sorella.
ANT.   Argia,
Teco non voglio io gareggiar di amore;
Di morte, sì. Vedova sei; qual sposo
Perdesti, il so: ma tu, figlia non nasci
D'incesto; ancor la madre tua respira:
Esul non hai, non cieco, non mendico,
Non colpevole, il padre; il ciel più mite
Fratelli a te non diè, che l'un dell'altro
Nel sangue a gare si bagnasser empj.
Deh! non ti offender, s'io morir vo' sola;
Io, di morir, pria che nascessi, degna.
Deh! torna in Argo... Oh! nol rimembri? hai pegno
Là del tuo amor; di Polinice hai viva
L'immagin là nel tuo fanciullo: ah! torna:
Di te fa lieto il disperato padre,
Che nulla sa di te; deh! vanne: in queste

Soglie null'uom ti vide; ancor n'hai tempo
Contro al divieto io sola basto.
ARG.   ... Il figlio?...
Io l'amo, ah! sì; ma pur, vuoi tu ch'io fugga,
Se qui morir si dee per Polinice?
Mal mi conosci. — Il pargoletto in cura
Riman di Adrasto; ei gli fia padre. Al pianto
Il crescerei; mentre a vendetta, e all'armi
Nutrir si de'. — Non v'ha timor, che possa
Tormi la vista dell'amato corpo.
O Polinice mio, ch'altra ti renda
Gli ultimi onori?...
ANT.   Alla tebana scure
Porger tu il collo vuoi?...
ARG.   Non nella pena,
Nel delitto è la infamia. Ognor Creonte
Sarà l'infame: del suo nome ogni uomo
Sentirà orror, pietà del nostro...
ANT.   E tormi
Tal gloria vuoi?
ARG.   Veder io vo' il mio sposo;
Morir sovr'esso — E tu, qual hai tu dritto
Di contendermi il mio? tu, che il vedesti
Morire, e ancor pur vivi?...
ANT.   Omai, te credo
Non minore di me. Pur, m'era forza
Ben accertarmi pria, quanto in te fosse
Del femminil timor: del dolor tuo
Non era io dubbia; del valore io l'era.
ARG.
Disperato dolor, chi non fa prode?
Ma, s'io l'amor del tuo fratel mertava,
Donna volgare esser potea?
ANT.   Perdona:
Io t'amo; io tremo; e il tuo destin mi duole.
Ma il vuoi? si vada. Il ciel te non confonda
Colla stirpe d'Edippo! — Oltre l'usato
Parmi oscura la notte: i Numi al certo
L'attenebrar per noi. Sorella, il pianto
Bada tu bene a rattener: più ch'altro,

Tradir ci può. Severa guardia in campo
Nulla ci scopra a lor, pria della fiamma
Divoratrice dell'esangue busto.
ARG.
  Non piangerò... ma tu,... non piangerai?
ANT.
  Sommessamente piangeremo.
ARG.   In campo,
  Sai tu in qual parte ei giace?
ANT.   Andiam: so dove
  Gli empj il gìttaro. Vieni. Io meco porto
  Lugubri tede: ivi favilla alcuna
  Trarrem di selce, onde s'incendian. — Segui
  Tacitamente ardita i passi miei.

ATTO SECONDO

SCENA I.

Creonte ed **Emone**.

CREO.
  Ma che? tu sol nella mia gioja, o figlio,
  Afflitto stai? Di Tebe al fin sul trono
  Vedi il tuo padre; e tuo retaggio farsi
  Questo mio scettro. Onde i lamenti? duolti
  D'Edippo forse, o di sua stirpe rea?
  E ti parria delitto aver pietade
EMO.
  D'Edippo e di sua stirpe? A me non fia,
  Nel dì funesto in cui vi ascendi, il trono
  Di così lieto augurio, onde al dolore
  Chiuda ogni via. Tu stesso un dì potresti
  Pentito pianger l'acquistato regno.
CREO.
  Io piangerò, se pianger dessi, il lungo
  Tempo, che a' rei nepoti, infami figli
  Del delitto, obbedia. Ma, se l'orrendo
  Lor nascimento con più orrenda morte
  Emendato hanno, eterno obblio li copra.
  Compiuto appena il loro destin, più puro
  In Tebe il sol, l'aer più sereno, i Numi
  Tornar più miti: or sì, sperar ne giova
  Più lieti dì.
EMO.   Tra le rovine, e il sangue
  De' più stretti congiunti, ogni altra speme,
  Che di dolor, fallace torna. Edippo,
  Di Tebe un re (che tale egli è pur sempre)
  Di Tebe un re, ch'esul, ramingo, cieco,
  Spettacol nuovo a Grecia tutta appresta:
  Due fratelli che svenansi; fratelli
  Del padre lor: figli d'incesta madre
  A te sorella, e di sua man trafitta:

Vedi or di nomi orribile mistura,
E di morti, e di pianto. Ecco la strada,
Ecco gli auspici, onde a regnar salisti.
Ahi padre! esser puoi lieto?

CREO.   Edippo solo
Questa per lui contaminata terra,
Col suo più starvi, alla terribil ira
Del ciel fea segno; era dover, che sgombra
Fosse di lui. Ma i nostri pianti interi,
Figlio, non narri. Ahi, scellerato Edippo!
Che non mi costi tu? La morte io piango
Anco d'un figlio; il tuo maggior fratello,
Menéceo; quei, che all'empie e stolte fraudi,
Ai vaticinj menzogneri e stolti
Di un Tiresia credè: Menéceo, ucciso
Di propria man, per salvar Tebe; ucciso,
Mentre pur vive Elippo? Ai suoi delitti
Poca è vendetta il suo perpetuo esiglio. —
Ma, seco apporti ad altri lidi Edippo
Quella, che il segue ovunque i passi ei muova.
Maledizion del cielo. Il pianger noi,
Cosa fatta non toglie; oggi il passato
Obliar dessi; e di Fortuna il crine
Forte afferrare.

EMO.   Instabil Dea, non ella
Forza al mio cor farà. Del ciel lo sdegno
Bensì temer, padre, n'è d'uopo. Ah! soffri
Che franco io parli. Il tuo crudel divieto,
Che le fiere de' Greci ombre insepolte
Varcar non lascia oltre Acheronte, al cielo
Grida vendetta. Oh! che fai tu? di regno
E di prospera sorte ebbro, non pensi,
Che Polinice è regio sangue, e figlio
Di madre a te sorella? Ed ei pur giace
Ignudo in campo: almen lo esangue busto
Di lui nepote tuo, lascia che s'arda.
Alla infelice Antigone, che vede
Di tutti i suoi l'ultimo eccidio, in dono
Concedi il corpo del fratel suo amato.

CREO.
Al par degli empj suoi fratelli, figlia
Non è costei di Edippo?

EMO.   Al par di loro,
  Dritto ha di Tebe al trono. Esangue corpo
  Ben puoi dar per un regno.
CREO.   A me nemica
  Ell'è...
EMO.   Nol creder.
CREO   Polinice ell'ama,
  E il genitor; Creonte dunque abborre.
EMO.
  Oh ciel! del padre, del fratel pietade
  Vuoi tu ch'ella non senta? In pregio forse
  Più la terresti, ove spietata fosse?
CREO.
  Più in pregio, no; ma la odierei pur meno. —
  Re gli odj altrui prevenir dee; nemico
  Stimare ogni uom, che offeso ei stima. — Ho tolto
  Ad Antigone fera ogni pretesto,
  Nel torle il padre. Esuli uniti entrambi,
  Potean, vagando, un re trovar, che velo
  Fese all'innata ambizïon d'impero
  Di mentita pietade; e in armi a Tebe,
  Qual venne Adrasto, un dì venisse. — Io t'odo
  Biasmare, o figlio, il mio divieto, a cui
  Alta ragion, che tu non sai, mi spinse.
  Ti fia poi nota; e, benchè dura legge,
  Vedrai, ch'ella era necessaria.
EMO.   Ignota.
  M'è la ragion, di' tu? ma ignoti, parmi,
  Ten son gli effetti. Antigone può in Tebe
  Dell'esul padre e del rapito trono,
  E del fratello che giace insepolto,
  Non la cercando, ritrovar vendetta.
  Mormora il volgo, a cui tua legge spiace,
  E assai ne sparla, e la vorria delusa;
  E rotta la vorrà.
CREO.   Rompasi; ch'altro
  Non bramo io, no; purchè la vita io m'abbia
  Di qual primier la infrangerà.
EMO.   Qual fero
  Nemico a danno tuo ciò ti consiglia?

CREO.
— Amor dite, sol mi v'astringe; il frutto
Tu raccorrai di quanto or biasmi. Avvezzo
A delitti veder ben altri in Tebe
E' il cittadin; che può far altro omai,
Che obbedirmi, e tacersi?
EMO. Acchiusa spesso
Nel silenzio è vendetta...
CREO. In quel di pochi;
Ma nel silenzio di una gente intera,
Timor si acchiude, e servitù. — Tralascia
Di opporti, o figlio, a mie paterne viste.
Non ho di te maggior, non ho più dolce
Cura di te: solo mi avanzi; e solo
Di mie fatiche un dì godrai. Vuoi forse
Farti al tuo padre, innanzi tempo, ingrato? —
Ma, qual di armati, e di catene suono?...
EMO.
Oh! chi mai viene?... In duri lacci avvolte
Donne son tratte?... Antigone! che miro?...
CREO.
Cadde l'incauta entro mia rete; uscirne
Male il potrà.

SCENA II.

Antigone, Argia, Creonte ed **Emone.**
Guardie con fiaccole.

CREO. Che fia? quale han delitto
Queste donzelle?
ANT. Il vo' dir io.
CREO. Più innanzi
Si lascin trarre il piede.
ANT. A te davanti,
Ecco mi sto. Rotta ho tua legge; io stessa
Tel dico: inceso al mio fratel ho il rogo.
CREO.
E avrai tu stessa il guiderdon promesso
Da me; lo avrai. Ma tu, ch'io non ravviso
Donna, chi sei? straniere fogge io miro...

ARG.
L'emula son di sua virtude.

EMO. Ah! padre,
Lo sdegno tuo rattempra: ira non merta
Di re donnesca audacia.

CREO. Ira? che parli?
Imperturbabil giudice le ascolto;
Morte è con esse già: suo nome pria
Sveli costei; poi la cercata pena
S'abbiano entrambe.

ANT. Il guiderdon vogl'io,
Io sola il voglio. Io la trovai nel campo;
Io del fratello il corpo a lei mostrava;
Dal ciel guidata, io deludea la infame
De' satelliti tuoi mal vigil cura:
Alla sant'ora, io la richiesi; — ed ella
Di sua man mi prestava un lieve ajuto.
Qual sia, nol so; mai non la vidi in Tebe,
Fors'ella è d'Argo, e alcun de' suoi nel campo,
Ad arder no, ma ad abbracciar pietosa
Veniva...

ARG. Or sì, ch'io in ver colpevol fora;
Or degna io, sì, d'ogni martir più crudo,
Se per timor negare opra sì santa
Osassi. — Iniquo re, sappi il mio nome;
Godine, esulta...

ANT. Ah! taci...

ARG. Io son d'Adrasto
Figlia; sposa son io di Polinice;
Argìa.

EMO. Che sento?

CREO. Oh degna coppia! Il Cielo
Oggi v'ha poste in mano mia: ministro
A sue vendette oggi m'ha il ciel prescelto.
Ma tu, tenera sposa, il dolce frutto
Teco non rechi dell'amor tuo breve?
Madre pur sei di un pargoletto erede
Di Tebe; ov'è? d'Edippo è sangue anch'egli:
Tebe lo aspetta.

EMO.   Inorridisco,... fremo...
O tu, che un figlio anco perdesti, ardisci
Con motti esacerbar di madre il duolo?
Piange l'una il fratel, l'altra il marito,
Tu le deridi? Oh cielo!

ANT.   Oh! di un tal padre
Non degno figlio tu! taci; coi preghi
Non ci avvilire omai: prova è non dubbia
D'alta innocenza, esser di morte afflitte
Dove Creonte è il re.

CREO.   Tua rabbia imbelle
Esala pur; me non offendi: sprezza,
Purchè l'abbi, la morte.
Arg.   In me, deh! volgi
Il tuo furore, in me... Qui sola io venni,
Sconosciuta, di furto: in queste soglie
Di notte entrai, per ischernir tua legge.
Di velenoso sdegno, è ver, che avea
Gonfio Antigone il cor; disegni mille
Volgeva in sè; ma tacita soffriva
Pur l'orribil divieto; e, s'io non era,
Infranto mai non l'avrebb'ella. Il reo.
D'un delitto è chi 'l pensa: a chi l'ordisce
La pena spetta...

ANT.   A lei non creder: parla
In lei pietade inopportuna, e vana.
Di furto, è vero, in questa reggia il piede
Portò, ma non sapea la cruda legge:
Me qui cercava; e timida, e tremante,
L'urna fatale del suo dolce amore
Chiedea da me. Vedi, se in Argo giunta
Dell'inuman divieto era la fama.
Non dirò già, che non ti odiasse anch'ella,
(Chi non t'odia?) ma te più ancor temea:
Da te fuggir coll'ottenuto pegno
Del cener sacro, agli occhi tuoi sottrarsi,
(Semplice troppo!) ella sperava, e in Argo
Gli amati avanzi riportar. — Non io,
Non io così, che al tuo cospetto innanti
Sperai venirne; esservi godo; e dirti,
Che d'essa al par, più ch'ella assai, ti abborro;
Che a lei nel sen la inestinguibil fiamma

Io trasfondea di sdegno, e d'odio, ond'ardo;
Ch'è mio l'ardir, mia la fierezza; e tutta
La rabbia, ond'ella or si riveste, è mia.
CREO.
Qual sia tra voi più rea, perfide, invano
Voi contendete. Io mostrerovvi or ora,
Qual più sia vil fra voi. Morte, che infame,
Qual vi si dee, v'appresto, or or ben altra
Sorger farà gara tra voi, di preghi
E pianti...
EMO.   Oh cielo! a morte infame?... Oh padre!
Nol credo io, no; tu nol farai. Consiglio,
Se non pietade, a raddolcir l'acerbo
Tuo sdegno vaglia. Argia di Adrasto è figlia;
Di re possente: Adrasto, il sai, di Tebe
La via conosce, e ricalcarla puote.
CREO.
Dunque, pria che ritorni Adrasto in Tebe,
Argia s'immoli. — E che? pietoso farmi
Tu per timor vorresti?
ARG.   Adrasto in Tebe
Tornar non può; contrarj ha i tempi, e i Numi;
D'uomini esausto, e di tesoro, e d'arme,
Vendicarmi ei non puote. Osa, Creonte;
Uccidi uccidi me; non fia, che Adrasto
Ten punisca per ora. Argia s'uccida;
Chè nessun danno all'uccisor ne torna:
Ma Antigone si salvi; a mille a mille
Vendicatori insorgeranno in Tebe,
Che a pro di lei..
ANT.   Cessa, o sorella; ah! meglio
Costui conosci: ei non è crudo a caso,
Nè indarno. Io spero omai per te; già veggo,
Ch'io gli basto, e n'esulto. Il trono ei vuole,
E non l'hai tu: ma, per infausto dritto,
Questo ch'ei vuole, e ch'ei si usurpa, è mio.
Vittima a lui l'ambizïone addita
Me sola, me...
CREO.   Tuo questo trono? Infami
Figli d'incesto, a voi di morte il dritto,
Non di regno, rimane. Atroce prova
Di ciò non fer gli empi fratelli, or dianzi
L'un dell'altro uccisore?...

ANT.   Empio tu, vile,
  Che lor spingevi ai colpi scellerati. —
  Sì, del proprio fratello nascer figli,
  Delitto è nostro; ma con noi la pena
  Stavane già, nel nascerti nepoti.
  Ministro tu della nefanda guerra,
  Tu nutritor degli odj, aggiunger fuoco
  Al fuoco ardivi; adulator dell'uno,
  L'altro instigavi, e li tradivi entrambi.
  La via così tu ti sgombrasti al soglio,
  Ed alla infamia.
EMO.   A viva forza vuoi
  Perder te stessa, Antigone?
ANT.   Sì, Voglio.
  Vo' che il tiranno, almen sola una volta,
  Il vero ascolti. A lui non veggo intorno
  Chi dirglielo osi. — Oh! se silenzio imporre
  A' tuoi rimorsi, a par che all'altrui lingua,
  Tu, potessi, Creonte; oh qual saria
  Piena allor la tua gioja! Ma, odioso
  Più che a tutti, a te stesso, hai nell'incerto,
  Nell'inquïeto sogguardar, scolpito
  E il delitto, e la pena.
CREO.   A trarvi a morte,
  Fratelli abbominevoli del padre,
  Mestier non eran tradimenti miei:
  Tutti a prova il volean gl'irati Numi.
ANT.
  Che nomi tu gli Dei? tu, ch'altro Dio
  Non hai che l'util tuo; per cui sei presto
  Ad immolar, e amici, e figli, e fama:
  Se tu l'avessi.
CREO.   A dirmi altro ti resta? —
  Chieggon Numi diversi ostie diverse.
  Vittima tu, già sacra agli infernali,
  Degna ed ultima andrai d'infame prole.
EMO.
  Padre, a te chieggo pria breve udienza.
  Deh! sospendi per poco: assai ti debbo
  Cose narrar, molto importanti...
CREO.   Avanza
  Della per loro intorbidata notte

Alquanto ancora. Al suo morir già il punto
Prefisso è in me; fin che rinasca il sole,
Udrotti...

ARG.   Oimè! tu di lei sola or parli?
Or sì, ch'io tremo. E me non essa a morte
Non manderai?

CREO.   Più non s'indugi: entrambe
Entro all'orror d'atra prigione...

ARG.   Insieme
Con te sorella...

ANT.   Ah!... sì...

CREO.   Disgiunte sieno. —
Meco Antigone venga; io son custode
A sì gran pegno: andiamo. — Guardie, si tragga
In altro carcer l'altra.

EMO.   Oh ciel!...

ANT.   Si vada.

ARG.
Ahi, lassa me!...

EMO.   Seguirne almen vo' l'orme.

ATTO TERZO

SCENA I.

Creonte ed **Emone**.

CREO.
  Ad ascoltarti eccomi presto, o figlio.
  Udir da te cose importanti io deggio,
  Dicesti; e udirne potrai forse a un tempo
  Tali da me.
EMO.   Supplice vengo: il fero
  Del tuo sdegno bollente impeto primo
  Affrontar non doveva: or, ch'ei dà loco
  Alla ragione, io (benchè sol) di Tebe
  Pur tutta a nome, io ti scongiuro, o padre,
  Di usar pietade. A me la negheresti?
  Tua legge infranto han le pietose donne;
  Ma chi tal legge rotta non avrebbe?...
CREO.
  Qual mi ardiria pregar per chi la infranse,
  Altri che tu?
EMO.   Nè in tuo pensier tu stesso
  Degna di morte la lor santa impresa
  Estimi; ah! no; sì ingiusto, snaturato
  Non ti credo, nè il sei.
CREO.   Tebe, e il mio figlio,
  Mi appellin crudo a lor piacer, mi basta
  L'esser giusto. Obbedire a tutte leggi,
  Tutti il debbono al par, quai che sien elle:
  Rendono i re dell'opre loro ai soli
  Numi ragione; e non v'ha età, nè grado,
  Nè sesso v'ha, che il rio delitto escusi
  Del non sempre obbedir. Pochi impuniti
  Dànno ai molti licenza.
EMO.   In far tua legge,
  Credesti mai, che dispregiarla prime

Due tai donne ardirebbero? una sposa,
Una sorella, a gara entrambe fatte
Del sesso lor maggiori?....

CREO.   Odimi, o figlio;
Nulla asconder ti deggio. — O tu nol sappi,
Ovver nol vogli, o il mio pensier tu finga
Non penetrar finora, aprirtel bramo. —
Credei, sperai; che dico? a forza io volli,
Che il mio divieto in Tebe a infranger prima.
Sola, Antigone fosse; al fin l'ottenni.
Rea s'è fat'ella; omai la inutil legge
Fia tolta...

EMO.   Oh cielo!... E tu, di me sei padre?...
CREO.
Ingrato figlio;... o mal esperto forse;
Che tale ancora crederti a me giova:
Padre ti sono: e se tu m'hai per reo,
Il son per te.

EMO.   Ben veggio arte esecranda,
Onde inalzarmi credi. — O infame trono
Mio non sarai tu mai, se mio dee farti
Sì orribil mezzo.

EMO.   Io 'l tengo, è mio tuttora.
Mio questo trono, che non vuoi. — Se al padre
Qual figlio il dee non parli, al re tu parli.

EMO.
Misero me!... Padre!... perdona;.. ascolta;..
Oh ciel! tuo nome oscureria, nè il frutto
Raccorrai della trama. In re tant'oltre
Non val poter, che di natura il grido
A opprimer basti. Ogni nom della pietosa
Vergine piange il duro caso: e nota,
Ed abborrita, e non sofferta forse
Sarà tal arte dai Tebani.

CREO.   E ardisci
Tu il dubbio accor, finora a tutti ignoto,
Se obbedir mi si debba? Al poter mio,
Altro confin che il voler mio non veggio.
Tu il regnar non m'insegni. In cor d'ogni uomo
Ogni altro affetto, che il terrore, io tosto
Tacer farò.

EMO.   Vani i miei preghi **adunque?**
Il mio sperar di tua pietade?...
CREO.   Vano.
EMO.
  Prole di re, donne, ne andranno a **morte,**
  Perchè al fratello, ed al marito, hann'**arso**
  Dovuto rogo?
CREO.   Una v'andrà. — Dell'altra
  Poco rileva; ancor nol so.
EMO.   Me dunque,
  Me pur con essa manderai tu a morte.
  Amo Antigone, sappi; e da gran tempo
  L'amo; e, più assai che la mia vita, io l'amo.
  E pria che tormi Antigone, t'è forza
  Tormi la vita.
CREO.   Iniquo figlio!... Il padre
  Ami così?
EMO.   T'amo quant'essa, e il cielo
  Ne attesto.
CREO.   Ahi duro inciampo! — In**aspettato**
  Ferro mortal nel cor paterno hai fitto.
  Fatale amore! al mio riposo, al tuo,
  E alla gloria d'entrambi! Al mondo cosa
  Non ho di te più cara... Amarti troppo
  E' il mio solo delitto... E tal men rendi
  Tu il guiderdone? ed ami, e preghi, e vuoi
  Salva colei, che il mio poter deride;
  Che me dispregia, e dirmel osa; e in **petto**
  Cova del trono ambizïosa brama?
  Di questo trono, oggi mia cura, in **quanto**
  Ei poscia un dì fia tuo.
EMO.   T'inganni: in lei
  Non entra, il giuro, alcun pensier di **regno:**
  In te, bensì, pensier null'altro alligna.
  Quindi non sai, nè puoi saper per **prova**
  L'alta possa d'amor, cui debil freno
  Fia la ragion tuttora. A te nemica
  Non estimavi Antigone, che amante
  Pur n'era io già: cessar di amarla **poscia,**
  Non stava in me, tacer poteami, e **tacqui;**
  Nè parlerei, se tu costretto, o **padre,**

Non mi v'avessi. — Oh cielo! a infame scure
Porgerà il collo?... ed io soffrirlo?... ed io
Vederlo? — Ah! tu se rimirar potessi
Con men superbo ed offuscato sguardo
Suo nobil cor, l'alto pensar, sue rare
Sublimi doti; ammirator tu, padre,
Sì, ne saresti al par di me; tu stesso,
Più assai di me. Chi, sotto il crudo impero
D'Eteòcle, mostrarsi amico in Tebe
Di Polinice ardì? l'ardia sol ella.
Il padre cieco di tutti diserto,
In chi trovò se non in lei pietade?
Giocasta infin, già tua sorella e cara,
Dicevi allor, qual ebbe afflitta madre,
Altro conforto al suo dolor immenso?
Qual compagna nel piangere? qual figlia
Altra che Antigone, ebbe? — Ella è d'Edippo
Prole, di' tu? ma, sua virtude è ammenda
Ampia del non suo fallo.. — Ancor tel dico;
Non è di regno il pensier suo: felice
Mai non sperar di vedermi a suo costo:
Deh, lo fosse ella al mio! Del mondo il trono
Daria per lei, non che di Tebe.

CREO.   Or, dimmi:
Sei parimente riamato?

EMO.   Amore
Non è, che il mio pareggi. Ella non m'ama;
Nè amarmi può: s'ella non mi odia, è quanto
Basta al mio cor; di più non spero: è troppo,
Al cor di lei, che odiar pur me dovrebbe.

CREO.
Di'; potrebb'ella a te dar man di sposa?

EMO.
Vergin regal, cui tolti a un tempo in guisa
Orribil sono ambo i german, la madre,
E il genitor, daria mano di sposa?
E la darebbe a chi di un sangue nasce
A lei fatale, e a' suoi? Ch'io tanto ardissi?
La mano offrirle, io, di te figlio?...

CREO.   Ardisci;
Tua man le rende in un la vita, e il trono.

EMO.
  Troppo mi è nota; e troppo io l'amo: in pianto
  Cresciuta sempre, or più di pria nel pianto
  Suoi giorni mena. Un tempo a lei men tristo
  Risorgerà poi forse, e avverso meno
  Al mio amor; tu il potrai poscia...
CREO.   Che al tempo,
  Ed a' suoi dubbj eventi, il destin nostro
  Accomandare io voglia? invan lo speri. —
  Al mio cospetto, olà, traggasi or tosto
  Antigone. — Di morte ella è ben rea,
  Dargliela posso a dritto; e, per me forse,
  Dargliela fia più certo util partito...
  Ma pur, mi sei caro così, ch'io voglio
  Lasciarla in vita, accoglierla qual figlia,
  S'ella esser tua consente. Or, fia la scelta
  Dubbia, fra morte e fra regali nozze?
EMO.
  Dubbia? ah! no: morte, ella scerrà.
CREO.   Ti abborre
  Dunque.
EMO.   Tropp'ama i suoi.
CREO.   T'intendo. Oh figlio!
  Vuoi, che la vita io serbi a chi torrebbe
  La vita a me, dove il potesse? A un padre
  Che tanto t'ama, osi tu chieder tanto?

SCENA II.

Antigone, Creonte, Emone e Guardie.

CREO.
  Vieni: da quel di pria diverso assai
  A tuo favore, Antigone, mi trovi.
  Non, ch'io minor stimi il tuo fallo, o meno
  La ingiusta pena a te dovuta io stimi:
  Amor di padre, più che amor del giusto,
  Mi muove a tanto. Il figliuol mio mi chiede
  Grazia, e l'ottien, per te; dove tu presta
  Fossi...

ANT.   A che presta?
CREO.   A dargli, al mio cospetto,
In meritato guiderdon... la mano.
EMO.
Antigone, perdona; io mai non chiesi
Tanta mercè: darmiti ei vuol: salvarti
Vogl'io, null'altro.
CREO.   Io, perdonar ti voglio.
ANT.
M'offre grazia Creonte? — A me qual altra
Grazia puoi far, che trucidarmi? Ah! tormi
Dagli occhi tuoi per sempre, il può sol morte:
Felice fai chi te non vede. — Impetra
Emone il morir mio; pegno fia questo,
Sol pegno a me, dell'amor tuo. Deh! pensa,
Che di tiranno il miglior dono è morte;
Cui spesso ei niega a chi verace ardente
Desio n'ha in cor...
CREO.   Non cangerai tu stile?
Sempre implacabil tu, superba sempre,
O ch'io ti danni, o ch'io ti assolva, sei?
ANT.
Cangiar io teco stil?... cangiar tu il core,
Fora possibil più.
EMO.   Questi m'è padre:
Se a lui favelli, Antigone, in tal guisa,
L'alma trafiggi a me.
ANT.   Ti è padre; ed altro
Pregio ei non ha; nè scorgo io macchia alcuna,
Emone, in te, ch'essergli figlio.
CREO.   Bada;
Clemenza è in me, qual passeggiero lampo;
Rea di soverchio sei; nè omai fa d'uopo,
Che il tuo parlar nulla vi aggiunga....
ANT.   Rea
Me troppo or fa l'incontrastabil mio
Trono, che usurpi tu. Va; non ti chieggio
Nè la vita, nè il trono. Il dì, che il padre
Toglievi a me, ti avrei la morte io chiesta,
O data a me di propria man l'avrei;

Ma mi restava a dar tomba al fratello.
Or che compiuta ho la sant'opra, in Tebe
Nulla a far mi riman: se vuoi ch'io viva.
Rendimi il padre.

CREO.   Il trono; e in un con esso
Io t'offro ancor non abborrito sposo;
Emon, che t'ama più che non mi abborri;
Che t'ama più che il proprio padre, assai.

ANT.
Se non più cara, più soffribil forse
Farmi la vita Emon potrebbe; e solo
Il potrebb'ei. — Ma, qual fia vita? e trarla,
A te dappresso? e udir le invendicate
Ombre de' miei da te traditi, e spenti,
Gridar vendetta dall'averno? Io, sposa,
Tranquilla, in braccio del figliuol del crudo
Estirpator del sangue mio?...

CREO.   Ben parli.
Troppo fia casto il nodo: altro d'Edippo
Figliuol v'avesse! ei di tua man illustre,
Degno ei solo sarebbe...

ANT.   Orribil nome,
Di Edippo figlia! — ma, più infame nome
Fia, di Creonte nuora.

EMO.   Ah! la mia speme
Vana è pur troppo omai! Può solo il sangue
Appagar gli odj acerbi vostri: il mio
Scegliete dunque; il mio versate. — E' degno
Il rifiuto di Antigone, di lei:
Giusto in te, padre, anco è lo sdegno: entrambi
Io v'amo al par; me solo abborro. — Darle
Vuoi tu, Creonte, morte? or lascia, ch'ella,
Col darla al figliuol tuo, da te la merti. —
Brami, Antigone, aver di lui vendetta?
Ferisci; in questo petto (eccolo) intera
Avrai vendetta: il figlio unico amato
In me gli togli; orbo lo rendi affatto;
Più misero d'Edippo. Or via, che tardi?
Ferisci; a me più assai trafiggi il core,
Coll'insultarmi il padre.

CREO.   Ancor del tutto
    Non disperar: più che il dolor, lo sdegno
    Favella in lei. — Donna, a ragion dà loco:
    Sta il tuo destino in te; da te sol pende
    Quell'Argia che tant'ami: onde assai duolti,
    Più che di te medesma; arbitra sei
    D'Emon, che non abborri;... e di me il sei,
    Cui se pur odj oltre il dover, non meno
    Oltre il dover conoscermi pietoso
    A te dovresti. — Intero io ti concedo
    Ai pensamenti il dì novel che sorge: —
    La morte, o Emone, al cader suo, scerrai.

SCENA III.

Antigone, Emone e Guardie.

ANT.
    Deh! perchè figlio di Creonte nasci?
    O perchè almen, lui non somigli?
EMO.   Ah! m'odi. —
    Questo, che a me di vita ultimo istante
    Esser ben sento, a te vogl'io verace
    Nunzio far de' miei sensi: il fero aspetto
    Del genitor me lo vietava. — Or, sappi,
    Per mia discolpa, che il rifiuto forte,
    E il tuo sdegno più forte, io primo il laudo,
    E l'apprezzo e l'ammiro. A foco lento,
    Pria che osartela offrire, arder vogl'io
    Questa mia man; che di te parmi indegna,
    Più che nol pare a te. S'io t'amo, il sai;
    S'io t'estimo, il saprai. — Ma intanto (oh stato
    Terribil mio!) non basta, no, mia vita
    Apporre in salvo oggi la tua!... Potessi,
    Almen potessi una morte ottenerti
    Non infame!...
ANT.   Più infame ebberla in Tebe
    Madre e fratelli miei. Mi fia la scure
    Trionfo quasi.
EMO.   Oh! che favelli?... Ahi vista!
    Atroce vista!... Io nol vedrò: me vivo
    Non fia. — Ma, m'odi, o Antigone. Forse anco

Il re deluder si potria... Non parlo,
Nè il vuoi, nè il vo', che la tua fama in parte
Nè pur sì offenda...
ANT.   Io non deludo, affronto
I tiranni; e il sai tu. Pietà fraterna
Sola all'arte m'indusse. Usar io fraude
Or per salvarmi? ah! potrei forse oprarla
Ove affrettasse il morir mio...
EMO.   Se tanto
Fitta in te sta l'alta e feroce brama,
Deh! sospendila almeno. A te non chieggio
Cosa indegna di te: ma pur, se puoi,
Solo indugiando, altrui giovar; se puoi
Viver, senza tua infamia; e che? sì cruda,
Contro a te stessa, e contra me sarai?
ANT.
... Emon, nol posso.... A me crudel non sono:
— Figlia d'Edippo io sono. — Di te duolmi;
Ma pure...
EMO.   Io 'l so: cagione a te di vita
Esser non posso; — compagno di morte
Ti son bensì. — Ma, tutti oltra le negre
Onde di Stige i tuoi pietosi affetti
Ancor non stanno: ad infelice vita,
Ma vita pur, restano Edippo, Argia,
E il pargoletto suo, che immagin viva
Di Polinice cresce; a cui tu forse
Vorresti un dì sgombra la via di questo
Trono inutil per te. Deh! cedi alquanto.
Finger tu dèi, che a mio pregar ti arrendi,
E ch'esser vuoi mia sposa, ove si accordi
Frattanto al lungo tuo giusto dolore
Breve sfogo di tempo. Io fingerommi
Pago di ciò: l'indugio ad ogni costo
Io t'otterrò dal padre. Intanto lice,
Tutto aspettar dal tempo: io mai non credo,
Che abbandonar voglia sua figlia Adrasto
Tra infami lacci. Onde si aspetta meno
Sorge talora il difensore. Ah! vivi;
Per me nol chieggo, io tel ridico: io fermo
Son di seguirti; e non di me mi prende
Pietà; nè averla di me dèi: pel cieco
Tuo genitore, e per Argia, ten priego.

Lei trar de' ceppi, e riveder fors'anco
Il padre e a lui forse giovar, potresti.
Di lor pietà, che più di te non senti,
Sentir t'è forza; e a te il rimembra, e, pieno
Di amaro pianto, a' tuoi piedi si prostra,
... E ti scongiura Emone...

ANT. ...Io te scongiuro...
Or, che costanza quanta io n'ebbi mai,
Mi è d'uopo, in molli lagrime di amore
Deh! non stemprarmi il cor... Se in me puoi tanto
(E che non puoi tu in me?)... mia fama salva;
Lascia ch'io mora, se davver tu m'ami.

EMO
...Me misero!... Pur io non ti lusingo...
Quanto a te dissi, esser potria.

ANT. Non posso
Esser tua mai; che val, ch'io viva? — Oh cielo!
Del disperato mio dolor la vera
Cagione (oimè!) ch'io almen non sappia. — E s'io
Sposa a te mi allacciassi, ancor che finta,
Grecia in udirlo (oh!) che dirìa? Quel padre,
Che del più viver mio non vil cagione
Sol fora, oh! s'egli mai tal nodo udisse!...
Ove il duol, l'onta, e gli stenti, finora
Pur non l'abbiano ucciso, al cor paterno
Coltel saria l'orribile novella.
Misero padre; il so, pur troppo; io mai
Non ti vedrò, mai più:... ma, de' tuoi figli
Ultima, e sola, io almen morrò non rea...

EMO.
Mi squarci il core;... eppur, laudar mi è forza
Tai sensi: anch'io virtù per prova intendo...
Ma, lasciarti morire!... Ultimo prego,
Se tu non m'odj, accetta: al fianco tuo
Starommi, e nel mio petto il mortal colpo
Pria che nel tuo, cadrà: così vendetta
In parte avrai dell'inuman Creonte.

ANT.
Vivi, Emon, tel comando. In noi l'amarci
Delitto è tal, ch'io col morir lo ammendo:
Col viver tu.

EMO.   — Si tenti ultima prova.
Padre inuman, re sanguinario, udrai,
Le voci estreme disperate udrai
Di un forsennato figlio.
ANT.   Ohimè che trami?
Ribelle al padre tuo? Sì orribil taccia
Sfuggila ognor, o ch'io non t'amo.
EMO.   Or, nulla
Piegar ti può dal tuo fero proposto?
ANT.
Nulla; se tu nol puoi.
EMO.   Ti appresti dunque?...
ANT.
A non più mai vederti.
EMO.   In breve, io'l giuro,
Mi rivedrai.
ANT.   T'arresta. Ahi lassa!... M'odi...
Che far vuoi tu?
EMO.   Mal grado tuo, salvarti
ANT.
T'arresta....

SCENA IV.

Antigone e guardie.

ANT.   Oh ciel!... più non mi ascolta — Or tosto
Guardie, a Creonte or mi traete innanzi.

ATTO QUARTO

SCENA I.

Creonte, Antigone, e guardie

CREO. Scegliésti?
ANT.   Ho scelto.
CREO.   Emon?
ANT.   Morte.
CREO.   L'avrai.
  Ma bada, allor che sul tuo capo in alto
  Penda la scure, a non cangiarti; e tardo
  Fora il pentirti, e vano. Il fero aspetto
  Di morte (ah!) forse sostener dappresso
  Mal saprai tu; mal sostener di Argia,
  Se l'ami, i pianti; che morirti al fianco
  Dovrà pur essa; e tu cagion sei sola
  Del suo morir. - Pensaci; ancor n'hai tempo...
  Ancor tel chieggo. Or, che di' tu?... Non parli?
  Fiso intrepida guardi? Avrai, superba,
  Avrai da me ciò che tacendo chiedi.
  Doleami già d'averti dato io scelta,
  Fra la tua morte e l'onta mia.

ANT.   Dicesti?
  Che tardi or più? Taci, ed adopra.

CREO.   Pompa
  Fa di coraggio a senno tuo: vedrassi
  Quant'è, tra poco. Abbenchè il punto ancora
  Del tuo morir giunto non sia, ti voglio
  Pur compiacer nell'affrettarlo. — Vanne,
  Eurimedonte; va; traggila tosto
  All'apprestato palco.

SCENA II.

Emone, Antigone, Creonte e guardie.

EMO.   Al palco? Arresta...
ANT.
  Oh vista!... Or, guardie, or vi affrettate; a morte
  Strascinatemi, Emon,... lasciami;... addio.
EMO.
  Trarla oltre più nessun di voi si attenti.
CREO.
  E che? minacci, ove son io?...
EMO.   Deh padre!...
  Così tu m'ami? così spendi il giorno
  Concesso a lei?...
CREO.   Precipitar vuol ella;
  Negargliel posso?
EMO.   Odi; oh! non sai? ben altro
  A te sovrasta inaspettato danno.
  D'Atene il re, Tesèo, quel forte, è fama
  Che a Tebe in armi ei vien, degli insepolti
  Vendicatore. A lui ne andàr le argive
  Vedove sconsolate, in suon di sdegno
  E di pietà piangenti. Udia lor giuste
  Querele il re; l'urne promesse ha loro
  Degli estinti mariti; e non è lieve
  Promettitor Tesèo. — Padre, previeni
  L'ire sue, l'onta nostra. A te non chieggio
  Che t'arrendi al timor; bensì ti stringa
  Pietà di Tebe tua: respira appena
  L'aure di pace; ove a non giusta guerra
  Correr pur voglia in favor tuo, qual prode
  Or ne rimane a Tebè? I forti, il sai,
  Giaccion, chi estinto in tomba, e chi mal vivo
  In sanguinoso letto.
CREO.   A un timor vile
  Mi arrendo io forse? a che narrar perigli
  Lontani o dubbj, o falsi? A me finora
  Tesèo, quel forte, non chiedea pur l'urne
  De' forti d'Argo; e non per anco io darle

Negato gli ho: pria ch'ei le chiegga, io forse
Suo desir preverrò. Sei pago? Tebe
Riman secura; io non vo' guerra. — Or, lascia,
Che al suo destin vada costei.

EMO.   Vuoi dunque
Perder tuo figlio, tu?... Ch'io sopravviva
A lei, nè un giorno, invan lo speri. E' poco
Perdere il figlio; a mille danni incontro
Tu vai. Già assolta è Antigone; l'assolvi
Tu col disfar tua legge. A tutti è noto
Già, che a lei sola il laccio vil tendesti
La figlia amata de' suoi re su infame
Palco perir, Tebe vedria? di tanto
Non lusingarti. Alte querele, aperte
Minacce, ed armi risuonar già s'ode;
Già dubbio...

CREO.   Or basta. — Sovra infame palco,
Poichè non vuoi, Tebe perir non vegga
La figlio amata de' suoi re. — Soldati,
La notte appena scenderà, che al campo,
Là dove giaccion gl'insepolti eroi,
Costei trarrete. Omai negar la tomba
Più non dessi a persona: il gran Tesèo
Mel vieta: abbiala dunque, ella, che altrui
La diè; nel campo l'abbia: ivi sepolta
Sia viva...

EMO.   Oh ciel! che sento? A scherno prendi
Uomini e Dei così? Versar qui pria
Tutto t'è duopo del tuo figlio il sangue.
Viva in campo sepolta? Iniquo;... innanzi
Estinto io qui; ridotto in cener io...

ANT.
Emon, dell'amor mio vuoi farti indegno?
Qual ch'egli sia, t'è padre. A fera morte
Già, fin dal nascer mio, dannata m'ebbe
Il mio destino: or, che rileva il loco,
Il tempo, il modo, ond'io morrò?...

CREO.   Ti opponi
Indarno; ah! cessa: lei salvar non puoi,
Nè a te giovare... Un infelice padre
Di me farai; null'altro puoi...

EMO.   Mi giova
Farti infelice, e il merti, e il sarai; spero.
Il trono iniquo por ti fa in non cale
Di re, di padre, d'uomo, ogni più sacro
Dovere omai: ma, più tu il credi immoto,
Più crolla il trono sotto al rio tuo piede.
Tebe appien scerne da Creonte Emone....
V'ha chi d'un cenno il mal rapito scettro
Può torti : — regna; io nol darò; ma trema,
Se a lei.

ANT.   Creonte; or sì t'imploro; ah! ratto
Mandami a morte. Oh di destino avverso
Fatal possanza! a mie tante sventure
Ciò sol mancava, ed al mio nascer reo,
Che instigatrice all'ira atroce io fossi
Del figlio contro al padre!...

EMO.   Or me si ascolti,
Me sol, Creonte: e non di Atene il ferro,
Nè il re ti mova; e non di donne preghi,
Nè di volgo lamenti: al duro tuo
Core discenda or la terribil voce
Di un disperato figlio, a cui tu stesso
Togli ogni fren, cui meglio era la vita
Non dar tu mai: ma, che pentir può farti
Di un tal don oggi.

CREO.   Non è voce al mondo,
Che basti a impor legge a Creonte.

EMO.   Al mondo
Brando v'ha dunque, che le inique leggi
Può troncar di Creonte.

CREO.   Ed è?

EMO.   Il mio brando.

CREO.
Perfido. — Insidia i dì paterni; trammi
Di vita, trammi; osa; rapisci, turba
Il regno a posta tua... Son sempre io padre
Di tal, che omai figlio non mi è. Punirti,
Non so, nè posso: altro non so, che amarti,
E compianger tuo fallo... Or di'; che imprendo,
Che non torni a tuo pro? Ma, sordo, ingrato
Pur troppo tu, proporre ardisci un folle,

E sconsigliato, e non gradito amore,
Alla ragione alta di stato, ai dritti
Sacrosanti del sangue...

EMO.   Oh! di quai dritti
Favelli tu? Tutto sei re, tuo figlio
Non puoi tu amare: a tirannia sostegno
Cerchi non altro. Io, di te nato, deggio
Dritto alcuno di sangue aver per sacro?
A me tu norma, in crudeltà maestro
Tu sol mi sei; te seguo: ove mi sforzi,
Avanzerotti; io 'l giuro. — Havvi di stato
Ragion, che imprenda iniquitade aperta,
Qual tu disegni? Bada; amor, che mostri
A me così, ch'io a te così nol renda...
Delitti, il primo costa, al primo, mille
Ne tengon dietro, e crescon sempre; — e il sai,

ANT.
Io t'odio già s'oltre prosiegui. Ah! pria
D'essermi amante, eri a Creonte figlio:
Forte, infrangibil, sacro, e il primo sempre
D'ogni legame. Pensa, Emon, deh! pensa,
Che in un tal modo io vittima pur cado.
Sa il ciel, s'io t'amo; eppur tua man rifiuto,
Sol perchè meco non si adirin l'ombre
Inulte ancor de' miei. La morte io scelgo,
La morte io vo', perchè il padre infelice
Dura per lui non sopportabil nuova
Di me non oda. — Ossequioso figlio
Vivi tu dunque a scellerato padre.

CREO.
Il suo furor meglio soffrir poss'io,
Che non la tua pietà. — Di qui si tolga. —
Vanne una volta, vanne. Il sol tuo aspetto
Fa traviare il figliuol mio. — Nell'ora
Ch'io t'ho prefissa, Eurimedonte, in campo
Traggasi; e v'abbia, anzi che morte, tomba.

SCENA III.

Creonte, Emone e Guardie.

EMO.
— Pria dell'ora prefissa, in campo udrassi
Di me novella.
CREO. 　　　　　Emon fia in sè tornato,
Pria di quell'ora assai: — ma, del mio amore
Darti vo' più gran pegno; in te, nel tuo
Gran cor fidarmi, e in tua virtù primiera,
Ch'io spenta in te non credo.
EMO. 　　　　　　　　— Or via, fia degno
Quant'io farò, di mia virtù primiera.

SCENA IV.

Creonte e Guardie.

CREO.
— L'indole sua ben so: più che ogni laccio,
Sensi d'onor lo affrenano; gran parte
Del suo furor la mia fidanza inceppa...
Pur, potrebb'egli, ebro d'amor fors'oggi,
Alla forza?... Ma è lieve a me i suoi passi
Spiar, deluder, rompere: di vita
Tolta Antigone prima, il tutto poscia;
Tesèo placar, silenzio imporre al volgo,
Riguadagnarmi il figlio, il tutto è nulla. —
Ma, che farò di Argia? — Guardie, a me tosto
Argia si tragga. — Util non m'è sua morte;
L'ira d'Adrasto anzi placar mi giova:
Troppi ho nemici già. Mandarla io voglio
In Argo al padre: inaspettato il dono,
Gli arrecherà più gioja; e a me non poco
Così la taccia di crudel fia scema.

SCENA V.

Creonte, Argia e Guardie.

CREO.
  Vieni, e mi ascolta, Argia. — Dolor verace,
  Amor di sposa, e pio desir, condotta
  Ebberti in Tebe, ove il divieto mio
  Romper tu sola osato non avresti...

ARG.
  T'inganni, io sola...

CREO.   Ebben rotto lo avresti,
  Ma per pietà non per dispetto, a scherno
  Del mio sovran poter; non per tumulti
  Destare: io scerno la pietà, l'amore,
  Dall'interesse che di lor si vela.
  Crudo non son, qual pensi; abbine in prova
  Salvezza e libertà. Di notte l'ombre
  Scorta al venir ti furo; al sol cadente,
  Ti rimenino al padre in Argo l'ombre.

ARG.
  Eterno ad Argo già diedi l'addio:
  Del morto sposo le reliquie estreme
  Giacciono in Tebe; in Tebe, o viva, o morta,
  Io rimanermi vo'.

CREO.   La patria, il padre,
  Il pargoletto tuo veder non brami?

ARG.
  D'amato sposo abbandonar non posso
  Il cener sacro.

CREO.   E compiacer pur voglio
  In ciò tue brame: ad ottener di furto
  L'urna sua ne venivi; apertamente
  Abbila, e il dolce incarco in Argo arreca.
  Vanne; all'amato sposo, ivi fra' tuoi,
  Degna del tuo dolor ergi la tomba.

ARG.
  E fia pur ver? tanta clemenza or donde,
  Come, perchè? Da quel di pria diverso
  Esser puoi tanto, e non t'infinger?...

CREO.   Visto
  Mi hai tu poc'anzi in fuoco d'ira acceso;
  Ma, l'ira ognor me non governa; il tempo,
  La ragion la rintuzza.

ARG.   Il ciel benigno
  Conceda a te lungo e felice impero!
  Tornato sei dunque più mite? oh quanta
  Gioja al tuo popol, quanta al figliuol tuo
  Di ciò verrà! — Tu pur pietà sentisti
  Del caso nostro; e la pietade in noi
  Tu cessi al fine di appellar delitto;
  E l'opra, a cui tu ne spingevi a forza,
  A noi perdoni...

CREO.   A te perdono.
ARG.   Oh! salva
  Antigone non fia?
CREO.   L'altrui fallire
  Non confondo col tuo.
ARG.   Che sento? Oh cielo!
  Ancor fra lacci geme?...
CREO.   E dèi tant'oltre
  Cercar? ti appresta al partir tuo.
ARG.   Ch'io parta?
  Che nel periglio la sorella io lasci?
  Invan lo speri. A me potea il perdono
  Giovar, dov'ella a parte pur ne entrasse;
  Ma in ceppi sta? pena crudel fors'anco
  A lei si appresta? io voglio ceppi; io voglio
  Più cruda ancor la pena...
CREO.   In Tebe, io voglio;
  Non altri; e al voler mio cede ciascuno. —
  Mia legge hai rotta; e sì pur io ti assolvo:
  Funereo rogo incendere al marito
  Volevi; e il festi: il cener suo portarti
  In Argo; ed io tel dono. — Or, che più brami?
  Che ardisci più? Dell'oprar mio vuoi conto
  Da me, tu?...
ARG.   Prego; almen grazia concedi,
  Ch'io la rivegga ancora.

CREO.   In lei novello
Ardir cercar, che in te non hai, vuoi forse? —
Di Tebe uscir, tosto che annotti, dèi:
Irne libera in Argo ove non vogli,
A forza andrai.

ARG.   Più d'ogni morte è duro
Il tuo perdon: morte, ch'a ogni altri dài,
Perchè a me sola nieghi? Orror, che t'abbi
Di sparger sangue, già non ti rattiene.
D'Antigone son io meno innocente,
Ch'io pur non merti il tuo furore?...

CREO.   O pena
Reputa, o grazia, il tuo partir, nol curo;
Purchè tu sgombri. — Guardie, a voi l'affido:
Su l'imbrunire, alla Emolòida porta
Scenda e al confin d'Argo si tragga: ov'ella
Andar negasse, a forza si trascini. —
Torni intanto al suo carcere.

ARG.   Mi ascolta!...
Abbi pietade...

CREO.   Esci.

SCENA VI.

Creonte.

                    Trovar degg'io
Al mio comando, o sia pietoso, o crudo.
Ribelli tutti? E obbediran pur tutti.

ATTO QUINTO

SCENA I.

Antigone, fra guardie.

Su, mi affrettate, andiam; sì lento passo
Sconviensi a chi del sospirato fine
Tocca la meta... Impietosir voi forse
Di me potreste?... Andiam. — Ti veggo in volto
Terribil morte, eppure di te non tremo. —
D'Argia sol duolmi; il suo destin (deh! dica)
Chi 'l sa di voi?... nessun?... Misera Argia!...
Sol di te piango... Vadasi.

SCENA II.

Antigone ed **Argia**, tra guardie.

ARG.   Di Tebe
  Dunque son io scacciata?... Io porto, è vero,
  Meco quest'urna, d'ogni mio desire
  Principio e fin;... ma, alla fedel compagna
  Neppure l'ultimo addio!...
ANT.   Qual odo io voce
  Di pianto?...
ARG.   Oh ciel! chi veggio?
ANT.   Argia!
ARG.   Sorella...
  Oh me felice! oh dolce incontro! — Ahi vista!
  Carche hai le man di ferro?...
ANT.   Ove sei tratta?
  Deh! tosto dimmi.

ARG.   A forza in Argo, al padre.
ANT. Respiro.
ARG.   A vil tanto mi tien Creonte,
Che me vuol salva: ma, di te...
ANT.   Se in voi,
Guardie, pur l'ombra è di pietà, concessi
Brevi momenti al favellar ne sieno. —
Vieni, sorella, abbracciami; al mio petto
Che non ti posso io stringere? d'infami
Aspre ritorte orribilmente avvinta,
M'è tolto... Ah! vieni, e al tuo petto me stringi.
Ma che veggo? qual pegno al sen con tanta
Gelosa cura serri? un'urna?... Oh cielo!
Cener del mio fratello, amato pegno,
Prezioso e funesto;... ah! tu sei desso. —
Quell'urna sacra alle mie labbra accosta. —
Delle calde mie lagrime bagnarti
Concesso m'è, pria di morire!... Io tanto
Non sperava, o fratello;... ecco l'estremo
Mio pianto; a te ben io il doveva. — O Argïa,
Gran dono è questo: assai ti fu benigno
Creonte in ciò: paga esser dèi. Deh! torna
In Argo ratta; al desolato padre
Reca quest'urna... Ah! vivi; al figlio vivi.
E a lagrimar sovr'essa; e, fra... i tuoi... pianti...
Anco rimembra... Antigone...

ARG.   Mi strappi
Il cor... Mie voci... tronche... dai... sospiri...
Ch'io viva,... mentre... a morte?...

ANT.   A orribil morte
Io vado. Il campo, ove la scorsa notte
Pietose fummo alla grand'opra, or debbe
Essermi tomba; ivi sepolta viva
Mi vuol Creonte.

ARG.   Ahi, scellerato!...

ANT.   Ei sceglie
La notte a ciò, perch'ei del popol trema. —
Deh! frena il pianto: va; lasciami; avranno
Così lor fine in me di Edippo i figli.
Io non men dolgo; ad espiar i tanti

Orribili delitti di mia stirpe,
Bastasse pur mia lunga morte!...

ARG.   Ah! teco
Divider voglio il rio supplizio; il tuo
Coraggio addoppia il mio; tua pena in parte
Fia scema forse...

ANT.   Oh! che di' tu? Più grave
Mille volte saria.

ARG.   Morendo insieme,
Potremmo almen di Polinice il nome
Profferire; esortarci, e pianger...

ANT.   Taci...
Deh! non mi far rimpiangere.... La prova
Ultima or fo di mia costanza. — Il pianto
Più ormai non freno...

ARG.   Ahi lassa me! non posso
Salvarti? oh ciel! nè morir teco?...

ANT.   Ah! vivi.
Di Edippo tu figlia non sei; non ardi
Di biasmevole amore in cor, com'io;
Dell'uccisore e sperditor de' tuoi
Non ami il figlio. Ecco il mio fallo; il deggio
Espïar sola. — Emone, ah! tutto io sento,
Tutto l'amor, che a te portava: io sento
Il dolor tutto, a cui ti lascio. — A morte
Vadasi tosto. — Addio, sorella,... addio.

SCENA III.

Creonte, Antigone, Argia e guardie.

CREO.
Che più s'indugia? ancor di morte al campo
Costei non giunse? Oh! che mai veggo? Argia
Seco è? che fu? chi le accoppiò? — Di voi
Qual mi tradisce?

ANT.   I tuoi, di te men crudi,
Concesso n'han brevi momenti. A caso
Qui c'incontrammo: io corro al campo, a morte;
Non t'irritar, Creonte. Opra pietosa,
Giust'opra fai, serbando in vita Argia.

ARG.
  Creonte, deh! seco mi lascia...
ANT.   Ah! fuggi,
  Pria che in lui cessi la pietà.
CREO.   Si tragga
  Argìa primiera al suo destino...
ARG.   Ahi crudi!
  Svellermi voi?...
ANT.   L'ultimo amplesso dammi.
CREO.
  Stacchisi a forza; si strappi, strascinisi:
  Tosto, obbedite, io 'l voglio. Itene.
ARG.   Oh cielo!
  Non ti vedrò più mai?...
ANT.   Per sempre,... addio...

SCENA IV.

Creonte, Antigone e guardie

CREO.
  Or, per quest'altra parte, al campo scenda
  Costei... Ma no. — Donde partissi, or tosto
  Si riconduca: entrate. — Odimi, Ipsèo. —
  (Gli favella alcune parole all'orecchio).

SCENA V.

Creonte.

  — Ogni pretesto così tolto io spero
  Ai malcontenti. Io ben pensai: cangiarmi
  Non dovea, che così;... tutto ad un tempo
  Salvo ho così. — Reo mormorar di plebe
  Da impazïenza natural di freno
  Nasce; ma spesso di pietà si ammanta.
  Verace, o finta, è da temersi sempre
  Pietà di plebe; or tanto più, che il figlio

Istigator sen fa. — Vero è, pur troppo! —
Per ingannar la sua mortal natura,
Crede invano chi regna, o creder finge,
Che sovrumana sia di re la possa:
Sta nel voler di chi obbedisce; e in trono
Trema chi fa tremar. — Ma, esperta mano
Prevenir non si lascia: un colpo atterra
L'idol del volgo, e in un suo ardir, sua speme,
E la indomabil non saputa forza. —
Ma qual fragor suona dintorno? Oh! d'arme
Qual lampeggiar vegg'io? Che miro? Emone
D'armati cinto?... incontro a me? — Ben venga;
In tempo ei vien.

SCENA VI.

Creonte, Emone e seguaci d'Emone.

CREO.   Figlio, che fai?
EMO.   Che figlio?
   Padre non ho. D'un re tiranno io vengo
   L'empie leggi a disfar: ma, per te stesso
   Non temer tu; ch'io punitor non vengo
   De' tuoi misfatti: a' Dèi si aspetta: il brando,
   Per risparmiar nuovi delitti a Tebe,
   Snudato in man mi sta.
CREO.   Contro al tuo padre,...
   Contra il tuo re, tu in armi? — Il popol trarre
   A ribellar, certo, è novello il mezzo
   Per risparmiar delitti... Ahi cieco, ingrato
   Figlio!... mal grado tuo, pur caro al padre! —
   Ma di': che cerchi? innanzi tempo scettro?
EMO.
   Regna, prolunga i giorni tuoi; del tuo
   Nulla vogl'io: ma chieggo, e voglio, torre
   Saprommi io ben con questi miei, con questo
   Braccio, ed a forza, il mio. Trar di tue mani
   Antigone ed Argia...
CREO.   Che parli? — Oh folle
   Ardire iniquo! osi impugnar la spada,
   Perfido, e contra il genitor tu l'osi,

Per scior dai lacci chi dai lacci è sciolto? —
Libera già, su l'orme prime, in Argo
Argia ritorna; in don la mando al padre:
E a ciò finor non mi movea, ben vedi,
Il terror del tuo brando.

EMO.   E qual destino
Ebbe Antigone?...

CREO.   Anch'ella or or fu tratta
Dallo squallor del suo carcere orrendo.

EMO.
Ov'è? vederla voglio.

CREO.   Altro non brami?

EMO.
Ciò sta in me solo: a che tel chieggo? In questa
Reggia (benchè non mia) per brevi istanti
Posso, e voglio, dar legge. Andiamo, o prodi
Guerrieri, andiam: d'empio poter si tragga
Regal donzella, a cui tutt'altro in Tebe
Si dee, che pena.

CREO.   I tuoi guerrier son vani;
Basti a tanto tu solo: a te chi fia
Ch'osi il passo vietare? Entra, va, tranne
Chi vuoi; ti aspetto, io vilipeso padre,
Qui fra tuoi forti umile, infin che il prode
Liberator n'esca, e trïonfi.

EMO.   A scherno
Tu parli forse; ma davvero io parlo.
Mira, ben mira, s'io pur basto a tanto.

CREO
— Va, va...
(*Si apre la scena e si vede il corpo di Antigone*).
                Creonte ad atterrir non basti.

EMO.
Che veggio?... Oh cielo!... Antigone... svenata!
— Tiranno infame,... a me tal colpo?

CREO.   Atterro
Così l'orgoglio: io fo così mie leggi
Servar; così, fo ravvedersi un figlio.

EMO.
    Ravvedermi? Ah! pur troppo a te son figlio!
Così nol fossi! In te il mio brando...

(*Si avventa al padre col brando, ma istantaneamente lo ritorce in se stesso, e cade trafitto*).

— Io... moro....

CREO.
Figlio, che fai? t'arresta. —

EMO. Or, di me senti
Tarda pietà?... Portala, crudo, altrove....
Lasciami, deh! non funestar mia morte....
Ecco, a te rendo il sangue tuo; meglio era
Non darmel mai.

CREO. Figlio!... ah! ne attesto il cielo...
Mai non credei, che un folle amor ti avria
Contro a te stesso...

EMO. Va,... cessa; non farmi
Fra disperate imprecazioni orrende
Finir miei giorni... Io... ti fui figlio in vita...
Tu, padre a me,... mai non lo fosti...

CREO. Oh figlio!...

EMO.
Te nel dolore, e fra i rimorsi io lascio. —
Amici, ultimo ufficio,... il moribondo
Mio corpo... esangue,... di Antigone... al fianco
Traggasi;... là, voglio esalar l'estremo
Vital... mio.. spirto...

CREO. Oh figlio... amato troppo!...
E abbandonar ti deggio? orbo per sempre
Rimanermi?

EMO. Creonte, o in sen m'immergi
Un'altra volta il ferro,... o a lei dappresso
Trar... mi.. lascia,... e morire...
(*Viene trascinato da' suoi seguaci verso il corpo di Antigone*).

CREO. Oh figlio! Oh colpo
Inaspettato!
(*Si copre il volto, e rimane immobile, finchè Emone sia quasi affatto fuori della vista degli spettatori*).

SCENA VII.

Creonte.

— O del celeste sdegno
Prima tremenda giustizia di sangue,...
Pur giungi, al fine... Io ti ravviso. — Io tremo.

FINE DELLA TRAGEDIA.

Parere dell'Autore sull'Antigone

Questo tema, benchè assai meno tragico del precedente, mi pare con tutto ciò più adattabile ai nostri teatri e costumi; dove però le esequie di Polinice e degli Argivi non vengano ad essere il perno, ma bensì il solo pretesto della tragedia; il che mi par d'aver fatto. In questa composizione mi nasceva per la prima volta il pensiero di non introdurvi che i soli personaggi indispensabili e importanti all'azione, sgombrandola d'ogni cosa, non necessaria a dirsi, ancorchè contribuisse pure all'effetto. In fine di questa prosa, dove parlerò dell'invenzione, penso di assegnare estesamente la ragione, che mi fece abbracciare questo sistema dappoi.

Tuttavia in questo primo tentativo io m'ingannava, e non poco: in quanto questo soggetto arido anzi che no, non presta neppure i quattro personaggi introdottivi; volendo (come io pretesi di farlo) che abbiano ciascuno un motore, benchè diverso, pure ugualmente caldo, operante, importante; e tutti sì fattamente siano contrastati fra loro, che n'abbiano a ridonare delle sospensioni terribili, e delle vicende molto commoventi, e caldissime. Dalla esamina di ciascuno dei quattro verrò, credo, a provare e schiarire quanto io asserisco.

Antigone, protagonista della tragedia, ha per primo motore e passione predominante, un rabbioso odio contro Creonte. Le ragioni di questo odio son molte e giustissime; le taccio perchè tutti le sanno; ma alle altre ragioni tutte sovrasta la fresca pietà di Polinice insepolto. Ecco già dunque due passioni in Antigone, che tutte due vanno innanzi all'amore ch'ella ha per Emone. Dall'avere il personaggio più d'una passione, allorchè le diverse non si riuniscono in una, ne risulta infallibilmente l'indebolimento in parte di tutte; e quindi presso allo spettatore assai minore l'effetto. Ma pure, le circostanze d'Antigone essendo queste per l'appunto, non credo che si debbano o possano nè mutar, nè alterare. La passione vincitrice in Antigone venendo ad esser poi l'odio, che è pure essenzialissima parte del suo dovere di sorella e di figlia, questo amor suo per Emone, che pure è solo cagione dei tragici contrasti e della catastrofe, lascierà forse molto da desiderare.

Argia è mossa dall'amore del morto ed insepolto marito; altra passione non ha, nè dee avere; onde, per quanto si vada costei innestando nella tragedia, ella non è punto necessaria mai in questa azione, e quindi, da chi severamente giudicherà, può anche venirvi riputata inutile affatto. Ma pure, se ella è quanto all'azione, a me inutile non pare quanto all'effetto; poichè nel primo, secondo e quint'atto, ella può tanto più commovere gli spettatori, appunto perchè si trova ella essere d'un carattere tanto men forte, e in frangenti niente meno dolorosi di quelli d'Antigone.

Creonte, avendo in questa tragedia ammantato con la porpora regia la viltà sua, diventa più sopportabile assai, che non lo è stato nel Polinice: tanta è la forza della falsa opinione nelle cose più manifestamente erronee. Ed in fatti, dovrebbe pure assai meno vile tenersi quell'uomo che fellon si facesse per arrivare ad un altissimo grado, che colui che essendoci pervenuto, volesse per tradimenti e violenze poi mantenervisi; avendone egli dal proprio potere tanti altri mezzi più nobili, generosi, ed aperti; ma così non è nella opinione dei più, alla quale il drammatico autore è pur troppo sempre costretto a servire, Creonte, per essere egli in quella tragedia tanto più re che padre, ne viene a destare tanto minor commozione d'affetti; eppure, non credo che si dovesse ideare altrimenti.

Emone, che può in sè riunire tutte le più rare doti, e che da altra passion non è mosso fuorchè dall'amor per Antigone, mi pare in questa tragedia il personaggio, a cui, se nulla pur manca, non è certo per colpa sua, ma di chi parlar lo facea. Forse a molti non parrà egli abbastanza innamorato, cioè abbastanza parlante d'amore, o in frasi d'amante. Ma di questo non me ne scuso, perchè non credo mai che l'amore in tragedia possa accattare espressioni dal madrigale, nè mai parlar di begli occhi, nè di saette, nè di idol mio, nè di sospiri al vento, nè d'auree chiome, ecc. ecc.

Nel risolvermi a far recitare questa tragedia in Roma, prima che nessuna altra mia ne avessi stampato, ebbi in vista di tentare con essa l'effetto di una semplicità così nuda quale mi parea di vedervi; e di osservare ad un tempo, se questi soli quattro personaggi (che a parer mio erano dei meno caldi tra quanti altri ne avessi creati in altre tragedie di simil numero) venivano pure ad esser tollerabili in palco senza freddezza. Con mio sommo stupore trovai alla recita che i personaggi bastavano quali erano, per ottenere un certo effetto; che Argia, benchè inutile, non veniva però giudicata tale, e moltissimo inteneriva gli spettatori; e che il tutto in somma non riusciva nè vuoto d'azione, nè freddo.

E non si creda già, che io giudicassi allora la tragedia dall'esito ch'ella pareva ottenere piuttosto felice: io la giudicava anche molto dal semplice effetto che ne andava ricevendo io stesso; e così pure da un certo silenzio, direi, d'immobilità negli spettatori; non dagli applausi loro che questi si possono pur dare non sentiti, nè veri: ma quella specie di sforzato e pieno silenzio, non si può mai ottenere se non da un certo vivo desiderio d'udire, il quale non è mai continuamente provato da un uditorio qualunque (per quanto voglia egli benigno mostrarsi), ove prevenuto che ci dovesse essere questo principalissimo difetto, godeva ad un tempo come autore che pur non ci fosse; ma mi doleva altresì, come critico, di essermi affatto ingannato. Tuttavia potrebbe anche, o tutto od in parte esservi pure stato, e non aver io visto sanamente; e quegli spettatori, o per civiltà, o per altra cagione, aver simulato e il desiderio d'udire e la commozione, e aver dissimulata la noja.

La catastrofe, ch'io anche credeva dover essere di pochissima azione e non molto terribile, mi parve alla recita riuscire di un grande effetto; e massimamente lo sarà, venendo eseguita con pompa e decenza in uno spazioso teatro. Il corpo d'Antigone estinta ch'io temea potesse far ridere, o guastare l'effetto, pure (ancorchè in picciolissimo teatro e privo di quelle illusioni cui lo spazio e l'esattezza mirabilmente secondano) non cagionava nessun moto che pregiudicasse in nulla all'effetto prefisso; parmi dunque, che molto meno lo cagionerebbe in un perfetto teatro.

Crederei, che nell'Antigone l'autore abbia qualche passo nell'arte del progredire l'azione, e del distribuire la materia; e in ciò forse la scarsezza stessa del soggetto gli ha fatto assottigliare l'ingegno. Tuttavia il quart'atto riesce debole assai: e con alcuni pochi versi più, bene inseriti nel terzo, si potrebbe da esso saltare al quinto senza osservabile mancamento. Questo è difetto grande; e si dee attribuire per metà al soggetto, per metà all'autore.

Mi sono assai più del dovere allungato su questa tragedia, perchè avendola io recitata, ne ho osservati molti e diversi effetti, che dell'altre non potrei individuare così per l'appunto, benchè io fra me stesso gl'immagini. Con tutto ciò, l'aver io visto non mal riescire questa tragedia, il che mi determinava allora a stamparla con molte dell'altre, non mi ha però fatto mutar di parere circa essa; e ancorchè ella si avvolse sovra passioni più teatrali per noi, io la reputo pur sempre tragedia meno piena, e di assai minore effetto teatrale, che le due precedenti.

AGAMENNONE

AGAMENNONE   *Atto 4.º - Scena II*

ARGOMENTO

Tra gli uomini di Pelope, Atreo e Tieste, era nato a cagione di nefandi atrocissimi delitti, un odio irreconciliabile, che fra i loro discendenti vivissimo si propagò. Agamennone re di Argo ebbe padre Plistene, e avo Atrèo; ma siccome suo padre morì giovane e senza celebrità, egli fu comunemente considerato come figlio di Atrèo, e però detto Atride. Sposò Clitennestra figlia di Tindaro, come suo fratello Menelao sposato aveva la famosa Elena di lei sorella, la quale, essendo poi al marito fuggita con Paride figlio di Priamo re della Frigia, fu cagione della tanto nota guerra di Troia. Agamennone per vendicare il fratello radunò tutti i Principi greci, che lo elessero a capo della spedizione col titolo di re de' re. Una calma terribile opponendosi alla navigazione, l'indovino Calcante interrogato disse, che la sciagura non cesserebbe, finchè i Numi placati non fossero dal sangue della figlia di Agamennone, Ifigenia. L'amor di padre opponevasi; ma il voto universale dell'esercito costrinse Agamennone ad obbedire, e Efigenia fu in Aulide sacrificata. In tanto che durò la lunga guerra apportatrice dell'ultimo eccidio a Troia, Egisto figlio di Tieste, pieno sempre dell'odio paterno, e del desiderio di vendetta contro i discendenti di Atrèo, venne in Argo e simulando carattere, innamorò e sedusse Clitennestra. Agamennone tornando vittorioso al suo regno, conduceva prigioniera Cassandra figlia di Priamo, e portava insieme le più ricche spoglie. Ma il suo ritorno gli fu fatale. Clitennestra cieca d'amore per Egisto, e aiutata da lui che la istigava colla speranza di distruggere tutta la prosapia di Atrèo, e d'impadronirsi del trono, uccise suo marito in un pranzo, o, secondo altri, in un bagno, dandogli una veste le cui maniche eran chiuse, onde ebbe le braccia e le mani impedite così, che non potè fare difesa. Così narrano i mitologi, e gli scrittori della storia de' tempi detti eroici.

AGAMENNONE

PERSONAGGI

Agamennone　　　　　　Elettra
Clitennestra　　　　　　Egisto
　　　　Soldati
　　　　Popolo

Scena, la Reggia in Argo

ATTO PRIMO

SCENA I.

Egisto

A che m'insegni, o sanguinosa, irata
Dall'inulto mio padre orribil ombra?
Lasciami... va;... cessa, o Tïeste; vanne,
Le Stigie rive ad abitar ritorna.
Tutte ho in sen le tue furie; entro mie vene
Scorre pur troppo il sangue tuo: d'infame
Incesto, il so, nato al delitto io sono
Nè, ch'io ti veggia a rimembrarlo è d'uopo.
So che da Troja vincitor superbo
Riede carco di gloria in Argo Atride.
Io qui l'aspetto, entro sua reggia: ei torni;
Sarà il trionfo suo breve, tel giuro.
Vendetta è guida ai passi miei: vendetta
Intorno intorno al cor mi suona; il tempo
Se n'appressa: l'avrai, Tïeste, avrai
Vittime qui più d'una; a gorghi il sangue

D'Atreo berai. Ma, pria che il ferro, l'arte
Oprar convienmi: a re possente incontro,
Solo ed inerme sto: poss'io, se in petto
L'odio e il furor non premo, averne palma?

SCENA II.

Egisto e Clitennestra.

CLIT.
Egisto, ognora a pensier foschi in preda
Ti trovo, e solo? Tue pungenti cure
A me tu celi, a me?... degg'io vederti
Sfuggendo andar chi sol per te respira?
EGIS.
Straniero io sono in questa reggia troppo.
Tu mi v'affidi, è vero; e il piè mai posto
Io non avrei, se tu regina in seggio
Qui ion ti stavi: il sai, per te ci venni;
E rimango per te. Ma il giorno, ahi lasso!
Già già si appressa il giorno doloroso,
In cui partir tu men farai,... tu stessa.
CLIT.
Io? che dicesti? e il credi? ah, no! — Ma poco.
Nulla vale il giurar; per te vedrai,
S'altro pensier, che di te solo, io serri
Nell'infiammato petto.
EGIS.   E ancor che il solo
Tuo pensiero foss'io, se a me pur cale
Punto il tuo onor, perder me stesso io debbo,
E perder vo', pria che turbar tua pace;
Pria che oscurar tua fama, o torti in parte
L'amor d'Atride. Irne ramingo, errante,
Avvilito, ed oscuro, egli è il destino
Di me prole infelice di Tïeste.
Tenuto io son d'infame padre figlio
Più infame ancor, benchè innocente: manca
Dovizia, e regno, ed arroganti modi,
A cancellare in me del nascer mio
La macchia, e l'onta del paterno nome.

Non d'Atride così; ritorna ei fero
Distruggitor di Troja: e fia, ch'ei soffra
In Argo mai l'abbominato figlio
Dell'implacabil suo mortal nemico?
CLIT.
E, s'ei pur torna, agli odj antichi or fine
Posto avranno i suoi nuovi alti trofei:
Re vincitor non serba odio a nemico,
Di cui non teme.
EGIS. ...E' ver, che a niun tremendo
Son io, per me; ch'esule, solo, inerme,
Misero, odiarmi Agamennòn non degna:
Ma dispregiar mi puote: a oltraggio tale
Vuoi ch'io rimanga? A me il consigli, e m'ami?
CLIT.
Tu m'ami, e il rio pensier pur volger puoi
D'abbandonarmi?

EGIS. Il lusingarti è vano,
Regina, omai. Necessità mi sforza
Al funesto pensiero. Il signor tuo,
Ove oblïar volesse pur le offese
Del padre mio, sperar puoi tu ch'ei voglia
Dissimulare, od ignorar l'oltraggio,
Che all'amor suo si fa? Sfuggir tua vista
Io dovria, se qui stessi; e d'ogni morte
Vita trarrei peggiore. Al tua cospetto
S'io venissi talvolta, un solo sguardo,
Solo un sospiro anco potria tradirmi:
E allor, che fora? E' ver pur troppo! un solo
Lieve sospetto in cor del re superbo
Rei ne fa d'ogni fallo. A me non penso.
Nulla temo per me; d'amor verace
Darti bensì questa terribil prova
Deggio, e salvarti con l'onor la vita.
CLIT.
Forse, chi sa? Più che nol credi, or lungi
Tal periglio è da noi: già rinnovate
Più lune son, da che di Troja a terra
Cadder le mura; ognor sovrasta Atride,
E mai non giunge. Il sai, che fama suona
Da feri venti andar divisa, e spersa,
La greca armata. Ah! giunto è forse il giorno.

Che al fin vendetta, ancor che tarda, intera
Della svenata figlia mia darammi.
EGIS.
E se pur fosse il dì; vedova illustre
Del re dei re, tu degneresti il guardo
Volgere a me, di un abborrito sangue
Rampollo oscuro? A me, di ria fortuna
Misero gioco? A me, di gloria privo,
D'oro, d'armi, di sudditi, di amici?...
CLIT.
E di delitti; aggiungi. — In man lo scettro
Non hai di Atride tu; ma in man lo stile
Non hai del sangue della propria figlia
Tinto e grondante ancora. Il ciel ne attesto:
Nullo in mio cor regnava, altri che Atride,
Pria ch'ei dal seno la figlia strapparmi
Osasse, e all'empio altar vittima trarla.
Del dì funesto, dell'orribil punto
La mortal rimembranza, ognor di duolo
M'empie, e di rabbia atroce. Ai vani sogni
Di un augure fallace, alla più vera
Ambizïon d'un inumano padre,
Vidi immolare il sangue mio, sottratto
Di furto a me, sotto mentita speme
Di fauste nozze. Ah! da quel giorno in poi,
Fremer, di orror mi sento al solo nome
D'un cotal padre. — Io più nol vidi; e s'oggi
Al fin Fortuna lo tradisse..
EGIS. Il tergo
Mai non fia che rivolga a lui Fortuna
Per quanto stanca ei l'abbia. Essa del Xanto
All'onde il mena condottier de' Greci;
Più che virtù, fortuna, ivi d'Achille
Vincer gli fa la non placabil ira,
E d'Ettorre il valore; essa di spoglie
Ricondurrallo altero e pingue in Argo.
Gran tempo, no, non passerà, che avrai
Agamennone a fianco: ogni tuo sdegno
Spegner saprà ben ei: pegni v'avanza
Del vostro prisco amore, Elettra, Oreste;
Pegni a pace novella: al raggiar suo
Dileguerassi, come al sole nebbia,
Il basso amor che per me in petto or nutri.

CLIT.
  …Mi è cara Elettra, e necessario Oreste…
  Ma, dell'amata Ifigenia spirante
  Mi suona in cor flebil voce ancora:
  L'odo intorno gridare in mesti accenti:
  Ami tu, madre, l'uccisor mio crudo?
  Non l'amo io, no. — Ben altro padre, Egisto,
  Stato saresti ai figli miei.

EGIS.   Potessi,
  Deh, pure un dì nelle mie man tenerli!
  Ma, tanto mai non spero. — Altro non veggio
  Nell'avvenir per me, che affanni, ed onta,
  Precipizj, e rovina. Eppur qui aspetto
  Il mio destin, qual ch'egli sia; se il vuoi,
  Io rimarrò, finchè il periglio è mio;
  Se tuo divien, cader vittima sola
  Ben io saprò di un infelice amore.

CLIT.
  Indivisibil fare il destin nostro
  Saprò ben io primiera. Il tuo modesto
  Franco parlar vieppiù m'infiamma: degno
  Più ognor ti scorgo di tutt'altra sorte. —
  Ma Elettra vien: lasciami seco: io l'amo;
  Piegarla appieno a tuo favor vorrei.

SCENA III.

Elettra e Clitennestra.

ELET.
  Madre, e fia ver, che il rio nostro destino
  A tremar sempre condannate ci abbia;
  E a sospirar, tu il tuo consorte, invano,
  Io'l genitore? A noi che giova omai
  L'udir da sue radici Troja svelta,
  Se insorgon nuovi ognor perigli a tòrre
  Che il trïonfante Agamennòn qui rieda?

CLIT.
  Si accerta dunque il grido, che dispersi
  Vuole, e naufraghi, i legni degli Achei?

ELET.
 Fama ne corre assai diversa in Argo:
 V'ha chi fin dentro al Bosforo sospinte
 Da' torbidi austri impetuosi narra
 Le navi nostre: altri aver viste giura
 Su queste spiaggie biancheggiar lor vele:
 E pur troppo anco v'ha chi afferma infranta
 La regal prora ad uno scoglio, e tutti
 Sommersi quanti eran sovr'essa, insieme
 Col re. Misere noi!... Madre, a chi fede
 Prestare omai? Come di dubbio trarci?
 Come cessar dal rio timore?

CLIT. I feri
 Venti, che al suo partir non si placaro
 Se non col sangue, or nel ritorno forse
 Vorran col sangue anco placarsi. — Oh figli!
 Quanto or mi giova in securtà tenervi
 Al fianco mio! per voi tremare almeno,
 Come già son due lustri, oggi non deggio.

ELET.
 Che sento? E ancor quel sacrificio impresso
 Nel cor ti sta? Terribile, funesto,
 Ma necessario egli era. Oggi, se il cielo
 Chiedesse pur d'una tua figlia il sangue;
 Oggi piena di gioja, all'ara io corro;
 Io; per salvare a te il consorte, ai Greci
 Il duce, ad Argo il suo regal splendore.

CLIT.
 So, che il padre t'è caro: amassi tanto
 La madre tu!

ELET. V'amo del par: ma in duro
 Periglio è il padre;... e nell'udir sue crude
 Vicende, oimè! non ch'io pianger ti vegga,
 Nè cangiar pur veggo il tuo aspetto? O madre,
 Lo amassi tu quant'io!...

CLIT. Troppo il conosco.

ELET.
 Che dici? Oh ciel! così non favellavi
 Di lui, più lune addietro. Ancor trascorso,
 Da che fean vela i Greci, intero un lustro
 Non era, e sospirar di rivederlo

Ogni di pur t'udiva io stessa. A noi
Narrando andavi le sue imprese; in esso
Tutta vivevi, e ci educavi in esso:
Di lui parlando, io ti vedea la guancia
Rigar di amare lagrime veraci...
Più nol vedesti poscia; egli è qual s'era:
Diversa tu fatta ti sei, pur troppo;
Ah! si, novella havvi ragion, che il pinge
Agli occhi tuoi da quel di pria diverso.

CLIT.
Nuova ragion? Che parli?... Inacerbito
Contr'esso il cor sempr'ebbi... Ah! tu non sai...
Che dico?... O figlia, i più nascosi arcani
Di questo cor, s'io ti svelassi....

ELET.   Oh madre!
Così non li sapessi!

CLIT.   Oimè! che ascolto?
Avria fors'ella penetrato?...

ELET.   Avessi
Penetrato il tuo cor io sola almeno!
Ma, nol sai tu, che di chi regna ai moti
Veglian maligni, intensi, invidi, quanti
Gli stan più in atto riverenti intorno?
Omai tu sola il mormorar del volgo
Non odi; e credi che ad ogni uom nascoso
Sia ciò, che mal nascondi, e che a te sola
Dir non si ardisce. — Amor t'acceca.

CLIT.   Amore?
Misera me! chi mi tradia?

ELET.   Tu stessa,
Gran tempo è già. Dal labro tuo non deggio
Di cotal fiamma udire: il favellarne
Ti costeria pur troppo. O amata madre,
Che fai? Non credo io, no, che ardente fiamma
Il cor ti avvampi: involontario affetto
Misto a pietà, che giovinezza inspira
Quando infelice ell'è; son questi gli ami,
A cui, senza avvedertene, sei presa.
Di te finor chiesto non hai severa
Ragione a te: di sua virtù non cadde
Sospetto in cor conscio a sè stesso; e forse

Loco non ha: forse offendesti appena,
Non il tuo onor, ma del tuo onor la fama:
E in tempo sei, ch'ogni tuo lieve cenno
Sublime ammenda esser ne può. Per l'ombra
Sacra, a te cara della uccisa figlia;
Per quell'amor che a me portasti, ond'io
Oggi indegna non son; che più? Ten priego
Per la vita d'Oreste: o madre, arretra,
Arretra il piè dal precipizio orrendo.
Lunge da noi codesto Egisto vada:
Fa che di te si taccia; in un con noi
Piangi d'Atride i casi: ai templi vieni
Il suo ritorno ad implorar dai Numi.

CLIT.
Lungi Egisto?

ELET.   Nol vuoi?... Ma il signor tuo,
Mio genitor, tradito esser non merta;
Nè il soffrirà.

CLIT.   Ma; s'ei... più non vivesse?...
ELET.
Inorridir, raccapricciar mi fai.

CLIT.
Che dico?.. Ahi lassa!.. Oimè! che bramo?.. Elettra,
Piangi l'error di traviata madre,
Piangi che intero egli è. La lunga assenza
D'un marito crudel,... d'Egisto i pregj...
Il mio fatal destino...

ELET.   Oh ciel! che parli?
D'Egisto i pregi? Ah! tu non sai qual sia
D'Egisto il core: ei di tal sangue nasce,
Che in lui virtude esser non può mai vera.
Esule, vil, d'orrido incesto figlio;
In tuo pensier tal successor disegni
Al re dei re?

CLIT.   Ma, e chi son io? Di Leda
Non son io figlia, e d'Elena sorella?
Un sangue stesso entro mie vene scorre.
Voler d'irati Numi, ignota forza
Mal mio grado mi tragge...

ELET.   Elena chiami
Ancor sorella? Or, se tu il vuoi, somiglia

Elena dunque: ma di lei più rea
Non farti almeno. Ella tradia il marito,
Ma un figlio non avea: fuggì; ma il **trono**
Non tolse al proprio sangue. E tu, porresti
Non pur te stessa, ma lo scettro, i figli,
Nelle man d'un Egisto?

CLIT.   Ove d'Atride
Priva il destin pur mi volesse, o figlia,
Non creder già che Oreste mio del seggio
Privar potessi. Egisto, a me consorte,
Re non saria perciò; saria d'Oreste
Un nuovo padre, un difensore...

ELET.   Ei fora
Un rio tiranno; dell'inerme Oreste
Nemico; e forse (ahi, che in pensarlo agghiaccio!)
L'uccisor ne sarebbe. O madre, il figlio
Affideresti di Tïeste al figlio
Il nepote d'Atreo?.. Ma, invano io varco
Teco il confin del filïal rispetto.
Giova a entrambe sperar, che vive Atride;
Il cor mel dice. Ogni men alta fiamma
Fia spenta in te, solo in vederlo: ed io,
Qual figlia il dee pietosa, in petto sempre
Premer ti giuro l'importante arcano.

CLIT.
Ahi, me infelice! Or ne' tuoi detti il vero
Ben mi traluce: ma sì breve un lampo
Di ragion splende agli occhi miei, ch'io tremo.

ATTO SECONDO

SCENA I.

Clitennestra ed Egisto.

EGIS.
   Io tel dicea pur dianzi: or vedi tempo
Non più di speme; or di tremare è il tempo.
Fortuna, i Numi, ed i placati venti
Guidano in porto a piene vele Atride.
Io, che sgombrar potea d'Argo poc'anzi,
Senza tuo rischio almen, senza che macchia
La tua fama ne avesse, or dal cospetto
Fuggir dovrò del re; lasciarti in preda
A sua regal dispotica possanza:
E andarne, io non so dove, da te lungi;
E di dolor morire. — A che ridotto
M'abbia il soverchio tuo sperare, or mira.

CLIT.
   Reo di qual colpa sei? Perchè fuggirti?
Tremar, perchè? Rea ben son io; ma in core
Soltanto il son; nè sa il mio core Atride.

EGIS.
   Verace amor, come si asconde? Il nostro
Già pur troppo è palese. Or come speri,
Ch'abbia a ignorarlo il re?

CLIT.   Chi fia che ardisca
Svelarlo al re, pria di saper se avranne
D'infame avviso o guiderdone, o pena?
Tu di corte i maneggi empj non sai.
Soglionsi appor falsi delitti spesso;
Ma non sempre i veraci a re si svela,
Qualor n'è offeso il suo superbo orgoglio. —
Io dal timor scevra non son; ma in bando
Posta del tutto dal mio cor la speme
Non è perciò. Ti chieggo sol per ora,

Non mel negare, Egisto un dì ti chieggo
Di tempo, un dì. Finor credea il periglio
Lontano e dubbio; indi al rimedio scarsa
Mi trovo. Lascia, che opportuno io tragga
Dall'evento il consiglio. I moti, il volto
Esplorerò del re. Tu forse in Argo
Starti potresti ignoto...

EGIS.   In Argo, ignoto,
  Io di Tïeste figlio?

CLIT.   Un giorno almeno,
  Sperare il voglio; ed a me basta un giorno,
  Perch'io scelga un partito. Abbiti intanto
  Intera la mia fe: sappi, che pria
  Ferma son di seguir d'Elena i passi,
  Che abbandonarti mai...

EGIS.   Sappi, ch'io voglio
  Perir pria mille volte, che il tuo nome
  Contaminar io mai. Del mio non parlo,
  Chè ingiusto fato a eterna infamia il danna.
  Deh, potess'io saper, ch'altro che vita
  Non perderei se in Argo io rimanessi!
  Ma, di Tïeste io figlio, insulti e schermi
  D'Atride in corte aspetto. E che sarebbe,
  Se di te poscia ei mi sapesse amante?
  E' ver, ne avrei la desïata morte:
  Quanto infame, chi 'l sa? Sariati forza
  Infra strazj vedermi; e in un dovresti
  Da quell'orgoglio insultatore udirti
  Acerbamente rampognar; quand'egli
  Più non facesse. — A paventar m'insegna
  Il solo amor; tremo per te. Tu dèi
  Oblïarmi, m'hai tempo; oscuro io nacqui,
  Lascia che oscuro io pera: al mio destino,
  Qual ch'ei sia, m'abbandona: eterno esiglio
  Mi prescrivo da te. L'antico affetto
  Rendi al consorte tuo: di te più degno
  Se amor nol vuol, fortuna, i Numi il vonno.

CLIT.
  Numi, ragion, fortuna, invano tutti
  All'amor mio contrastano. O a' miei preghi
  Tu questo dì concedi, o ch'io co' detti
  Ogni pietosa tua cura deludo.

Incontro a morte, anco ad infamia incontro,
Io volontaria corro: al fero Atride
Corro a svelar la impura fiamma io stessa,
Ed a perdermi teco. Invan divisa
Dalla tua sorte speri la mia sorte:
Se fuggi, io fuggo; se perisci, io pero.
EGIS.
Oh sfortunato Egisto!
CLIT. Or via rispondi.
Puoi tu negare ad amor tanto, un giorno?
EGIS.
Chieder mel puoi? Che far degg'io?
CLIT. Giurarmi
Di non lasciar d'Argo le mura, innanzi
Che il sol tramonti.
EGIS. A ciò mi sforzi? — Io 'l giuro.

SCENA II.

Elettra, Clitennestra ed Egisto

ELET.
Ecco sereno il dì, caduto ai venti
L'orgoglio, e queto il rio mugghiar dell'onda.
Nostra speme è certezza: in gioja è volto
Ogni timore. Il sospirato porto
Per afferrar già stan le argive prore,
E torreggiar le antenne lor da lungi
Si veggon, dense quasi mobil selva.
O madre, è salvo il tuo consorte. il mio
Genitor vive. Odo, ch'ei primo a terra
Sulla spiaggia balzò; che ratto ei muove
Ver Argo, e già quasi alle porte è giunto.
O madre, e ancor qui stai?
CLIT. Rimembra, Egisto,
Il giuramento.
ELET. Egisto esce fors'anco
Ad incontrare il re dei re con noi?

CLIT.
 Punger d'amari detti un infelice,
 Ella è pur lieve gloria, o figlia...
EGIS. Il nome
 D'Egisto spiace a Elettra troppo: ancora
 D'Egisto il cor noto non l'è.
EGIS. Più noto,
 Che tu nol pensi: all'accecata madre
 Così tu il fossi!
CLIT. Il fero odio degli avi
 Te cieca fa: ch'ei di Tïeste è figlio,
 Null'altro sai di lui. Deh! perchè sdegni
 Udir quant'egli è pio, discreto, umile,
 Degno di sorte e di natal men reo?
 Conscio del nascer suo, d'Argo partirsi
 Volea pur ora; e alla superba vista
 Del trïonfante Agamennòn sottrarsi.
ELET.
 Or, che nol fece? A che rimane?
EGIS. Io resto
 Per poco ancora; acquètati: l'aspetto
 D'uom che non t'odia, e che tu tanto abborri,
 Al nuovo dì tolto ti fia dagli occhi
 Per sempre. Elettra, io lo giurai poc'anzi
 Alla regina; e l'atterrò.
CLIT. Qual duro
 Cor du rinserri! Or vedi; al crudo fiele,
 Onde aspergi tuoi detti ei nulla oppone,
 Che umiltà, pazïenza...
ELET. Io di costui
 I rari pregi ad indagar non venni.
 A farti accorta nel venir del padre,
 Il mio dover mi trasse; a dirti a un tempo,
 Che d'ogni grado, e d'ogni etade, a gara
 Con lieti plausi festeggianti in folla
 Escon gli Argivi ad incontrarlo. Io pure
 Del sospirato padre infra le braccia
 Già mi starei; ma di una madre i passi
 Può prevenir la figlia? I dolci amplessi,
 A consorte dovuti, usurpar prima?

Omai che tardi? Andiamo. In noi delitto
Ogni indugiar si fa.
CLIT.   Ti è noto appieno
Del mio cor egro il doloroso stato;
E sì pur godi in trafiggermi il core,
Con replicati colpi.
ELET.   Il sanno i Numi,
Madre, s'io t'amo, e se di te pietade
Albergo in seno: amor, pietà mi stringe
A quanto io fo: vuoi, che d'Egisto al fianco
Ti trovi il re? Ciò che celar tu speri,
Col più tardar, palesi: andiamo.
EGIS.   Donna,
Ten prego, io pur; deh! va; non ostinarti
In tuo danno.
CLIT.   Tremar non potrei tanto,
Se a certa morte andassi. Oh, fera vista!
Orribil punto! Ah! donde mai ritrarre
Tal coraggio poss'io, che a lui davante
Non mi abbandoni? Ei m'è signor: tradito
Bench'io sol l'abbia in mio pensier, vederlo
Pur con l'occhio di prima, io no, nol posso.
Finger amor, non so, nè voglio... Oh giorno
Per me tremendo!
ELET.   Oh, per noi fausto giorno!
Non lunge io son dal racquistar la madre.
Rimorso senti? Omai più rea non sei.
EGIS.
Rea fosti mai? Tu il tuo consorte estinto
Credesti; e, di te donna, a me di sposa
Dar disegnavi mano. Un tal pensiero
Chi può a delitto apporti? Ei, se nol dici,
Nol sa. Tu non sei rea; nè a lui davanti
Tremar dèi tu. Vedrai, ch'ei più non serba
Rimorso in sen della tua uccisa figlia.
Di securtà prendi da lui l'esempio.
ELET.
O mortifera lingua, osi tu il nome
Contaminar d'Atride? Andiam, deh! madre
Questi gli estremi fian consigli iniqui,
Che udrai da lui; vieni.

CLIT.   Giurasti, Egisto;
 Rimèmbrati; giurasti.

EGIS.   Un dì rimane.

CLIT.
 Oh cielo! un dì?...

ELET.   Troppo ad un empio è un giorno

SCENA III.

Egisto

Odiami, Elettra, odiami pur; ti abborre
Ben altrimenti Egisto: e il mio profondo
 Odio, il vedrai, non è di accenti all'aura
Vani; il tremendo odio d'Egisto, è morte.
Abbominevol stirpe, al fin caduta
Sei fra mie man pur tutta. Oh, qual rammarco
M'era al cor, che dell'onde irate preda
Fosse Atride rimaso! oh, di vendetta
Qual parte e quanta mi furavan l'onde!
Vero è, col sangue loro avrian suoi figli
L'esacrando d'Atreo feral convito
Espïato, col sangue: avrei tua sete
Così, Tïeste, io disbramata alquanto:
Se tutto no, così compiuto in parte
Il sanguinoso orribil giuramento...
Ma, che dico? Il rivivere del padre,
Scampa i figli da morte? — Ecco il corteggio
Del trionfante re. Su via, si ceda
A stolta gioia popolare il loco.
Breve, o gioia, sarai. — Stranier qui sono
Ad ogni festa, che non sia di sangue.

SCENA IV.

Agamennone, Elettra, Clitennestra, popolo e soldati

AGA.
 Riveggo al fin le sospirate mura
 D'Argo mia: quel ch'io premo, è il suolo amato,

Che nascendo calcai: quanti al mio fianco
Veggo, amici mi son; figlia, consorte,
Popol mio fido, e voi Penati Dei,
Cui finalmente ad adorar pur torno.
Che più bramar, che più sperare omai
Mi resta, o lice? Oh, come lunghi, e gravi
Son due lustri vissuti in strania terra
Lungi da quanto s'ama! Oh, quanto è dolce
Ripatrïar dopo gli affanni tanti
Di sanguinosa guerra! Oh, vero porto
Di tutta pace esser tra' suoi! — Ma, solo
Son io, che goda qui? Consorte, figlia,
Voi taciturne state, a terra incerto
Fissando il guardo irrequïeto? Oh cielo!
Pari alla gioia mia non è la vostra,
Nel ritornar fra le mie braccia?

ELET.   Oh padre!...
CLIT.
Signor;... vicenda in noi rapida troppo
Oggi provammo... Or da speranza a doglia
Sospinte, or dal dolore risospinte
A inaspettato gaudio... Il cor mal regge
A sì diversi repentini affetti,
ELET.
Per te finor tremammo. Iva la fama
Dubbie di te spargendo orride nuove;
Cui ne fean creder vere i procellosi
Feroci venti, che più dì lo impero
Tenean del mar fremente; a noi cagione
Giusta di grave pianto. Al fin sei salvo.
Al fin di Troja vincitor tu riedi,
Bramato tanto, e così invan bramato
Da tante lune, e tante. O padre, al fine
Su questa man, su questa man tua stessa,
Su cui, bambina io quasi al partir tuo,
Baci infantili impressi, adulti imprimo
Or più fervidi baci. O man, che fea
L'Asia tremar, già non disdegni omaggio
Di semplice donzella: ah no! son certa,
Più che i re domi, e i conquistati regni,
Spettacol grato è al cor d'ottimo padre
Il riveder, riabbracciar l'amata
Ubbidïente sua cresciuta prole.

AGA.
Sì, figlia, sì; più che mai gloria caro
M'è il sangue mio: deh, pur felice io fossi
Padre, e consorte, quant'io son felice
Guerriero, e re! Ma, non di voi mi dolgo.
Di me bensì, della mia sorte. Orbato
M'ha d'una figlia il cielo: a far qui paga
L'alma paterna al mio ritorno appieno,
Manca ella sola. Il ciel nol volle; e il guardo
Ritrar m'è forza dal fatale evento. —
Tu mi rimani, Elettra; e alla dolente
Misera madre rimanevi. Oh, come
Fida compagna, e solo suo conforto
Nella mia lunga assenza, i lunghi pianti
E le noje, e il dolor con lei diviso
Avrai, tenera figlia! Oh quanti giorni,
Oh, quante notti in rimembrarmi spese!..
Ed io pur, sì, tra le vicende atroci
Di militari imprese; io, sì, fra 'l sangue,
Fra la gloria, e la morte, avea presenti
Voi sempre, e il palpitare, e il pianger vostro,
E il dubitare, e il non sapere. Io spesso
Chiuso nell'elmo in silenzio piangeva;
Ma, nol sapea che il padre. Omai pur giunge
Il fin del pianto: e Clitennestra sola
Al mesto aspetto, al lagrimoso ciglio,
Più non ravviso.

CLIT.   Io mesta!

ELET.   Ah, sì; di gioja,
Quand'ella è troppa, anco l'incarco opprime,
Quanto il dolore. O padre, or lascia ch'ella
Gli spirti suoi rinfranchi. Assai più dirti
Vorria di me, quindi assai men ti dice.

AGA.
Nè ancor d'Oreste a me parlò...

CLIT.   D'Oreste?...

ELET.
Deh! padre, vieni ad abbracciarlo.

AGA.   Oreste.
Sola mia speme, del mio trono erede,
Fido sostegno mio: se al sen paterno
Ben mille volte non ti ho stretto pria,

Non vo', nè un solo istante, alle mie stanche
Membra conceder posa. Andíam, consorte;
Ad abbracciarlo andiam: quel caro figlio,
Che a me non nomi, e di cui pur sei madre;
Quello, ch'io in fasce piangente lasciava
Mal mio grado partendo... Or di'; cresc'egli?
Che fa? Somiglia il padre? Ha di virtude
Già intrapreso il sentier? Di gloria al nome,
Al lampeggiar d'un brando, impaziente
Nobile ardor dagli occhi suoi sfavilla?

CLIT.
Più rattener non posso il pianto...

ELET.   Ah! vieni,
Padre; il vedrai: di te la immagin vera
Egli è; mai nol lasciai, da che partisti.
Semplice età! spesso egli udendo il padre
Nomar da noi: « Deh, quando fia, deh, quando,
Ch'io il vegga? » Ei grida. E poi di Troja, e d'armi
E di nemici udendo, in tua difesa
Con fanciullesco vezzo ei stesso agogna
Correre armato ad affrontar perigli.

AGA.
Deh! più non dirmi: andianne. Ogni momento
Ch'io di vederlo indugio, al cor m'è morte.

ATTO TERZO

SCENA I.

Agamennone ed **Elettra.**

AGA.
  Son io tra' miei tornato? Ovver mi aggiro
  Fra novelli nemici? Elettra, ah! togli
  D'orrido dubbio il padre. Entro mia reggia
  Nuova accoglienza io trovo; alla consorte
  Quasi stranier son fatto; eppur tornata,
  Parmi, or essere appieno in sè potrebbe.
  Ogni suo detto, ogni suo sguardo, ogni atto,
  Scolpito porta e il diffidare, e l'arte.
  Sì terribile or dunque a lei son io,
  Ch'entro al suo cor null'altro affetto io vaglia
  A destar, che il terrore? Ove son iti
  Quei casti e veri amplessi suoi; quei dolci
  Semplici detti? E quelli, a mille a mille,
  Segni d'amor non dubbj, onde sì grave
  M'era il partir, sì lusinghiera speme,
  Sì desïato, sospirato il punto
  Del ritornare, ah! dimmi, or perchè tutti,
  E in maggior copia, in lei più non li trovo?

ELET.
  Padre, signor, tai nomi in te raccogli,
  Che non men reverenza al cor ne infondi,
  Che amore. In preda a rio dolor due lustri
  La tua consorte visse: un giorno (il vedi)
  Breve è pur troppo a ristorare i lunghi
  Sofferti affanni. Il suo silenzio...

AGA.   Oh quanto
  Meno il silenzio mi stupìa da prima,
  Ch'ora i composti studïati accenti!
  Oh, come mal si avvolge affetto vero
  Fra pompose parole! un tacer havvi,
  Figlio d'amor, che tutto esprime; e dice

Più che lingua non puote: havvi tai moti
Involontarj testimon dell'alma:
Ma il suo tacere, e il parlar suo, non sono
Figli d'amor, per certo. Or, che mi giova
La gloria, ond'io vo carco? A che gli allori
Fra tanti rischi e memorande angosce
Col sudor compri; s'io per essi ho data,
Più sommo bene, del mio cor la pace?

ELET.
Deh! scaccia un tal pensiero: intera pace
Avrai fra noi, per quanto è in me, per quanto
Sta nella madre.

AGA.   Eppur. così diversa.
Da sè dissimil tanto, onde s'è fatta?
Dillo tu stessa: or dianzi, allor quand'ella
Colle sue mani infra mie braccia Oreste
Ponea; vedesti? Mentre stava io quasi
Fuor di me stesso, e di abbracciarlo mai,
Mai di baciarlo non potea saziarmi;
A parte entrar di mia paterna gioia,
Di', la vedesti forse? Al par che mio,
Chi detto avrebbe che suo figlio ei fosse?
Speme nostra comune, ultimo pegno
Dell'amor nostro, Oreste. — O ch'io m'inganno,
O di giojoso cor non eran quelli
I segni innascondibili veraci;
Non di tenera madre eran gli affetti
Non i trasporti di consorte amante.

ELET.
Alquanto, è ver, da quel dì pria diversa
Ella è, pur troppo! in lei di gioja raggio
Più non tornò dal dì funesto, in cui
Tu fosti, o padre, ad immolar costretto
Tua propria figlia alla comun salvezza.
In cor di madre a stento una tal piaga
Sanar si può; non le han due interi lustri
Tratto ancor della mente il tuo pietoso,
E in un crudel, ma necessario inganno,
Per cui dal sen la figlia le strappasti.

AGA.
Misero me! Per mio supplizio forse,
Ch'io il rimembri, non basta? Era io di lei

Meno infelice in quel funesto giorno?
Men ch'ella madre, genitor m'era io?
Ma pur, sottrarla a imperversanti grida,
Al fier tumulto, al minacciar di tante
Audaci schiere, al cui rabbioso foco
Era un oracol crudo esca possente,
Poteva io solo? Sol, fra tanti alteri
Re di gloria assetati e di vendetta,
E d'ogni freno insofferenti a gara,
Che far potea? Di un padre udirò il pianto
Que' dispietati, e sì non pianser meco
Ch'ove del ciel la voce irata tuona,
Natura tace, ed innocenza il grido
Innalza invan: solo si ascolta il cielo.

ELET.
Deh! non turbar con rimembranze amare
Il dì felice, in cui tu riedi, o padre,
S'io ten parlai, scemar ti volli in parte
Lo stupor giusto, che in te nascer fanno
Gli affetti incerti della madre. Aggiungi
Al dolor prisco, il trovarsi ella in preda
Troppo a sè stessa; il non aver con cui
Sfogar suo cor, tranne i due figli; e l'uno
Tenero troppo, ed io mal atta forse
A rattemprar suo pianto. Il sai, che chiusa
Amarezza più ingrossa: il sai, che trarre
Dì solitari, d'ogni gioia è morte,
D'ogni fantasma è vita; e lo aspettarti
Sì lungamente; e tremante ogni giorno
Starsi per te: nol vedi? — Ah! come quella
Esser di pria può mai? Padre, deh! scusa
Il suo attonito stato: in bando scaccia
Ogni fosco pensiero. In lei fia il duolo
Spento ben tosto dal tuo dolce aspetto.
Deh! padre, il credi: in lei vedrai, fra breve,
Tenerezza, fidanza, amor risorti.

AGA.
Sperarlo almen mi giova. Oh, qual dolcezza
Saria per me, se apertamente anch'ella
Ogni segreto del suo cor mi aprisse! —
Ma, dimmi intanto: di Tieste il figlio
Dov'io regno a che vien? Che fa? Che aspetta?

Qui sol sepp'io, ch'ei v'era; e parmi ch'abbia
Ciascuno, anco in nomarmelo, ribrezzo.

ELET.
 ...Ei di Tïeste è figlio, il sei d'Atreo;
Quindi nasce il ribrezzo. Esule Egisto,
Qui venne asilo a ricercar: nimici
Egli ha i proprj fratelli.

AGA.   In quella stirpe
Gli odj fraterni ereditarj sono;
Forse i voti d'Atreo, l'ira dei Numi,
Voglion così. Ma, ch'ei pur cerchi asilo
Presso al figlio d'Atreo, non poco parmi
Strana cosa. Già imposto ho ch'ei ne venga
Dinanzi a me; vederlo, udire io voglio
De' casi suoi, de' suoi disegni.

ELET.   O Padre,
Dubbio non v'ha, ch'egli è infelice Egisto,
Ma tu che indaghi a primo aspetto ogni alma,
Per te vedrai, se d'esser tale ei merti.

AGA.
Eccolo, ei vien. Sotto avvenenti forme
Chi sa, s'ei basso o nobil core asconda?

SCENA II.

Agamennone, Elettra ed Egisto

EGIS.
 Poss'io venir, senza tremore, innanzi
Al glorïoso domator di Troja,
Innanzi al re dei re sublime? Io veggo
La maestà, l'alto splendor d'un Nume
Sopra l'augusta tua terribil fronte...
Terribil sì; ma in una pietosa: e i Numi
Spesso dal soglio lor gli sguardi han volto
Agli infelici. Egisto è tale; Egisto,
Segno ai colpi finor d'aspra fortuna,
Teco ha comuni gli avi: un sangue scorre
Le vene nostre; ond'io fra queste mura
Cercare osai, se non soccorso, asilo

Che a scamparmi valesse da' crudeli
Nemici miei che a me pur son fratelli.
AGA.
Fremer mi fai, nel rimembrar che un sangue
Siam noi; per tutti l'obliarlo fora
Certo il migliore. Che infra loro figli
Di Tïeste si aborrano, è pur forza;
Mentre non già, che ad asil si attentin scerre
D'Atreo la reggia. Egisto a me tu fosti
E sei finora ignoto per te stesso:
Io non t'odio, nè t'amo; eppur, bench'io
Voglia in disparte por gli odj nefandi,
Senza provar non so qual moto in petto
No, mirar non poss'io, nè udir la voce,
La voce pur del figlio di Tïeste.
EGIS.
Che odiar non sa, nè può pria che il dicesse
Il magnanimo Atride, io già 'l sapeva:
Basso affetto non cape in cor sublime.
Tu dagli avi il valor, non gli odj apprendi.
Punir sapresti,... o perdonar, chi ardisse
Offender te: ma chi, qual io, t'è ignoto,
Ed è infelice, a tua pietade ha dritto,
Fosse ei di Troia figlio. Ad alta impresa
Tu non scegliea la Grecia a caso Duce;
Ma in cortesia, valor, giustizia, fede,
Re ti estimava d'ogni re maggiore.
Tal ti reputo anch'io, nè più sicuro
Mai mi credei, che di tua gloria all'ombra
Nè rammentai, che di Tïeste io figlio
Nascessi; io son di sorte avversa figlio.
Lavate appien nel sangue **mio le macchie**
Pareami aver negli infortuni miei;
E, se d'Egisto inorridire al nome
Dovevi tu, sperai, che ai nomi poscia
D'infelice, mendico, esule, oppresso,
Entro il regal tuo petto generoso
Alta trovar di me pietà dovresti.
AGA.
E s'io'l volessi pure, o tu, pietade
Soffriresti da me?
EGIS.   Ma, e chi son io,

Da osar spregiar un dono tuo?....
AGA.   Tu? Nato
  Pur sempre sei del più mortal nemico
  Del padre mio: tu m'odi, e odiar mi dèi,
  Ne biasmar ten poss'io: fra noi disgiunti
  Eternamente i nostri padri ci hanno;
  Nè soli noi, ma i figli, e i più lontani
  Nepoti nostri. Il sai; d'Atreo la sposa
  Contaminò, rapì l'empio Tïeste:
  Atreo, poichè ebbe di Tïeste i figli
  Svenati, al padre ne imbandia la mensa.
  Che più? Storia di sangue, a che le atroci
  Vicende tue rammento? Orrido gelo
  Raccapricciar mi fa. Tïeste io veggo,
  E le sue furie, in te: puoi tu d'altr'occhio
  Mirar me, tu? Del sanguinario Atreo
  Non rappresento io a te la imagin viva?
  Fra queste mura, che tinte del sangue
  De' tuoi fratelli vedi, oh! puoi tu starti,
  Senza ch'entro ogni vena il tuo ribolla?
EGIS.
  ...Orrida, è ver, d'Atreo fu la vendetta:
  Ma giusta fu. Que' figli suoi che vide
  Tïeste apporsi ad esecrabil mensa,
  Eran d'incesto nati. Il padre ei n'era,
  Sì; ma di furto la infedel consorte
  Del troppo offeso ed invendicato Atreo
  Li procreava lui. Grave l'oltraggio,
  Maggior la pena. E vero eran fratelli,
  Ma ad obliarlo prima era Tïeste,
  Atreo, secondo. In me del ciel lo sdegno
  Par che non cessi ancor; men rea tua stirpe,
  Colma ell'è d'ogni bene. Altri fratelli,
  Tïeste diemmi; e non, qual io, d'incesto
  Nati son quelli; ed io di lor spose
  Mai non rapiva; eppur ver me spietati
  Più assai che d'Atreo son essi; escluso m'hanno
  Dal trono affatto; e' per più far, mi han tolto
  Del retaggio paterno ogni mia parte;
  Ne ciò lor basta: crudi, anco la vita,
  Come pria le sostanze, or voglion tormi.
  Vedi' se a torto io fuggo.

AGA.   A ragion fuggi;
Ma qui mal fuggi.
EGIS.
                Ovunque io porto il piede,
Meco la infamia del paterno nome
E del mio nascer traggo; il so: ma, dove
Meno arrossir nel pronunziar Tieste
Poss'io, che agli occhi del figliol d'Atreo?
Tu, se di gloria men carco ne andassi,
Tu, se infelice al par d'Egisto fossi,
Il peso allor, tu sentiresti allora
Appien l'orror, ch'è annesso al nascer figlio
D'Atreo non men, che di Tieste. Or dunque
Tu de' miei mali a parte entra pur anco:
Faccia Atride di me, ciò ch'ei vorria
Ch'altri fesse di lui, se Egisto ei fosse.
AGA.
Egisto io?... Sappi; in qual ch'io fossi avversa
Disperata fortuna, il piè rivolto
Mai non avrei, mai di Tieste al seggio —
Ch'io non ti presti orecchio in cor mel grida
Tale una voce, che a pietà lo serra.
Pur, poichè vuoi la mia pietà, nè soglio
Negarla io mai, mi adoprerò (per quanto
Vaglia il mio nome, ed il poter mio fra' Greci)
Per ritornarti ne' paterni diritti.
Va' lungi d'Argo intanto: a te dappresso
Torbidi giorni e irrequïete notti
Io trarrei sempre. Una città non cape
Chi di Tieste nasce, e chi d'Atreo.
Forse di Grecia entro al confin. vicini
Pur tropppo ancor siamo noi.
EGIS.   Tu pur mi scacci?
E che mi apponi?
AGA.   Il padre.
EGIS.   E basta?
AGA.   E' troppo
Va'; non ti vegga il sol novello in Argo;
Soccorso avrai, pur che lontano io t'oda.

SCENA III.

Agamennone ed Elettra

AGA.
 Il crederesti, Elettra? Al sol suo aspetto,
 Un sol so qual terror in me sentiva
 Non mai sentito pria.

ELET. Ben festi o padre,
 D'accommiatarlo: ed io neppur nol veggo
 Senza ch'io frema.

AGA. I nostri padri crudi
 Hanno in note di sangue in noi scolpito
 Scambievol odio. In me ragion frenarlo
 Ben può; ma nulla non può spegner mai.

SCENA IV.

Clitennestra, Agamennone ed Elettra

CLIT.
 Signor, perchè del popol tuo la speme
 Protrar con nuovo indugio? I sacri altari
 Fuman d'incenso già: di fior cosperse
 Le vie, che al tempio vanno, ondeggian folte
 Di gente innumerabile, che il nome
 D'Agamennòn fa risuonar il cielo.

AGA.
 Non men che a me, già soddisfatto al mio
 Popolo avrei, se qui finor, più a lungo
 Che nol voleva io forse, rattenuto
 Me ne avesse Egisto.

CLIT. Egisto?....

AGA. Egisto.
 Ch'egli era in Argo, or di', perchè nol seppi
 Da te?

CLIT. Signor,...fra tue tant'altre cure....
 Io non credea ch'ei loco....

AGA.   Egisto nulla
È per se stessso, è ver; ma nasce, il sai,
Di un sangue al mio fatale. Io già non credo,
Che a nuocer venga; (e il potrebb'ei?); ma pure,
Nel festeggiarsi il mio ritorno in Argo,
Parmi l'aspetto suo non grata cosa.
Partir gli ho imposto al nuovo giorno. — Intanto
Pura gioia qui regni. Al tempio vado
Per aver vie più fausti, o sposa, i Numi.
Deh! fa, che rieda a lampeggiarti in volto
Il tuo amabil riso. Erami pegno
Un dì quel riso di beata pace;
Non son felice io mai, finch'ei non riede.

SCENA V.

Elettra e Clitennestra

ELET.
   O di buon re, miglior consorte!
CLIT.   Ahi, lassa.
   Tradita io son: tu mi tradisti, Elettra.
   Così tu fe mi serbi? Al re svelasti
   Egisto; ond'ei...
ELET.   Nè il pur nomai, tel giuro.
   Daltronde il seppe. Ognun ricerca a gara
   Del re la grazia in modi mille: ognuno
   Util vuol farsi al re: ben maraviglia
   Prender ti può, che nol sapesse ei pria.
CLIT.
   Ma che gli appon? Di che il sospetta? Udisti
   I detti lor? Perchè lo scaccia? Ed egli
   Che rispondea? Di me parlogli Atride?
ELET.
   Rassicurati, madre; in cor d'Atride
   Non v'ha sospetto. Ei, che tradir tu il possa,
   Nol pensa pur; nol dèi tradir tu quindi.
   Non di nemico con Egisto furo
   Le sue parole.

CLIT.
 Ma pur d'Argo in bando
 Tosto ei lo vuole.

ELET.   Oh te felice! Tolta
 Dall'orlo sei del precipizio, innanzi
 Che più t'inoltri.

CLIT.   Ei partirà?

ELET.   Sepolto
 Al suo partir sarà l'arcano: intero
 'Il cor per anco hai del consorte; ei nulla
 Brama quanto il tuo amore: il cor non gli hanno
 Pieno finor di rio velen gl'infami
 Rei delatori; intatto è il tutto ancora.
 Guai, se costoro, al par di iniqui, vili,
 Veggiono alquanto vacillar tra voi
 L'amor, la pace, la fidanza: tosto
 Gli narreranno ... Ah madre! ah sì, pietade
 Di te, di noi, di quell'Egisto istesso
 Muovati, deh! — Fuor d'Argo, in salvo ei fia
 Dallo sdegno del re...

CLIT.   Se Egidio io perdo,
 Che mi resta a temer?

ELET.   La infamia.

CLIT.   Oh cielo!..
 Omai mi lascia al mio terribil fato.

ELET.
 Deh, no. Che speri? E che farai?

CLIT.   Mi lascia
 Figlia innocente di colpevol madre.
 Più non mi udrai nomarti Egisto mai:
 Contaminar non io ti vo'; non debbe
 A parte entrar de' miei sospiri iniqui
 L'infelice mia figlia.

ELET.   Ah! madre..

CLIT.   Sola
 Co' pensier miei, colla funesta fiamma
 Che mi divora, lasciami. — L'impongo.

SCENA VI.

Elettra.

Misera me!... Misera madre!.. Oh quale
Orribil nembo a noi tutti sovrasta!
Che fia. se voi nol disgombrate, o Numi?

ATTO QUARTO

SCENA I.

Egisto e Clitennestra.

EGIS.
Donna, quest'è l'ultimo nostro addio.
Ahi lasso me! donde partire io volli ,
Cacciar mi veggo. Eppur non duolmi averti,
Rimanendo, obbedita. Un tanto oltraggio
Per tuo comando e per tuo amor, sofferto.
Se grato l'hai, mi è caro. Altro, ben altro
Dolor m'è al cor lasciarti; e non più mai
Speranza aver di rivederti io, mai.

CLIT.
Egisto, io merto ogni rampogna, il sento
E ancor che niuna dal tuo labbro io n'oda.
Il tuo dolor, l'orribil tuo destino,
Pur troppo il cor mi squarciano. Tu soffri
Per me tal onta; ed io per te son presta
A soffrir tutto; e oltraggi, e stenti, e morte;
E, se fia d'uopo, anco la infamia. E' tempo
Tempo è d'oprar. — Ch'io mai ti lasci? Ah! pensa
Ch'esser non può, finch'io respiro.

EGIS.   Or forse,
In un con me perder te stessa vuoi?
Ch'altro puoi tu? Deh! cessa: invan si affronta
Di assoluto signor l'alta assoluta
Possanza. Il sai; la ragion sua son l'armi:
Nè ragion ode, altra che l'armi altrui.

CLIT.
Se affrontar no, deluder puossi; e giova
Tentarlo. Il nuovo sole al partir tuo
Egli ha prefisso; e il nuovo sol vedrammi
Al tuo partir compagna.

EGIS.   Oh ciel! che parli?
  Tremar mi fai. Quanto il tuo amor, mi è cara
  Tanto, e più, la tua fama... Ah! no; nol deggio
  Soffrir, nè il vo'; giorno verrebbe poscia,
  Verrebbe si, tardo, ma fero il giorno
  In cui cagion della tua infamia Egisto
  Udrei nomare, io, da te stessa. Il bando
  Mi fia men duro, ed il morir, (ver cui,
  Lungi appena da te, corro a gran passi)
  Che udir, misero me! mai dal tuo labro
  Cotal rampogna.

CLIT.   A me cagion di vita
  Tu solo sei; ch'io mai cagion ti nomi
  Della mia infamia? Tu, che in sen lo stile
  M'immergi, ov'abbi il cor di abbandonarmi...
EGIS.
  Lo stile in sen t'immergo io crudo, ov'io
  Meco ti tragga. Oimè! s'anco pur fatto
  Ti venisse il fuggir, chi mai sottrarci
  Potria d'Atride alla terribil ira?
  Qual havvi asil contra il suo braccio? Quale
  Schermo? Rapita Elena fu: la trasse
  Figlio di re possente entro al suo regno,
  Ma al rapitor che valse aver baldanza,
  Ed armi, e mura, e torri? A viva forza
  Dentro la reggia sua, su i paterni occhi,
  Ai sacri altari innanzi, infra le grida,
  Fra i pianti e il sangue e il minacciar de' suoi
  Non gli fu tolto e preda, e regno, e vita?
  D'ogni soccorso io privo, esul, ramingo
  Che far potrei? Tu il vedi, il tuo disegno.
  Vano è per sè. D'ignominiosa fuga
  Tentata indarno avresti sol tu l'onta:
  Io, di te donno, e di te privo a un punto,
  La iniqua taccia, e la dovuta pena
  Di rapitor ne avrei: la sorte è questa.
  Ch'or ne sovrasta, se al fuggir ti ostini.
CLIT.
  Tu vedi appien gli ostacoli, e null'altro.
  Verace amor mai li conobbe?
EGIS.   Amante
  Verace trasse a sua rovina certa
  L'amato oggetto mai? Lascia, ch'io solo

Stia nel periglio; e fo vederti allora
S'io più conosco ostacoli, nè curo. —
Ben veggio, sì, che tu in non cale hai posta
La vita tua: ben veggio esserti meno
Cara la fama che il tuo amor: pur troppo.
Più ch'io nol merto, m'ami. Ah! se il piagato
Tuo cor potessi io risanar, sa il cielo,
Se ad ogni costo io nol faria!... sì, tutto,
Tutto farei... fuorchè cessar di amarti:
Ciò, nol poss'io; morir ben posso; e il bramo. —
Ma, se pur deggio a rischio manifesto
Per me vederti e vita esporre, e fama,...
Più certi almen trovane i mezzi, o donna.

CLIT.
Più certi?... Altri ve n'ha?...

EGIS. Partir,... sfuggirti,.
Morire;... i soli mezzi miei, son questi.
Tu, da me lungi, e d'ogni speme fuori
Di mai più rivedermi, avrai me tosto
Dal tuo cor scancellato: amor ben altro
Ridesteravvi il grande Atride: al fianco
Di lui, felici ancor trarrai tuoi giorni. —
Così pur fosse! — Omai più vera prova
Dar non ti posso del mio amor, che il mio
Partir;... terribil, dura, ultima prova.

CLIT.
Morir, sta in noi; dove il morir fia d'uopo. —
Ma che? Null'altro resta a tentar pria?

EGIS.
Altro partito, forse, or ne rimane;...
Ma indegno...

CLIT. Ed è?

EGIS. Crudo.

CLIT. Ma certo?

EGIS. Ah! certo,
Pur troppo!...

CLIT. E a me tu il taci?

EGIS. E a me tu il chiedi?

CLIT.
Qual fia?... Nol so... Parla: inoltrata io troppo
Mi son; più non m'arretro: Atride forse

Già mi sospetta; ei di sprezzarmi forse
Ha il dritto già: quindi costretta io sono
Già di abborrirlo: al fianco omai non posso
Vivergli più; nè il vo', nè l'oso. — Egisto,
Deh! tu m'insegna, e sia qual vuolsi, un mezzo,
Onde per sempre a lui sottrarmi.

EGIS.   A lui
Sottrarti? Io già tel dissi, ella è del tutto
Ora impossibil cosa.

CLIT.   E che mi avanza
Dunque a tentar?...

EGIS.   — Nulla.

CLIT.   Or t'intendo. — Oh quale
Lampo feral di orribil luce a un tratto
La ottusa mente a me rischiara! oh quale
Bollor mi sento entro ogni vena! — Intendo:
Crudo rimedio,... e sol rimedio... è il sangue
Di Atride.

EGIS.   Io taccio...

CLIT.   Ma tacendo, il chiedi.

EGIS.
Anzi, tel vieto. — All'amor nostro, è vero.
Ostacol solo, e al viver tuo, (del mio
Non parlo) è il viver suo; ma pur, sua vita,
Sai ch'ella è sacra; a te conviensi amarla,
Rispettarla, difenderla: conviensi
Tremarne, a me. — Cessiamo: omai si avanza
L'ora; e il mio lungo ragionar potria
A sospetto dar loco. — Al fin ricevi...
L'ultimo addio... d'Egisto.

CLIT.   Ah! m'odi... Atride...
All'amor nostro... al viver tuo?.. Sì; nullo
Altro ostacolo v'ha: pur troppo a noi
Il suo vivere è morte!

EGIS.   A mie parole,
Deh, non badare: amor fe' dirle.

CLIT.   E amore
A me intender le fa.

EGIS.   D'orror compresa
L'alma non hai?

CLIT.   D'orror?... Sì; ma lasciarti!...
EGIS.
E cor bastante avresti?...
CLIT.   Amor bastante,
Da non temer cosa del mondo.
EGIS.   In mezzo
De' suoi sta il re: qual man, qual ferro, strada
Può farsi al petto suo?
CLIT.   Qual man?... Qual ferro?...
EGIS.
Saria qui vana, il vedi, aperta forza.
CLIT.
Ma... il tradimento... pure...
EGIS.   E' ver; non merta,
D'esser tradito Atride: ei, che tant'ama
La sua consorte: ei, che da Troja avvinta
In sembianza di schiava, infra suoi lacci
Cassandra trae, mentr'ei n'è amante, e schiavo
Ei stesso, sì...
CLIT.   Che ascolto!
EGIS.   Aspetta intanto,
Che di te stanco, egli con lei divida
Regno, e talamo: aspetta, che a' tuoi danni
L'onta si aggiunga; e sola omai, tu sola,
Non ti sdegnar di ciò che a sdegno muove
Argo tutta.
CLIT.   Cassandra a me far pari?...
EGIS.
Atride il vuole.
CLIT.   Atride pera.
EGIS.   Or come?
Di qual mano?
CLIT.   Di questa, in questa notte,
Entro a quel letto, ch'ei divider spera
Con l'abborrita schiava.
EGIS.   Oh ciel! ma pensa...
CLIT.
Ferma son già...

EGIS. Ma, se pentita?...
CLIT. Il sono
D'aver tardato troppo.
EGIS. Eppure...
CLIT. Io 'l voglio;
Io, s'anco tu nol vuoi. Ch'io trar te lasci,
Che sol merti il mio amore, a morte cruda?
Ch'io viver lasci chi il mio amor non cura?
Doman, tel giuro, il re sarai tu in Argo.
Nè man, nè cor, mi tremerà... Chi viene?
EGIS.
Elettra...
CLIT. Oh ciel! sfuggiamla. In me ti affida

SCENA II.

Elettra.

Mi sfugge Egisto, e ben gli sta; ma veggio,
Ch'anco la madre agli occhi miei s'invola.
Misera madre! alla colpevol brama
Di riveder l'ultima volta Egisto
Resister non seppe. — A lungo insieme
Parlato han qui... Ma, baldanzoso troppo
Troppo in volto securo Egisto parmi.
Per uom ch'esule vada... E lei turbata
Non poco io veggo; ma atteggiata sembra
Più che di duol, d'ira e di rabbia... Oh cielo!
Chi sa, quell'empio con sue pessime arti
Come aggirata avralla! ed a qual passo
Indotta forse!... Or sì, ch'io tremo: oh quanti,
Oh quai delitti io veggo!... Eppur, s'io parlo,
La madre uccido:... e s'io mi taccio?...

SCENA III

Elettra ed Agamennone.

ELET. O padre,
Dimmi: veduto hai Clitennestra?

AGA. In queste
Stanze trovarla io già credea. Ma in breve
Ella verravvi.

ELET. Assai lo bramo.

AGA. Al certo
Io ve l'aspetto: ella ben sa, ch'io voglio
Qui favellarle.

ELET. O padre; Egisto ancora
Sta in Argo

AGA. Il sai, che intero il dì gli ho dato;
Finisce omai: lungi ei doman per sempre
Ne andrà da noi. — Ma, qual pensiero, o figlia,
Così ti turba? L'inquieto sguardo
Attorno volgi, e di pallor ti pingi!
Che fia? D'Egisto mille volte imprendi
A parlarmi, e poi taci...

ELET. Egisto lungi
Veder vorrei; nè so il perchè... Mel credi,
Ad uom, che aspetta forse il loco e il tempo
Di nuocer, lunga ell'è una notte; suole
Velo ad ogni delitto esser la notte.
Amato padre, anzi che il sol tramonti,
Te ne scongiuro, fa che d'Argo in bando
Egisto vada.

AGA. Oh! che di' tu? Nemico
Ei dunque m'è? Tu il sai? Dunque egli ordisce
Trame?...

ELET. Non so di trame... Eppur... Nol credo. —
Ma, di Tieste è figlio. — Al cor mi sento
Presagio ignoto, ma funesto e crudo.
Soverchio forse è in me il timor, ma vero
In parte egli è. Padre, mel credi, è forza
Che tu nol spregj, ancorch'io dir nol possa.
O nol sappia; ten prego. Io torno intanto
Del caro Oreste al fianco: a lui dappresso
Sempre vo' starmi. O padre, ancor tel dico.
Quanto più tosto andrà lontano Egisto,
Tanto più certa avran noi pace intera

SCENA IV.
Agamennone.

Oh non placabil mai sdegno d'Atreo!
Come trasfuso in un col sangue scorri
Entro a'nepoti suoi! Fremono al nome
Di Tieste. Ma che? Se al solo aspetto
D'Egisto freme il vincitor di Troja,
Qual maraviglia fia, se di donzella
Palpita, e trema a tale aspetto il core? —
Ove ei tramasse, ogni sua trama, ei stesso,
A un sol mio cenno, annichilar si puote.
Ma incrudelir sol per sospetto io deggio?
Saria viltade il già intimato esiglio
Affrettar di poch'ore. Al fin, s'io tremo,
N'è sua la colpa? E averne debbe ei pena?

SCENA V.
Agamennone e Clitennestra.

AGA.
Vieni, consorte, vieni; e di cor trammi,
Che il puoi tu sola, ogni spiacevol dubbio,
Ch'Elettra in cor lasciommi.
CLIT.   Elettra?... Dubbj?...
Che ti diss'ella?... Oh ciel!... cotanto t'ama,
E in questo giorno funestar ti vuole
Con falsi dubbj?... Eppur, quai dubbj?...
AGA.   Egisto...
CLIT.
Che sento!
AGA.   Egisto, onde a me mai non t'odo
Parlar, d'Elettra la quïete e il senno
Par che conturbi.
CLIT.   ...E nol cacciasti in bando?...
Di lui che teme Elettra?
AGA.   Ah! tu del sangue
D'Atreo non sei, come il siam noi: non cape
In mente altrui qual sia l'orror, che inspira
Al nostro sangue di Tieste il sangue.
Pure al terror di timida donzella

Non m'arrendo così, che nulla io cangi
Al già prefisso: andrà lontano Egisto,
E ciò mi basta. Il cor di cure scarco
Avrommi omai. — Tempo saria, ben tempo,
Consorte amata mia, che tu mi aprissi
Il dolor grave, che il core ti preme,
E ch'io ti leggo, mal tuo grado, in volto.
Se a me il nascondi, a chi lo narri? Ov'io
Sia cagion del tuo piangere, chi meglio
Può di me rimediarvi, o ammenda farne,
O dividerlo teco?... Oh ciel! tu taci?
Neppur dal suol gli occhi rimovi? Immoti
Stan, di lagrime pregni... Oimè! pur troppo
Mi disse Elettra il vero.

CLIT. Il vero?... Elettra?...
Di me parlò?... Tu credi?..

AGA. Ella t'ha meco
Tradita, sì. Del tuo dolor la fonte
Ella mi aperse...

CLIT. Oh ciel!... Mia fe ti pinse
Dubbia forse?... Ah! ben veggio; Elettra sempre
Poco amommi.

AGA. T'inganni. A me, qual debbe
Di amata madre ossequïosa figlia,
Parlava ella di te: se in altra guisa,
Ascoltata l'avrei?

CLIT. Che dunque disse?

AGA.
Ciò, che tu dirmi apertamente prima,
Senza arrossir dovevi: che nel core
Aspra memoria della uccisa figlia
Tuttor ti sta.

CLIT. D'Ifigenìa?... Respiro... —
Fatale ognor sì, mi, sarà quel giorno....

AGA.
Che posso io dir, che al par di me nol sappi?
In ogni cor, fuorchè nel tuo, ritrovo
Del mio caso pietà: ma, se pur giova
Al non consunto tuo dolor lo sfogo
D'aspre rampogne, o di materno pianto,
Liberamente me chè non rampogni?

Il soffrirò, bench'io nol merti: o meco
Perchè non piangi? Il mio pianto disdegni?
Ben sai, s'io teco, in rimembrar la figlia,
Mi tratterrei dal pianto. Ah! sì, consorte,
S'anco tu m'odj, a me tu'l di': più cara
L'ira aperta mi fia, che il finto affetto.
CLIT.
 Forse il non esser tu quello di pria,
 Fa ch'io ne appaja agli occhi tuoi diversa
 Troppo più che nol sono. Io pur dirollo:
 Cassandra, sì, Cassandra forse, è quella
 Che men gradita a te mi rende...
AGA.   Oh cielo!
 Cassandra? O donna, or che mi apponi? E il credi?
 Dell'arsa Troja (il sai) fra noi divise
 Le opime spoglie, la donzella illustre,
 Cui patria e padre il ferro achivo tolse,
 Toccava a me. Di vincitor funesta,
 Ma usata legge, or vuol che in lacci avvinta
 Io la strascini in Argo: esempio tristo
 Delle umane vicende. Io di Cassandra
 Ben compiango il destino: ma te sola
 Amo. Nol credi? A te Cassandra io dono.
 Del vero in prova: agli occhi miei sottrarla
 Tu puoi, tu farne il piacer tuo. Ti voglio
 Sol rimembrar, ch'ella è di re possente
 Figlia infelice; e che infierir contr'essa
 D'alma regal saria cosa non degna.
CLIT.
 Non l'ami?... Oh ciel!... me misera!... tanto ami
 Tu me pur anco? — Ma, ch'io mai ti tolga
 Tua preda? Ah! no: ben ti s'aspetta: troppo
 Tempo e sudor ti costa, e affanno, e sangue.
AGA.
 Cessa una volta, cessa. Or via, che vale
 Accennare, e non dir? Se un tal pensiero
 E' quel, che t'ange; e se in tuo cor ricetto
 Trovan gelosi dubbj, è da radice
 Già svelto il martir tuo. Vieni, consorte;
 Per te stessa a convincerti, deh vieni,
 Che Cassandra in tua reggia esser può solo
 La tua primiera ubbidiente ancella.

ATTO QUINTO

SCENA I.

Clitennestra.

Ecco l'ora. — Nel sonno immerso giace
Agamennone... E gli occhi all'alma luce
Non aprirà più mai? Questa mia destra,
Di casto amor, di fede a lui già pegno,
Per farsi or sta del suo morir ministra?...
Tanto io giurai? — Pur troppo, sì;... convienmi
Compier... Vadasi. — Il piede, il cor, la mano,-
Io tutta tremo: ahi lassa! or che promisi?...
Ahi, vil! che imprendo? — Oh, come il me il co-
                                        (raggio
Tutto sparisce allo sparir d'Egisto!
Del mio delitto orribile sol veggo
L'atrocitade immensa: io sola veggio
La sanguinosa ombra d'Atride... Ahi vista! —
Delitti invan ti appongo: ah no, non ami
Cassandra tu: più ch'io nol merto m'ami;
E sola me. Niuno hai delitto al mondo,
Che di esser mio consorte. Atride, oh cielo!
Tu dalle braccia di securo sonno,
A morte in braccio, per mia mano?... E dove
M'ascondo io poscia?... Oh tradimento! Pace
Sperar poss'io più mai?... Qual vita orrenda
Di rimorsi, e di lagrime, e di rabbia!...
Egisto istesso, Egisto sì giacersi
Come oserà di parricida sposa
Al fianco infame, in sanguinoso letto,
E non tremar per sè? — Dell'onta mia,
D'ogni mio danno orribile stromento,
Lungi da me, ferro esecrabil, lungi.
Io perderò l'amante; in un la vita
Io perderò: ma non per me svenato
Cotanto eroe cadrà. Di Grecia onore,

D'Asia terror, vivi alla gloria; vivi
Ai figli cari,.. ed a miglior consorte. —
Ma, quai taciti passi? In queste stanze
Chi fra la notte viene?... Egisto?... Io sono
Perduta, oimè!..

SCENA II.

Egisto e Clitennestra.

EGIS.   L'opra compiesti?
CLIT.   Egisto....
EGIS.
Che veggo? O donna, or qui, ti struggi in pianto?
Intempestivo è il pianto; è tardo; è vano:
Caro costar ne può.
CLIT.   Tu qui?... Ma come?...
Misera me! che ti promisi? Quale
Consiglio iniquo?...
EGIS.   E tuo non fu il consiglio?
Amor tel diè, timor tel toglie. — Or via,
Poichè pentita sei, piacemi; e lieto
Io almen morrò del non saperti rea.
Io tel dicea che dura era l'impresa;
Ma tu, fidando oltre il dovere in quello
Che in te non ha viril coraggio, al colpo
Tua imbelle man sceglier fu stessa osavi.
Or voglia il ciel, ch'anco il pensier del fallo
Già non ti torni a danno! Io qui di furto
A favor delle tenebre ritorno,
Inosservato, spero. Era pur forza,
Ch'io t'annunziassi, io stesso, esser mia testa
Già consecrata irrevocabilmente
Alla vendetta del tuo re...
CLIT.   Che parli?
E donde il sai?
EGIS.   Più ch'ei non volle, Atride
Del nostro amor già intese; ed io già n'ebbi
Di non più d'Argo muovermi il comando.
Al 'dì nascente a sè davanti ei vuolmi:

Ben vedi, a me tal parlamento è morte.
Ma, non temer, che ad incolpar me solo
Ogni arte adoprerò.

CLIT.   Che ascolto? Atride
Tutto sa?

EGIS.   Troppo ei sa: ma più sicuro,
Miglior partito fia, s'io mi sottraggo
Col morir tosto, al periglioso esame.
Salvo il tuo onor così; me scampo a un tempo
Da morte infame. A darti ultimo avviso
Di quanto segue; a darti ultimo addio
Venni, e non più... Vivi; ed intatta resti
Teco la fama tua. Di me pietade
Più non ti prenda: io son felice assai,
Se di mia man per te morir mi è dato.

CLIT.
Egisto... oimè!... qual ribollir mi sento
Furor nel petto, al parlar tuo!... Fia vero?,...
Tua morte?..

EGIS.   E' più che certa...

CLIT.   Ed io t'uccido!

EGIS.
Te salva io vo'.

CLIT.   Qual mi ti mena innanzi,
Qual furia empia d'Averno ai passi tuoi
E' scorta, o Egisto? Io di dolor moriva,
Se più veder te non dovea; ma almeno
Innocente moriva: or mal mio grado,
Di nuovo già spinta al delitto orrendo
Son dal tuo aspetto... Oh ciel!... tutte m'invade
Le fibre e l'ossa incognito un tremore...
E fia pur ver; null'altro a far ne resta?...
Ma chi svelava il nostro amor?

EGIS.   Chi ardisce
Di te parlar, se non Elettra, al padre?
Chi, se non ella, al re nomarti? Il ferro
T'immerge in sen l'empia tua figlia; e tòrre
Ti vuol l'onor pria della vita.

CLIT.   E deggio
Credere?... Oimè...

EGIS. Credi al mio brando dunque,
Se a me non credi. Almen, che in tempo io pera...
CLIT.
Oh ciel! che fai? Riponi il brando. Io 'l voglio. —
Oh fera notte!... Ascolta... Atride in mente
Forse non ha...
EGIS. Che forse?... Atride offeso,
Atride re, nella superba mente.
Altro or non volse, che vendetta e sangue.
Certa è la morte mia, dubbia la tua:
Ma, se a vita ei ti serba, a qual, tu il pensa.
E s'io fui visto entrar qui solo, e in ora
Sì tarda... Oimè! che di terrore io fremo
Per te. L'aurora in breve sorge a trarti
Dal dubbio fero: io non l'attendo: ho fermo
Di pria morir... — Per sempre... addio.
CLIT. T'arresta.
No, non morrai.
EGIS. Non d'altra man, per certo,
Che di mia mano: o della tua, se il vuoi.
Deh! vibra il colpo tu; svenami; innanzi
Al severo tuo giudice me traggi
Semivivo, spirante: alta discolpa
Il mio sangue ti fia.
CLIT. Che parli?... ahi lassa!...
Misera me!... che a perder t'abbia?...
EGIS. Or quale,
Qual destra hai tu, che a trucidar non basti
Nè chi più t'ama, nè chi più ti abborre?
La mia supplir de' dunque...
CLIT. Ah!.... no...
EGIS. Vuoi spento
Atride, o me?
CLIT. Qual scelta!....
EGIS. E dèi pur scerre.
CLIT.
Io dar morte?...
EGIS. O riceverla: e vedermi
Pria di te trucidato.

CLIT.   ...Ah, che pur troppo
   Necessario è il delitto!
EGIS.   E stringe il tempo.
CLIT.
   Ma... la forza... l'ardire?....
EGIS.   Ardire, forza,
   Tutto, amor ti darà.
CLIT.   Con man tremante
   Io... nel... marito... il ferro..
EGIS.   In cor del crudo
   Trucidator della tua figlia i colpi
   Addoppierai con man sicura
CLIT   ...Io... lungi
   Da me... scagliava... il ferro...
EGIS.   Eccoti un ferro,
   E di ben altra tempra: anco rappreso
   Vi sta dei figli di Tïeste il sangue:
   A forbirlo nel sangue empio d'Atreo
   Non indugiar; va, corri: istanti brevi
   Ti avanzan; va. Se mal tu assesti il colpo,
   O se pur mai pria ten pentissi, o donna,
   Non volger più ver queste stanze il piede:
   Di propria man me qui svenato, immerso
   Me dentro un mar di sangue troveresti.
   Va, non tremare, ardisci, entra, lo svena.

SCENA III.

Egisto e **Agamennone** dentro.

EGIS.
   Esci or, Tïeste, dal profondo Averno;
   Esci, or n'è tempo: in questa reggia or mostra
   La orribil ombra tua. Largo convito,
   Godi, or di sangue a te si appresta: al fianco
   Del tuo infame nemico ignudo pende
   Già già l'acciar sul cor; già già si vibra:
   Perfida moglie il vibra: ella, non io,

Ciò far dovea: di tanto a te più dolce
Fia la vendetta, quanto è più il delitto...
Meco l'orecchio attentamente porgi;
Nè dubitar, ch'ella nol compia; amore,
Sdegno, e timore, al necessario fallo
Menan la iniqua donna. —
AGA. Oh tradimento!
Tu, sposa?... Oh cielo!... Io moro... Oh tradimento!
EGIS.
Muori, sì muori. E tu raddoppia, o donna,
Raddoppia i colpi; entro al suo cor nascondi
Il pugnal tutto: di quell'empio il sangue
Tutto spandi: bagnar voleasi il crudo
Nel sangue nostro.

SCENA IV.

Clitennestra ed Egisto.

CLIT. Ove son io? Che feci?...
EGIS.
Spento hai l'iniquo: al fin di me sei degna.
CLIT.
Gronda il pugnal di sangue;... e mani, e veste
E volto, tutto è sangue... Oh qual vendetta
Di questo sangue farassi!... già veggo,
Già al sen mi veggo questo istesso ferro
Ritorcer... da qual mano!... agghiaccio,... fremo...
Vacillo... Oimè!... forza mi manca,... e voce...
E lena... Ove son io?... Che feci?... Ahi, lassa!...
EGIS,
Già di funeste grida intorno suona
La reggia tutta: or, quant'io son, mostrarmi
E' tempo: or tempo è di raccorre il frutto
Del mio lungo soffrire Io corro...

SCENA V.

Elettra, Egisto e Clitennestra.

ELET. Infame,
Vile assassin del padre mio, ti avanza

Da uccider me... Che miro? Oh ciel!... la madre?...
Tu il parricidio festi? Oh vista!
EGIS. Taci.
Sgombrami il passo; io tosto riedo; trema:
Or d'Argo il re son io. Ma troppo importa,
Più assai ch'Elettra, il trucidare Oreste.

SCENA VI.

Clitennestra ed Elettra

CLIT.
Oreste?... Oh cielo!... or ti conosco. Egisto...
ELET.
Dammi, dammi quel ferro.
CLIT. Egisto!... Arresta...
Svenarmi il figlio? Ucciderai me pria.

SCENA VII

Elettra.

Oh notte!... Oh padre! Ah! fu vostr'opra, o Numi,
Quel mio pensier di por pria in salvo Oreste. —
Vil traditor, nol troverai. — Deh! vivi,
Oreste vivi: alla tua destra adulta
Quest'empio ferro io serbo. In Argo un giorno,
Spero, verrai vendicator del padre.

FINE DELLA TRAGEDIA.

Parere dell'Autore sull'Agamennone

Quanto virtuosamente tragica e terribile riesce la precedente catastrofe, d'un padre che è sforzato di salvar la figlia uccidendola, altrettanto e più viziosamente e orribilmente tragico è questa di una moglie che uccide il marito per esser ella amante d'un altro. Quindi, in qualunque aspetto si esamini questo soggetto, egli mi pare assai meno lodevole di tutti fin qui trattati da me. Agamennone è per sè stesso un ottimo re; egli si può nobilitare e anche sublimare colla semplice grandezza del nome, e delle cose da lui fin allora operate; ma in questa tragedia non essendo egli mosso da passione nessuna, e non vi operando altro, che il farsi a lasciarsi uccidere, potrà essere con ragione assai biasimato. Vi si aggiunga, che il suo stato di marito tradito può anche (benchè l'autore grandissima avvertenza in ciò schivare ponesse) farlo pendere talvolta nel risibile, per esser cosa delicatissima in sè: e rimarrà sempre dubbio, se questo difetto si sia scansato, o no, finchè non se ne vedrà, alla prova di molte ed ottime recite, il pienissimo effetto.
Clitennestra, ripiena il cuore d'una passione iniqua, ma smisurata, potrà forse in un certo aspetto commovere chi si presterà alquanto a quella favolosa forza del destin dei pagani, e alle orribili passioni quasi inspirate dai Numi nel cuore di tutti gli Atridi, in punizione dei delitti de' loro avi: chè la teologia pagana così sempre

compose i suoi Dei, punitori di delitti col farne commettere dei sempre più atroci. Ma chi giudicherà Clitennestra col semplice lume di natura, e colle facoltà intellettuali e sensitive del cuore umano, sarà forse a dritto nauseato nel vedere una matrona, rimbambita per un suo pazzo amore, tradire il più gran re della Grecia, i suoi figli, e sè stessa per un Egisto.

Così Elettra, a chi prescinde da ogni favola, non piacerà, come assumentesi ella le parti di madre, e con un senno (a quindici o vent'anni) tanto superiore alla età sua, e tanto inverisimile, nella figlia d'una madre pur tanto insana. Elettra inoltre non è mossa in questa tragedia da nessuna caldissima passione sua propria; e benchè ella molto ami il padre, la madre, il fratello, ed Egisto abborrisca, il tutto pure di questi affetti, fattone massa, non equivale a una passione vera qualunque ch'ella avesse avuto di suo nel cuore, e che la rendesse un vero personaggio per sè operante in questa tragedia.

Egisto poi, carattere orribile per sè stesso, non può riuscir tollerabile se non presso a quei soli, che molto concedono agli odj favolosi de' Tiesti ed Atrèi. Altrimenti per sè stesso egli è un vile, che altra passione non ha, fuorchè un misto di rancida vendetta (a cui si può poco credere, per non essere stato egli stesso l'offeso da Atreo), o d'ambizione di regno, che poco in lui si perdona, perchè ben si conosce ch'egli ne sarà incapace, e di un finto amore per Clitennestra, il quale non solo agli spettatori, ma anche a lei stessa finto parrebbe, e mal finto, se non fosse ella meno cieca.

Questi quattro personaggi, difettosi già tutti quattro assai per sè stessi, e forse anche in molte lor parti per mancanza di chi li maneggia, danno con tutto ciò una tragedia che può allacciar tutto l'animo, e molto atterrire e commuovere. Riflettendo io fra me stesso ad un tale effetto, che pare il contrario di quello che dovrebbero dar le cagioni, non ne saprei assegnare altra ragione, se non che la stessa semplicità e rapida progressione di questa tragedia, la quale tenendo in curiosità e sospensione l'animo, non lascia forse il tempo di avvedersi di tutti questi tanti capitali difetti.

Se non mi fossi proposto di non lodare, potrei per avventura dimostrare, che se questa tragedia ha del buono, quasi tutto lo ottien dall'autore; e che il suo cattivo lo ricava in gran parte da sè stessa.

L'arte di dedurre le scene, e gli atti, l'uno dall'altro, a parer mio, è stata qui condotta dall'autore a quel tal grado di bontà, di cui egli mai potesse **riuscire capace**. Ed in molte altre egli è bensì tornato indietro alle volte, ma in tal parte egli non ha mai ecceduto la saggia economia della presente tragedia.

CONGIURA DE' PAZZI

LA CONGIURA DE' PAZZI - *Atto 5° - Scena VI*

ARGOMENTO

La rivalità della casa de' Medici e di quella de' Pazzi diedero a Firenze, poco dopo la metà del secolo decimoquinto, lo spettacolo di una atrocissima congiura, o si riguardino le persone che v'ebber parte, o il luogo dov'ella operossi. Non fu ritegno alle trame de' Pazzi la parentela, essendo che una sorella di Lorenzo, poi detto il magnifico, e di Giuliano de' Medici era stata con uno di essi maritata da Cosimo il vecchio; nè s'ebbe orrore di scegliere la Chiesa Cattedrale, e il momento della comunione del Sacerdote nella Messa solenne per compier la strage. Si aggiunse a' congiurati Francesco Salviati Arcivescovo di Pisa; e la cosa passò pure d'intelligenza con Sisto IV, e col re Ferdinando di Napoli, dai quali si attendevano gli opportuni soccorsi. Ma l'esito tradì le speranze degli assassini. Il solo Giuliano fu morto; e Lorenzo, colto d'una leggiera ferita, rimase alla vendetta, ed a vie meglio assodare la signoria di sua Famiglia.

CONGIURA DE' PAZZI

PERSONAGGI

Lorenzo. Guglielmo.
Giuliano. Raimondo.
Bianca. Salviati.

Uomini d'arme.

Scena, il Palazzo della Signoria in Firenze

ATTO PRIMO

SCENA I.

Guglielmo e Raimondo.

RAIM.
  Soffrire, ognor soffrire? Altro consiglio
  Darmi, o padre, non sai? Ti sei tu fatto
  Schiavo or così, che del mediceo giogo
  Non senti il peso, e i gravi oltraggi, e il danno?
GUG.
  Tutto appien sento, o figlio; e assai più sento
  Il comun danno, che i privati oltraggi.
  Ma pur, che far degg'io? Ridotti a tale
  Ha il parteggiare i cittadin di Flora,
  Ch'ogni moto il più lieve, a noi funesto,
  Fia propizio ai tiranni. Infermo stato,
  Cangiar nol puoi (pur troppo è ver!) che in peggio.
RAIM.
  Dimmi, deh! dove ora è lo stato? O se havvi,

Come peggior si fa? Viviam noi forse?
Vivon costor, che di paura pieni,
E di sospetto, e di viltà, lor giorni
Stentati e infami traggono? Qual danno
Nascere omai ne può? Che in vece forse
Del vergognoso inefficace pianto,
Ora il sangue si spanda? E che? Tu chiami
Un tal danno il peggior? Tu, che gli antichi
Tempi, ben mille volte, a me fanciullo
Con nobil gioja rimembravi, e i nostri
Deplorando, piangevi; al giogo, al pari
D'ogni uom del volgo, or là cervice inchini?
GUG.
Tempo già fu, nol niego, ov'io pien d'ira
D'insofferenza, e d'alti spirti, avrei
Posto in non cal ricchezze, onori, e vita,
Per abbassar nuovi tiranni insorti
Su la comun rovina: al giovenile
Bollor tutto par lieve; e tale io m'era.
Ma, il trovar pochi, o mal fedeli amici
Ai gran disegni; e il vie più sempre salda
D'uno in altr'anno veder radicarsi
La tirannide fera; e l'esser padre;
Tutto volger mi fea pensiero ad arti,
Men grandi, ma più certe. Io de' tiranni
Stato sarei debol nemico, e invano:
Quindi men fea congiunto. Allor ti diedi
La lor sorella in sposa. Omai securi
Di libertà più non viveasi all'ombra;
Quindi te volli, e i tuoi venturi figli,
Sotto le audaci spazïose penne
Delle tiranniche ali in salvo porre.
RAIM.
Schermo infame, e mal certo. A me non duole
Bianca, abbbenchè sia dei tiranni suora;
Cara la tengo, e i figli ch'ella diemmi,
Benchè nipoti dei tiranni, ho cari.
Non dei fratelli la consorte incolpo;
Te solo incolpo, o padre, di aver misto
Al loro sangue il nostro. Io non ti volli
Disobbedire in ciò: ma, vedi or frutto
Di tal viltà: possanza e onor sperasti
Còr da tal nodo; e infamia e oltraggi e scherno
Ne abbiam noi colto. Il cittadin ci abborre.

E a dritto il fa; siamo al tiranno affini:
Non ci odian più, ci sprezzano i tiranni;
E il mertiam noi, che cittadin non fummo.
GUG.
Sprone ad eccelso oprar, non fren mi avresti,
In altra terra, o figlio. Or quanto costi
Al mio non basso cor premer lo sdegno,
E colorirlo d'amistà mendace,
Tu per te stesso il pensa. E' ver, ch'io scorsi
D'impazïente libertade i semi
Fin dall'infanzia in te: talor, nol niego,
Io men compiacqui; ma più spesso assai
Piansi fra me, nel poi vederti un'alma
Libera ed alta troppo. Indi mi parve,
Che a rattemprare il tuo bollor, non poco
Atta sarebbe la somma dolcezza
Di Bianca: alfin padre tu fosti; e il sei,
Come il son io pur troppo... Ah! così stato
Non fossi io mai! Visto per lei mi avrebbe
La mia patria morire, o in un con essa.
RAIM.
E, dove l'esser padre esser fa servo,
Farmi padre tu osavi?
GUG.   Era per anco
Dubbio allora il servaggio...
RAIM.   Era men dubbia
La viltà nostra allora...
GUG.   E' ver; sperai,
Che tardo essendo ogni rimedio e vano
Al comun danno omai, tu fra gli affetti
Di marito e di padre, il viver queto...
RAIM.
Ma, se pur nato da null'altro io fossi,
Marito qui securamente e padre,
Uomo esser può? Non nacqui io certo a queste
Vane insegne d'inutil magistrato,
Che fan parer, chi l'ultim'è, primiero.
Oggi han perciò forse i tiranni impreso
Di torle a me: tanto più vili insegne,
Che a simulata libertà son manto.
Fu il vestirmele infamia; e infamia al pari
Lo spogliarmele or fia: mira destino!

GUG.
  Fama ne corre, anch'io l'udii; ma pure
  Non credo io, no...
RAIM.   Perchè nol credi? Oltraggi
  Non ci fero più gravi? I tolti averi
  Più non rammenti, e le mutate leggi,
  Sol per ferirne? Ingiurïati fummo
  Noi vie più sempre, da che a lor congiunti
  Noi vilmente ci femmo.
GUG.   Odimi, o figlio:
  Ed al bianco mio crine, ed alla lunga
  Esperïenza or credi. Il giusto fiele,
  Che serbo forse anch'io nel cor profondo,
  Non lo sparger tu invano: ancor ben puossi
  Soffrire: e mai non credo abbianti a tòrre
  Donato onor, qual sia. — Ma, se ogni meta
  Essi pur varcan, taci: all'opre è tolto
  Dalle minacce il loco. Alta vendetta,
  D'alto silenzio è figlia. A te dan norma,
  Come odïar si debba, i blandi aspetti
  De' tiranni con noi. Per ora, o figlio,
  Io soltanto a soffrir ti esorto e insegno...
  Non sdegnerò, se poi fia d'uopo un giorno,
  Da te imparar; come ferir si debba.

SCENA II.

Raimondo.

... Non oso in lui fidarmi... A queste rive
Torni Salviati pria. — De' miei disegni
Nulla il padre penétra: ei non sa, ch'oggi,
Più che placarli, inacerbir mi giova
Questi oppressori. — Ahi padre! A me tu mastro
Or del soffrir ti fai? Se' tu quel desso
Di cui non ebbe il difensor più ardente
La patria un dì? Quanto in servir fa dotto
La gelida vecchiezza! — Ah! se null'altro,
Che tremare, obbedir, soffrìr, tacersi,
Col più viver s'impara; acerba morte,
Pria che imparar arte sì infame, io scelgo.

SCENA III.

Bianca e Raimondo.

BIAN.
 Sposo, al fin ti ritrovo. Ah! con chi stai,
 Se anco me sfuggi?
RAIM. Io favellai qui a lungo
 Dianzi col padre: ma non ho pur quindi
 Tratto sollievo a' mali miei.
BIAN. Buon padre,
 Sovra ogni cosa, egli è: per sè non trema;
 Sol pe' suoi figli ei trema. In petto l'ira,
 Per noi, raffrena il generoso vecchio:
 Non creder, no, spento il valor, nè doma
 La sua fierezza in lui: ch'io tel ridica,
 Deh! soffri; egli è buon padre.
RAIM. Oh! dirmi forse
 Vuoi tu, ch'io tal non sono? Il sai, se nulla
 Valse a frenar mio sdegno, ognor tuoi prieghi
 Valsero, o Bianca, a ciò; tuoi soli prieghi,
 L'amor tuo casto, e il tuo materno pianto.
 Dolce compagna io t'estimai, non suora
 De' miei nemici... Ma, ti par fors'oggi,
 Ch'io tacer debba ancora? Oggi, che tolta,
 Senza ragion, stammi per esser questa
 Mia popolare dignità? Che in bando
 Irne dovrem da questo ostel, già sacro
 Di libertade pubblica ricetto?
BIAN.
 Possenti sono; a che inasprir co' detti
 Chi non risponde, ed opra? Assai può meglio,
 Che tue minacce, il tuo tacer placarli.
RAIM.
 E placarli vogl'io?... — Ma, nullo vale
 A placarli oramai...
BIAN. Nulla? D'un sangue
 Non io con loro?...
RAIM. Il so; duolmene; taci.
 Nol rimembrare.
BIAN. E che? Men caro forse

Mi fosti, o sei, perciò? Non sono io presta,
Ove soffrir gl'imperj lor non vogli,
A seguirti dovunque? O, se l'altera
Alma tua non disdegna aver di pace
Stromento in me, son io per te men presta
A favellar, pianger, pregare, ed anco
A far, se il deggio, a' miei fratelli forza?
RAIM.
  Per me pregare? E' chi pregar? Tiranni? —
Tu il pensi o donna? E ch'io il consenta, speri?
BIAN.
  Possanza hai tu, ricchezze, armi, seguaci.
Onde a lor far tu apertamente fronte?...
RAIM.
  Pari al lor odio, in petto io l'odio nutro;
Maggior d'assai l'ardire.
BIAN.   Oimè! che parli?
Tenteresti tu forse?... Ah! perder puoi
E padre, e moglie, e figli, e onore, e vita...
E che acquistar puoi tu? Lusinga in core
Non accogliere omai: desio verace
Di prisca intera libertà non entra
In questo popol vile: a me tu il credi.
Credi a me; nata, ed allevata io in grembo
Di nascente tirannide, i sostegni
Io ne so tutti. A mille a mille i servi
Tu troverai, nel lor parlar feroci,
Vili all'oprar, nulli al periglio; od atti
Solo a tradirti. Io snaturata e cruda
Tanto non son, che i miei fratelli abborra,
Ma gli ho men cari assai, da che li veggo
A te sì duri e i lor superbi modi
Spiaccionmi assai. Se alla funesta scelta
Fra loro e te mi sforzi, a te son moglie,
Per te son madre; oppresso sei; non posso,
Nè vacillar degg'io. Ma tu, per ora,
Deh! non risolver nulla: a me la impresa
Di farti almen, se lieto no, securo,
Lasciala a me; ch'io 'l tenti almeno. Io forse
Appien non so, come a tiranno debba
Di un cittadino favellar la sposa?
Fors'io non so, fin dove alle non lievi
Ragioni unir non bassi preghi io possa?

Son madre, e moglie, e suora; in chi ti affidi,
Se in me non fidi?
RAIM.   Oh cielo! il parlar tuo
Mi accora, o donna. Anch'io pace vorrei;
Ma, con infamia, no. Che dir potresti
Per me ai fratelli? Ch'io non merto oltraggi?
Ben essi il san; quindi mi oltraggian essi:
Ch'io non soffro le ingiurie? A che far noto
Ciò che dal sol mio labbro saper denno?
BIAN.
    Ah!... Se a loro tu parli... oimè!..
RAIM.   Che temi?
Cangiarmi, è vero, io l'alma omai non posso;
Ma so tacer, se il voglio. In mente ho sempre
Te, Bianca amata, e i figli miei; s'io nacqui
Impetuoso, intollerante, audace,
Non perciò mai motto, nè cenno a caso
Io fo: ti acqueta; anch'io vo' pace.
BIAN.   Eppure
Ti leggo in volto da fera tempesta
Sbattuto il core... Ah! non vegg'io forieri
Di pace in te.
RAIM.   Lieto non son; ma crudi
Disegni in me non sospettare.
    BIAN.   Io tremo,
Nè so perchè...
RAIM.   Perchè tu m'ami.
BIAN.   Oh cielo!
E di che amore!... A vera gloria il campo,
Deh, concesso or ti fosse!... Ma, corrotta
Età viviam: gloria è il servir; virtude,
L'amar sè stesso. Or, che vuoi tu? Cangiarci
Uom sol non puote; e altr'uom che te, non conti.
RAIM.
Perciò mi rodo, e perciò... taccio.
    BIAN.   Or vieni;
Volgiamo altrove il piede: in queste stanze
Porre tal volta il seggio lor son usi
I miei fratelli...
     RAIM.   Il so: quest'è il recesso,
Ove l'orecchio a menzognere lodi
S'apre, ed il core alla pietà si serra.

BIAN.
Vieni or dunque; al velen, ch'ogni tua vena
Infesto scorre, alcun dolce pur mesci.
Oggi abbracciati i nostri figli ancora
Non hai. Deh! vieni: a te il diranno anch'essi
Con gl'innocenti taciti lor baci,
Meglio ch'io col parlar, che pur sei padre.
RAIM.
Deh, potessi così, com'io rammento
Di padre il nome, oggi obliar quel d'uomo! —
Ma andianne omai. — Se a me sien cari i figli,
Tu il vedrai poscia. — Ah! tu non sai (deh, fia
Che mai non sappi!) a qual funesta stretta
Traggano i figli un vero padre; e come,
Il troppo amarli a perderli lo tragga.

ATTO SECONDO

SCENA I.

Giuliano e Lorenzo.

LOR.
  Fratel, che giova? In me finor credesti:
  A te par forse, che possanza in noi
  Scemi or per me? Tu di tener favelli
  Uomini a freno: e il son costor? Se tali
  Fossero, di'; ciò che siam noi, saremmo?
GIUL.
  Lorenzo, è ver, benigna stella splende
  Finor su noi. Fortuna al crescer nostro
  Ebbe gran parte; ma più assai degli avi
  Gli alti consigli. Cosmo ebbe lo stato,
  Ma sotto aspetto di privato il tenne.
  Non è pur tanto ancor perfetto il giogo,
  Che noi tenerlo in principesco aspetto
  Possiam securi. Ai più, che son gli stolti,
  Di lor perduta libertà le vane
  Apparenze lasciamo. Il poter sommo
  Più si rafferma, quanto men lo mostri.
LOR.
  Giunti all'apice ancor, Giulian, non siamo;
  Tempo è d'ardir, non di pesare. Acchiuse
  Già Cosmo in sè la patria tutta, e funne
  Gridato padre ad una. O nulla, o poco,
  Pier nostro padre alla tessuta tela
  Aggiunse: avverso fato i pochi ed egri
  Suoi dì, che al padre ci sopravvisse, tosto
  Troncò: poco v'aggiunse, è ver; ma intanto
  Ei succedendo a Cosmo, e a Piero noi,
  Si ottenne assai nell'avvezzar gli sguardi
  Dei cittadini a ereditario dritto.
  Dispersi poscia, affievoliti, o spenti
  I nemici ogni dì; sforzati, e avezzi

Ad obbedir gli amici; or, che omai tutto
Di Cosmo a compier la magnanim'opra
C'invita, inciampo or ne faria viltade?

GIUL.
Saggi a fin trarla, il dobbiam noi; ma in vista
Moderati ed umani. Ove dolcezza
Basti al bisogno, lentamente dolci;
E all'uopo ancor, ma parcamente, crudi.
Fratello, il credi; ad estirpar que' semi
Di libertà, che in cor d'ogni uomo ha posto
Natura, oltre i molti anni, arte e maneggio
Vuolsi adoprar, non poco: il sangue sparso
Non gli estingue, li preme; e assai più feri
Rigermoglian talor dal sangue...

LOR. E il sangue
Di costoro vogl'io? La scure in Roma
Silla adoprò; ma qui, la verga è troppo:
A far tremarli, della voce io basto.

GIUL.
Cieca fiducia! Or non sai tu, ch'uom servo
Temer si dee più ch'altro? Inerme Silla
Si fea, nè spento era perciò; ma cinti
Di satelliti e d'armi e di sospetto,
Cajo e Nerone, e Domiziano, e tanti
Altri assoluti imperator di schiavi,
Da lor svenati, caddero vilmente. —
Perchè irritar chi già obbedisce? Ottieni
Altrimenti il tuo fine. E' ver, del tutto
Liberi mai non fur costoro; ma servi
Neppur di un solo. — Intorpidir dèi pria
Gli animi loro; il cor snervare affatto;
Ogni dritto pensier svolger con arte;
Spegner virtude (ove pur n'abbia), o farla
Scherno alle genti; i men feroci averti
Tra' famigliari; e i falsamente alteri
Avvilire, onorandoli. Clemenza,
E patria, e gloria, e leggi, e cittadini
Alto suonar; più d'ogni cosa, uguale
Fingerti a tuoi minori. — Ecco i gran mezzi.
Onde in ciascun si cangi a poco a poco
Prima il pensar, poi gli usi, indi le leggi,
Il mondo poscia di chi regna; e in fine,
Quel che riman solo a cangiarsi, il nome.

LOR.
 Ciò tutto già felicemente in opra
 Posero gli avi nostri: alla catena
 Se anello manca, or denno esserne il fabro
 Dei cittadin le stolte gare istesse.
 Apertamente, in somma, un sol si attenta
 Di resisterci, un solo; e temer dèssi?
GIUL.
 Feroce figlio di mal fido padre,
 Da temersi è Raimondo...
LOR.   Ambo si denno
 Schernire, e ciò mi appresto: è dolce anch'ella
 Cotal vendetta....
GIUL.   E mal sicura.
LOR.   In mente,
 Tant'è, fermo ho così. Quel giovin fero
 Vo' tor di grado; e a suo piacer lasciarlo
 Sparger invan sediziosi detti:
 Così vedrassi, in che vil conto io 'l tenga.
GIUL.
 Nemico offeso, e non ucciso? Oh! quale,
 Qual di triplice ferro armato petto
 Può non tremarne? Ingiuriar debb'egli,
 Chi spegner puote? A intorbidar lo stato
 Perchè così dargli tu stesso, incauto,
 Pretesti tanti? Istigatore e capo
 Farlo così dei mal contenti! E sono
 Molti: più assai, che tu non pensi. Aperta
 Forza non han? Credere il vo: ma il tergo
 Dal tradimento, or chi cel guarda? Basta
 A ciò il sospetto? A tor quïete ei basta,
 Non a dar sicurezza.
LOR.   Ardir cel guarda;
 Ardir, che ai forti è brando, e mente, e scudo.
 Farei, tacendo, a nuove offese invito
 Al baldanzoso giovine rubello.
 Ma ingiuriato, e, da chi 'l può non spento,
 Fia ludibrio dei molti a chi il fai capo.

SCENA II.

Lorenzo, Giuliano, Guglielmo e **Raimondo**.

GUG.
  Seguimi, o figlio; e ch'io qui sol favelli
  Lascia, ten prego. — O voi, (che ancor ben noto
  Non m'è qual nome vi si deggia e onore)
  Me già implacabil vostro aspro nemico,
  Or supplichevol voi mirate in atto.
  Meglio, il so, meglio a mia cadente etade
  Liberi detti, e liberissime opre
  Si converriano, è ver; nè le servili,
  Bench'io le adopri, piacionmi. Ma solo
  Non son io del mio sangue; onde è gran tempo,
  Alla fortuna vostra e a ria crudele
  Necessità soggiacqui. In voi me poscia,
  La mia vita, il mio aver, l'onore, e i figli,
  Tutto affidai; nè ad obbedir restio,
  Più ch'altri fui. Ciò che si sparge or dunque,
  Creder nol posso; che a oltraggiar Raimondo
  E in lui me pur d'immeritato oltraggio,
  Voi vi apprestiate. Ma, se ciò fia vero,
  Chiederne lice a voi ragion pur anco?
GIUL.
  Perchè al tuo figlio pria ragion non chiedi
  Del suo parlar, dell'opre sue?...
RAIM.   Non niego
  Io di renderla a lui: nè più graditi
  Testimonj poss'io mai de' miei sensi
  Trovar di voi...
LOR.   Son noti a me i tuoi sensi. —
  Ma vo' insegnarti, che ad urtar coi forti,
  Pari vuolsi all'invidia aver l'ardire:
  E, non men pari all'alto ardir, la forza.
  Di'; tal sei tu?
GUG.   Di nostra stirpe il capo
  Finora pur son io; nè muover passo
  Fia chi s'attenti, ov'io nol muova. Io parlo
  Dell'opre. E che? Giudici voi già forse
  De' pensieri anco siete? O i vani detti
  Son capital delitto? Oltre siam tanto? —

Ma se tal dritto è in voi, perch'uomo impari
Meglio a temer; che siete or voi? Vel chieggo.
RAIM.
Che son essi? E tu il chiedi? In suon tremendo
Tacitamente imperïosi e crudi
Non tel dicon lor volti? — Essi son tutto
E nulla noi.
GIUL.   Siam delle sacre leggi
Noi l'impavido scudo; a' rei tuoi pari
Fuoco del ciel distruggitor siam noi;
Sole ai buoni benefico ridente.
LOR.
Tali siam noi da te sprezzare in somma.
Già un voler nostro il gonfalon ti dava;
Altro nostro voler, più giusto, il toglie.
D'immeritato onor per noi vestito,
Dimmi, a qual dritto ei ti si diè, chiedesti?
RAIM.
Chi nol sapea? Mel dava il timor vostro;
Mel toglie il timor vostro: a voi regale
Norma e Nume, il timore. A voi qual manca
Pregio di re? Voi l'arti crude, e i fieri
Vizj, e i raggiri infami, e il pubblic'odio,
Tutto ne avete già. Le generose
Vie degli avi calcate: a piene vele,
Fin che l'aura è seconda, itene, o prodi.
Non che gli averi, a chi vi spiace tolta
Sia la vita e l'onor: lo sparso sangue
Dritto è sublime al principato, e solo.
Ardite omai: fatevi pari ai tanti
Tiranni, ond'è la serva Italia infetta...
GUG.
Figlio, tu il modo eccedi. E' ver, che lice,
Finchè costor di cittadini il nome
Tratto non s'hanno, a ciascun uomo esporre
Il suo pensier; ma noi...
LOR.   Tardi sei cauto:
Di frenarlo, in mal punto ora ti avvisi.
Non ten doler; suoi detti, opra son tua.
Lascia or ch'ei dica: ognor sta in noi l'udirlo.
GIUL.
Giovine audace, or l'innasprir che giova

Gli animi già non ben disposti? Il meglio
Per te sarà, se tu spontaneo lasci
Il gonfalon, che ad onta nostra invano
Serbar vorresti; il vedi...

RAIM.   Io vil, d'oltraggi
Degno farmi in tal guisa? Odi: queste arti,
Per comandar, ponno adoprarsi forse;
Ma per servir non mai. S'io ceder debbo,
Ceder voglio alla forza. Onor si acquista
Anco tal volta in soggiacer, se a nulla
Si cede pur, che all'assoluta e cruda
Necessità. — Mi piacque i sensi vostri
Udito aver, come a voi detto i miei.
Or, nuovi mezzi a violenza nuova
Vedere attendo, e sia che vuole: io 'l giuro,
Esser vo' di tirannide crescente
Vittima sì, ma non stromento io mai.

SCENA III.

Lorenzo, Giuliano e Guglielmo.

LOR.
Va'; se il figlio ti cal, seguilo: ai tempi
Fa ch'ei meglio si adatti; e ciò gli giova
Coll'esempio tuo stesso. Al par di lui
Tu pur ci abborri, e a noi cedesti, e cedi:
Dotto il fa' del tuo senno. Io non pretendo
Amor da voi; ma fingereste; e nulla
Io 'l curo: odiate, ma obbedite, ed anco
Obbedendo, tremate. Or vanne, e narra
A codesto tuo finto picciol Bruto,
Che il vero Bruto invan con Roma ei cadde.

GUG.
Incauto è il figlio, il veggio. Eppur di padre
Ognor con lui le sagge parti adopro;
Soffrir gl'insegno; ei non l'impara. Antica
Non è fra noi molto quest'arte ancora:
Degno è di scusa il giovenil fallire;
Si ammenderà. — Ma tu, Giulian, che alquanto
Sei di fortuna e di poter men ebro,
Tu il fratel rattempra: e a lui pur narra,

Che se un Bruto non fea riviver Roma,
Pria di Roma e di Bruto altri pur cadde.

SCENA IV.

Lorenzo e **Giuliano**

GIU.
Odi tu come a noi favellan?...
LOR.   Odo.
Favellan molto, onde ognor men li temo.
GIU.
Tramar può ognun...
LOR.   Pochi seguir....
GIU.   Quell'uno
Esser potria Raimondo.
LOR.   Anzi, ch'ei sia
Quell'uno, io spero. Io ne conosco appieno
L'ardir, le forze, i mezzi: ei tentar puote,
Ma riuscir non mai: ch'altro chiegg'io?
Da lui ne aspetto ad inoltrarmi il cenno.
Ei tenti; oprerem noi. Poter ne accresce,
E largo ci apre alla vendetta il campo,
Ogni ardir de'nemici. In tranquilla onda
Poco innante si va: di nostra altezza
Fia il periglio primier l'ultima meta.
GIU.
Il voler tutto a un tempo, a un tempo spesso
Fea perder tutto. Ogni periglio è dubbio;
Nè mai, chi ha regno, de' suoi schiavi in mente
Lasciar cader pur dee, ch'altri il potrebbe
Assalir mai. L'opinïon del volgo
Che il nostro petto invulnerabil crede,
Il nostro petto invulnerabil rende.
Guai, se alla punta del ribelle acciaro
La via del core anco tralucer lasci;
Giorgio vien poscia, ove ei penetra, e strada
Infino all'elsa fassi. Oggi, deh! credi,
Fratel a me; deh! no, non porre a prova
Nè il potere nostro, nè l'altrui vendetta.
A me ti arrendi.

LOR.   Alla ragion mi soglio
Arrender sempre; e di provartel spero. —
Ma lagrimosa a noi vien Bianca: oh quanto
Mi è duro udir suoi pianti!... e udirgli è forza.

SCENA V.

Bianca, Lorenzo e Giuliano

BIA.
E fia vero, o fratelli? a me pur anco,
Esser a me signori aspri vi piace,
Pria che fratelli? Eppur, sì cara io v'era
Già un dì; sorella ognor vi sono; e voi
A Raimondo mi deste: ed or voi primi,
L'oltraggiate così?
LOR.   Nemica tanto,
Bianca, or sei tu del sangue tuo, che il dritto
Più non discerni? Hai con Raimondo appreso
Ad aborrirci tanto, che omai noto
Il nostro cor più non ti sia? Null'altro
Far vogliam noi, che prevenir gli effetti
Del suo livore. Ad ovviar più danno,
Benigni assai, più ch'ei non merta, i mezzi
Da noi si adopran; credilo.
BIA.   Fratelli,
Cari a me siete; ed ei mi è caro: io tutto
Per la pace farei. Ma, perchè darmi
In moglie a lui, se v'era ei già nemico;
Perchè oltraggiarlo se a lui poi mi deste?
GIU.
Che alla baldanza sua freno saresti
Sperammo noi...
LOR.   Ma invan: tale è Raimondo,
Da potersi pria spegner che cangiardo.
BIA.
Ma voi, quei modi onde si cangia un core
Libero, invitto, usaste voi mai seco?
Se il non essere amati a voi pur duole,
Chi vel contende, altri che voi?

LOR.   Deh! come
  Quel traditore ha in te trasfuso intero
  Il suo veleno! Egli da noi ribella
  Te nostra suora; or, se opreran suoi detti
  In cor altrui, tu il pensa.
BIA.   A grado io forse
  Il regnar vostro avrei, se un uom vedessi
  Dalla feroce oppressïon di tutti
  Esente un solo; e l'un, Raimondo fosse:
  Raimondo, a cui d'indissolubil nodo
  Voi mi allacciaste; in cui già da molti anni
  Inseparabil vivo, e ingiurie mille
  Seco divido e soffro; a cui d'eterna
  Fede ed amor (misera madre!) io diedi
  Cara pur troppo e numerosa prole: —
  Raimondo a cui tutto a donar son presta.
GIU.
  Torgli il suo ufficio, altro non è che il torgli
  Di perder sè, più che di offender noi.
  Anzi, tu prima indurlo ora dovresti
  A rinunciarlo...
BIA.   Ah! ben mi avveggio or come
  Per via diversa ad un sol fin si corra.
  Vittima fui di vostre mire; io il mezzo
  Fui, non di pace, d'indugio a vendetta.
  Oh! ben sapeste in un la possa e l'alma
  Assumer voi di re. Fra i pari vostri,
  Ogni vincol di sangue è tolto a giuoco...
  Ahi lassa me, ch'or me n'avveggo io tardi!
  Perchè nol seppi (oimè) pria d'esser madre?...
  Ma in somma il sono; e sposa, e amante io sono...
LOR.
  Biasmar non posso il tuo dolor;... ma udirlo
  Più non possiamo. — Ove il dover ci appella,
  Fratello, andianne. — E tu, che in cor tiranni
  Reputi noi, non ciò che a lui vien tolto,
  Mira ciò ch'ei, nulla mertando, or serba.

SCENA IV.

Bianca.

......Ecco i doni di principe; il non tòrre. —
Presso a costor vano è il mio pianto: usbergo
Han di adamante al core. Al piè si rieda
Di Raimondo infelice: ei non si sdegna
Almen del pianger mio. Chi sa? Più lieve
Forse da lui... Che forse? Esser può dubbio?
Sacrificar pe' figli suoi sè stesso
Ogni padre vedrem, pria ch'un sol prence
Sagrificar, non che di suora al pianto,
Di tutti al pianto una sua scarsa voglia.

ATTO TERZO

SCENA I.

Raimondo e Salviati.

SAL.
  Eccomi: è questo il dì prefisso: io riedo;
  E meco vien quant'io promisi. In armi
  Già d'Etruria al confin gente si appressa;
  Re Fernando l'assolda, il roman Sisto
  La benedice; a più inoltrarsi, aspetta
  Da noi di sangue il cenno. Or dimmi, hai presta
  Fra queste mura ogni promessa cosa?
RAIM.
  Presto il mio braccio è da gran tempo: ed altri
  Ne ho presti, assai: ma, chi ferir, nè dove,
  Come, o quando, non san; nè saper denno.
  Manca a tant'opra il più; l'antico padre,
  Guglielmo, quel che avvalorar l'impresa
  Sol può, la ignora: alla vendetta chiuso
  Tiene ei l'orecchio; e ancor parlar l'udresti
  Di sofferenza. Il mio pensier gli è noto;
  Che mal lo ascondo; altro ei non sa: non volli
  Della congiura a lui rivelar nulla,
  Se tu pria non giungevi.
  SAL.   Oh! che mi narri?
  Nulla Guglielmo sa? Ciò ch'ei pur debbe
  Compier al nuovo sol, ti par ch'ei l'abbia
  Ad ignorare, al sol cadente?
  RAIM.   E pensi.
  Che un tanto arcano avventurar si deggia?
  Che ad un uom, (nato feroce è ver) ma fatto
  Debol per gli anni, ad accordar pur s'abbia
  Una notte ai pensieri? Oltre a poche ore
  Bollor non dura entro alle vuote vene;
  Tosto riede prudenza; indi incertezza,
  E lo indugiare, e il vacillare, e trarre
  Gli altrui in temenza; e fra i timori e i dubbi

L'impresa, il tempo si consuma, e l'ira,
Per poi restar con ria vergogna oppressi.
SAL.
Ma che? Non odia ei pur l'orribil giogo?
Non entra a parte dei comuni oltraggi?...
RAIM.
Egli odia assai, ma assai più teme; indi erra
Infra sdegno e temenza incerto sempre.
Or l'ira ei preme, e miglior sorte ei prega,
E attende, e spera; or, da funesto lampo
All'alma sua smarrita il ver traluce,
E il fero incarco de' suoi lacci ei sente;
Ma scuoterlo non osa. Assai pur mosso
L'ebbe or dianzi l'oltraggio ultimo, ch'io
Volli a ogni costo procacciarmi. Ottenga
Altri l'inutil gonfalon, che tolto
A me vien oggi. A mel ritorne, io stesso,
Con molti oltraggi replicati, ho spinto
I tiranni. Suonarne alte querele
Pur fea; dolor della cercata offesa
Grave fingendo. — Or, tempi e luoghi mira,
Ove a virtù mescer lo inganno è forza! —
Già, con quest'arti, al mio voler alquanto
Piegai tacitamente il cor del padre.
Tu giungi alfin: tu il pontificio sdegno,
Del re la possa, e i concertanti mezzi,
Tutto esporrai. Qui lo aspettiam; ch'io soglio
Qui favellargli.

SAL.   E dei tiranni stanza
Anco talvolta non è questa?

RAIM.   Omai
Starvi securo puoi: già pria di terza
Han mal compiuto qui lor pubblic'opra.
Del dì l'avanzo, essi in bagordi e in sozza
Gioja il trarran, mentre piangiam noi volgo.
Perciò venire io qui ti feci; e il padre
Pur v'invitai. Stupore avrà da pria
Nel vederti: l'ardir, la rabbia poscia,
E l'immutabil fero alto proposto,
O di dar morte o di morir, ch'è in noi;
In ciò tutto dirogli: a me si spetta
D'infiammarlo. Ma intanto, egli oda a un punto
Che può farsi, e che fatta è la congiura.

SAL.
  Ben ti avvisi: più t'odo, e più ti stimo
  Degno stromento a libertà. Tu nato
  Sei difensor, come oppressor son essi.
  Fia di gran peso a indur Guglielmo il sacro
  Voler di Roma: in cor senil possenti
  Que' pensier primi, che col latte ei bevve,
  Son vie più sempre. Ognor dagli avi nostri
  Roma creduta, a suo piacer nefande
  Nomò le imprese a lei dannose; e sante,
  Quai che si fosser, l'utili. Ci giovi,
  Se saggi siam, l'antico error: poich'oggi,
  Non com'ei suole, il successor di Piero
  Dei tiranni è nemico, oggi ne vaglia,
  Pria d'ogni altr'arme, il successor di Piero.
RAIM.
  Duolmi, e il dico a te sol; non poco duolmi,
  Mezzo usar vile a generosa impresa:
  La via sgombrar di libertà, col nome
  Di Roma, or stanza del più rio servaggio:
  Eppur, colpa non mia, de' tempi colpa!
  Duolmi altresì, che alla comun vendetta
  Far velo io deggio di private offese.
  Di basso sdegno il volgo crederammi
  Acceso; ed anco, invidïoso forse
  Del poter dei tiranni. — O ciel, tu il sai...
SAL.
  Nulla il braccio ti arresti; in breve poscia
  Dalle nostr'opre tratto fia d'inganno
  Il volgo stolto.
RAIM.   Ah! mi spaventa, ed empie
  Di fera doglia or l'avvenire! Al giogo
  Han fatto il callo: il natural lor dritto
  Posto in oblio, non san d'esser fra ceppi;
  Non che bramar di uscirne. Ai servi pare
  Da natura il servir; più forza è d'uopo,
  Più che a stringerli, a sciorli.
SAL.   Indi più degna
  Fia l'impresa di te. Liberi spirti
  Tornar in Grecia a libertade, o in Roma,
  Laudevol era, e non difficil opra:
  Ma vili, morti, schiavi, a vita a un tempo
  E a libertà tornar, ben fia codesto,
  Ben altro ardire.

RAIM.   E' vero: anco il tentarlo,
   Fama promette. Ah! così fossi io certo,
   Come del braccio e del cor mio, del core
   De' cittadini miei! Ma il sol tiranno
   S'odia, e non la tirannide, dai servi.

SCENA II.

Guglielmo, Salviati e Raimondo.

GUG.
   Tu qui, Salviati? Io ti credea sul Tebro
   Tuttor mercando onori.
SAL.   Al suol natio
   Cura maggior mi torna.
GUG.   E tu mal giungi
   In suol, cui meglio è l'obliar. Qual folle
   Pensier a noi ti guida? In salvo, lunge
   Dai tiranni ti stavi, e al carcer torni?
   Or, qual estranea mai lontana terra
   (E selvaggia ed inospita pur sia)
   Increscer puote, a chi la propria vede
   Schiava di crude ed assolute voglie?
   Ti sia esempio il mio figlio, se omai dessi
   Da medìcei signori attender altro,
   Che oltraggi e scorni. Invano, invan ti veste
   Roma del sacro ministero: il solo
   Lor supremo volere è omai qui sacro.
RAIM.
   Padre, e il sai tu, s'egli or qui venga armato
   Di sofferenza, o di men vile usbergo?
SAL.
   Vengo di fera e d'implacabil ira
   Aspro ministro: apportator di certa
   Vendetta intera, ancor che tarda, io vengo
   Dall'infame letargo, in cui sepolti
   Tutti giacete, o neghittosi schiavi,
   Spero destarvi, or che con me, col mio
   Furor, di Sisto il furor santo io reco.

GUG.
　Arme inutile appieno: in noi non manca
　Il furor no; forza ne manca; e forza
　Or ci abbisogna, o sofferenza.

SAL.　　　　　　　　　　　E forza
　Ora abbiam noi, quanta più mai se n'ebbe.
　Io parole non reco. — Odi, chè esporti
　Mi tocca in brevi e forti detti il tutto.
　V'ha chi m'impon di ritornarti in mente,
　Ove tu possa rimembrarla ancora,
　La tua prisca fierezza e i tempi antichi.
　Ove no; mi fia d'uopo addurti innanzi
　L'altrui presente e in un la tua viltade,
　S'entro alle vene tue sangue hai che basti
　Contr'essa, da noi lungi or non son l'armi.
　Già d'Etruria alle porte ondeggia al vento
　Roman vessillo; e, assai più saldo ajuto,
　Di Ferdinando la regal bandiera,
　Cui le migliaja di affilati brandi
　Sieguon di pugna impazïenti, e presti
　A imprender tutto a un lieve sol tuo cenno,
　Ormai sta in te degli oppressor la vita,
　Il tuo onor, quel del figlio, e di noi tutti
　La libertà. Ciò che ottener dal brando,
　Ciò che viltà toglier ti puote; i dubbi,
　Le speranze, i timori, e l'onte, e i danni,
　Tutto ben libra; e al fin risolvi.

GUG.　　　　　　　　　　　Oh! quali
　Cose a me narri? Or fè poss'io prestarti?
　Chi tanto ottenne a nostro pro? Finora
　Larghi soltanto di promesse vuote,
　Lenti amici ne fur Fernardo e Sisto:
　Or chi il muove? Chi?...

RAIM.　　　　　　　Tu il chiedi? Hai posto
　Dunque in oblio tu già, che al Tebro, e al lito
　Di Partenope fui? Ch'io v'ebbi stanza
　Ben sette lune, e sette? Ove poss'io
　Portare il piè, che sdegno e rabbia sempre
　Meco non venga? Infra qual gente io trarre
　Posso i miei dì, ch'io non le infonda in petto
　L'ira mia tutta; e in un di me, de' miei
　Non le inspiri pietade? Omai, chi sordo
　Resta ai lamenti miei? — Per onta nostra,

Tu sol rimani, o padre; ove dovresti
Più d'ogni altro sentir s'ei pesa il giogo:
Tu, che a me padre, al par di me nimico
Sei de' tiranni; e da lor vilipeso
Più assai di me: tu cittadin fra' buoni
Ottimo già; per lo tuo troppo e stolto
Soffrire, omai tu pessimo fra' rei.
Col tuo vile rifiuto, a noi perenni
Fa i ceppi, e a te l'infamia; ognun ci scorga
Ben di servir, ma non di viver, degni:
Finchè non sia più tempo, aspetta tempo:
Quei crin canuti a nuove ingiurie serba;
E di falsa pietà per me, ch'io abborro,
La obbrobrïosa tua temenza adombra.

GUG.
.....Figlio mio; tal ben sei; di te non meno
Fervido d'ira e giovinezza, io pure
Così tuonai; ma passò tempo; ed ora
Non io son vil, nè tu che il dici, il credi;
Ma, più non opro a caso.

RAIM.   Ogni tuo giorno
Tu vivi a caso; e tu non opri a caso?
Che sei? Che siamo? Ogni più dubbia speme
Di vendetta, non fia cosa più certa,
Che il dubbio stato irrequïeto, in cui
Viviam tremanti?

GUG.   Il sai, per me non tremo...

RAIM.
Per me, vuoi dir? D'ogni paterna cura
Per me ti assolvo. Or cittadini entrambi,
Null'altro siamo: e a me più a perder resta,
Più assai che a te. Di mia giornata appena
Giungo al meriggio, e tu se' giunto a sera:
Hai figli, ed io son padre; e numerosa
Prole ho pur troppo, e in quella etade appunto
Atta a nulla per sè, fuorchè a pietade
Destar nel core. Altri, ben altri or sono,
Che i tuoi legami, i miei. Dolce consorte,
Parte di me miglior, sempre piangente
Trovomi al fianco: a me più figli intorno
Piangon, veggendo lagrimar la madre,
E il lor destin non sanno. Il pianger loro
Il cor mi squarcia; e piango anch'io di furto...

Ma, d'ogni dolce affetto il cor mi sgombra
Tosto il pensar, che disconviensi a schiavo
L'amar cose non sue. Non mia la sposa,
Non mia la prole, infin che l'aure io lascio
Spirar di vita a qual ch'ei sia tiranno.
Legame altro per me non resta al mondo,
Tranne il solenne inesorabil giuro,
Di estirpar la tirannide, e i tiranni.

GUG.
Due ne torrai: mancan tiranni e schiavi?

RAIM.
Manca ai liberi il ferro? Insorgan mille,
Mille cadranno; od io cadrò.

GUG.   Tuo forte
Volere al mio fa forza. Io, non indegno
D'esserti padre, affiderei non poco
Nel tuo nobile sdegno, ove di nostre,
Non d'armi altrui ti avvalorassi. Io veggio
Non per noi, no, Roma e Fernando armarsi;
Ma de' Medici a danno. In queste mura
Li porrem noi; ma, e chi cacciarli poscia
Di qui potrà? Di libertà non parmi
Nunzia d'un re la mercenaria gente.

SAL.
Io ti rispondo a ciò. Del re la fede,
Nè di Roma la fede, io non ti adduco:
Darla e sciorla a vicenda, è di chi regna
Solito ufficio. Il lor comun sospetto,
Lor reciproca invidia, e ciò che suolsi
Ragion nomar di stato, oggi ti affidi.
Signoreggiar ben ne vorriano entrambi;
Ma l'uno all'altro il vieta. In lor non entra
Pietà di noi; nè ciò diss'io: ma lunga
Esperïenza, ad onta nostra, dotti
Li fea, che il vario popolar governo,
E l'indiscreto parteggiar, ci fanno
Più fiacchi e lenti e inefficaci all'opre.
Teme ciascun di lor, che insorga un solo
Tosco signor sulle rovine tosche,
Che all'un di loro a contrastar poi basti,
S'ei fassi all'altro amico. Eccoti sciolto
Il regio intrico: in lor vantaggio, amici
Si fan di noi. S'altro motor v'avesse,

Dirti oserei giammai, che in re ti affidi?
RAIM.
E s'altro fosse, al mio furor che in petto
Serrai tanti anni, or credi tu, ch'io il freno
Allenterei sconsideratamente?
Infiammate parole a te pur dianzi
Non mossi a caso; e a caso non mi udisti
Vie più insprir co' miei pungenti detti
Contro di me i tiranni. A lungo io tacqui;
Fin che giovò; ma l'imprudente altero
Mio dir, che loro a ingiurïarmi ha spinto,
Prudenza ell'era. Ai vili miei conservi
Addotto invan comuni offese avrei;
Sol le private, infra corrotti schiavi,
Dritto all'offender dànno. A mia vendetta
Compagni io trovo, se di me sol parlo;
Se della patria parlo, un sol non trovo:
Quindi, (ahi silenzio obbrobrïoso e duro,
Ma necessario pure!) io non mi attento
Nomarla mai. Ma, a te, che non sei volgo,
Poss'io tacerla? Ah! no. — Metà dell'opra
Sta in trucidar i due tiranni: incerta,
E maggior l'altra, nel rifar possente,
Libera, intera, e di virtù capace
La oppressa città nostra. Or, ti par questa
Alta congiura? Io ne son capo, io solo;
N'è parte ei solo; e tu, se il vuoi. Gran mezzi
Abbiam, tu il vedi; e ancor più ardir che mezzi:
Sublime il fin, degno è di noi. Tu, padre,
Di cotant'opre or tu minor saresti?
Dammi, dammi il tuo assenso; altro non manca.
Già in alto stan gli ignudi ferri: accenna,
Accenna sol: già nei devoti petti
Piombar li vedi, e a libertà dar vita.
GUG.
.... Grande hai l'animo tu. — Nobil vergogna,
Maraviglia, furor, vendetta, speme,
Tutto hai ridesto in me. Canuto senno,
Viril virtude, giovenil bollore,
E che non hai? Tu a me maestro e duce,
E Nume or sei. — L'onor di tanta impresa
Tutto fia tuo con te divider soli
Ne vo' i perigli. A compierla non manca,
Che il mio nome, tu di'? Tu il nome mio

Spendi a tua posta omai: disponi, eleggi,
Togli chi vuoi dai congiurati. Un ferro
Serba al padre, e non più: qual posto io deggia
Tener, qual ferir colpo, il tutto poscia
M'insegnerai, quando fia presto il tutto.
In te, nell'ira tua dotta mi affido

RAIM.
Ma, il punto... assai, più che nol credi... è presso.
Già tu pensier non cangi?

GUG.   A te son padre:
Il cangi tu?

RAIM.   Dunque il tuo stile arruota,
Che al nuovo dì... Ma chi mai viene? Oh! Bianca!
Sfuggiamla, amico. A ordir l'ultime fila
Della gran tela andiamo. A te fra poco,
Io riedo, padre, e il tutto allor saprai.

SCENA III.

Guglielmo e Bianca.

BIAN.
Raimondo io cerco; ed ei mi sfugge? O padre,
Dimmi, e perchè? Con chi sen va? — Che veggio?
Tu fuor di te sei quasi? Or, qual t'ingombra
Alto pensiero? Oimè! parla: sovrasta
Sventura forse?... A qual di noi?

GUG.   Se angoscia
Grave mi siede sul pallido volto,
Qual maraviglia? Io tremo, e n'ho l'aspetto:
E chi non trema? Il mio squallore istesso,
Se intorno miri, in ciascun volto è pinto.

BIAN.
Ma, di tremar qual cagion nuova?...

GUG.   O figlia,
Nuova non è.

BIAN.   Ma imperturbabil sempre
Io finora ti vidi: or tremi? E il dici?..
E il tuo figliuol, che impetuoso turbo
Di violenti discordanti affetti

Era finor, sembianza or d'uom tranquillo
　　Vestir gli veggio? Ei mi muovea parole
　　Poc'anzi, tutte pace: ei, per natura,
　　D'ogni indugiar nemico, egli dal tempo
　　Dice aspettar sollievo: ed or mi sfugge
　　Con uno ignoto? E tu, commosso resti?...
　　Ah! sì; pur troppo havvi un arcano:.. e il celi,
　　A me tu il celi? Il padre mio, lo sposo
　　Mi deludono a prova? Il ciel, deh! voglia...
GUG.
　　Dal pianto or cessa, e dai sospetti: è vano,
　　Ch'io, paventando, a non temer ti esorti.
　　Temi, ma non di noi. Ben disse il figlio,
　　Che sol recarne può sollievo il tempo.
　　Torna ai figli frattanto: a noi più grata
　　Cosa non fai, che il custodir tuoi figli,
　　E ben amarli, e alla virtù nutrirli. —
　　Util consiglio, se da me nol sdegni,
　　Fia che tu sempre alto silenzio serbi,
　　Ove il parlar non giovi... O Bianca, avrai
　　Tu il cor così di tutti noi: dei crudi
　　Fratelli, a un tempo, schiverai tu l'ira.

ATTO QUARTO

SCENA I.

Giuliano e Un uomo d'arme.

GIUL.
Olà, qui tosto a me Guglielmo adduci. —

SCENA II.

Giuliano.

Riede all'Arno Salviati? Or perchè muove
Costui di Roma? E in queste soglie il piede
Come osa porre? Egli in non cale or dunque
Tiene il nostr'odio, e il poter nostro, e noi? —
Ma pur, s'ei torna, in lui l'audacia nasce
Certo da forza;... e da accettata forza. —
Or sì, che ogni arte al prevenir fia d'uopo
Ciò, ch'emendare invan vorriasi. In prima
Guglielmo udiam, s'ei per età men forte,
Coglier di detti lusinghieri all'esca
Da me potrassi. Or, che si aggiunge ad essi,
Apportator della romana fraude,
Salviati, or vuolsi invigilare; or larghe
Parole dar, mezzi acquistando e tempo.

SCENA III.

Guglielmo e **Giuliano.**

GIUL.
Guglielmo, o tu, che esperïenza, ed anni,
E senno hai più che altr'uom; tu, che i presenti
Dritti, e i passati della patria nostra

Conosci, intendi, e scerni; or deh! mi ascolta. —
Già, per poter ch'io m'abbia, io non son cieco,
Nè dato a iniqua oblivïone ho il nome
Di cittadino: io so, quanto sien brevi,
E dubbj i doni della instabil sorte:
So...
GUG. Qual tu sii, chi 'l sa? Vero è, ti mostri
Più mite assai, che il fratel tuo; ma tanto
Del volgo schiavo è il giudicar corrotto,
Ch'ei men non t'odia, ancor ch'ei men ti tema.
Forse a popol ben servo è assai più a grado
Chi lo sforza a obbedir, che chi nel prega.
GIUL.
Cauto non è, quale il vorrei, Lorenzo;
Ma, nè quanto sel tien, Raimondo è invitto:
Parliam, più umani, noi. — Tu sai, che istrutto
Il cittadin dalla licenza antica,
E sbigottito, in nostra man depose
Di libertà il soverchio; onde poi fosse
La miglior parte eternamente intatta...
GUG.
Quai tessi ad arte parolette accorte,
Di senso vuote? Ha servitù il suo nome.
Chiama il servir, servaggio.
GIUL.   E la licenza,
Tu libertade appella: io qui non venni
A disputar tai cose...
GUG.   E' ver, che sempre
Mal sen contende in detti.
GIUL.   Odimi or dunque,
Pria che co' fatti io il mostri. Alta ira bolle
Nel tuo Raimondo: assai Lorenzo è caldo
Di giovinezza e di possanza; uscirne
Di te, del figlio, e di tua stirpe intera
Può la rovina: ma può uscirne ancora,
A tradimento, la rovina nostra.
Non di Lorenzo, qual fratello, io parlo,
Nè tu, qual padre, del figliuol favella:
Siam cittadini, e tu il migliore. Or dimmi;
Forte adoprarci in risparmiar tumulti,
Scandali, e sangue, or nol dobbiamo a prova?
Tu tanto or più, che in vie maggior periglio

Ti stai? — Tu, ch'osi nominar servaggio
Il serbar leggi, il vedi; infra novelli
Torbidi, a voi si puote accrescer carco
Più che scemarsi, assai. Padre ad un tempo
E cittadin sii tu: piega il tuo figlio
Alquanto; e sol, che a noi minor si dica,
Ne fia pago Lorenzo. Ogni alto danno
Con un tuo detto antivenir t'è dato.

GUG.
Chi può piegar Raimondo? E degg'io farlo,
S'anco il potessi?

GIUL.   Or via, tu stesso dimmi:
Se ti trovassi in seggio, e il poter tuo
Tolto a scherno da noi, com'egli ha il nostro,
Vedessi tu; che allor di noi faresti?

GUG.
Io stimerei di tanto altrui pur sempre
Far maggior scherno in occupar lo Stato,
Che ogni scherno a me fatto avrei per lieve.
Di libertà qual minor parte puossi
Lasciar, che il dire, a chi del far vien tolta?
Ogni uom parlare a' senno suo potrebbe,
S'io fossi in voi; ma oprar, soltanto al mio.
Da temersi è chi tace: al sir non nuoce
Dischiuso tosco. — Io schietto ora ti parlo:
D'audace impresa il mio figliuol non stimo
Capace mai: così il foss'ei! Vilmente
Me non udreste or favellar; nè visto
Tremar mi avreste, ed obbedire. — Incontro
A nemici, quai siamo, (è ver pur troppo)
Arme bastante è il ben usato sprezzo. —
Ecco, ch'io non tiranno, assai ben, parmi,
Di tirannide a te l'arti, le leggi
Prescrivo, e l'opre, e la ragion sublime.

GIUL.
Che vuoi tu dirmi? E nol conosco io forse
Al par di te, questo tuo figlio?

GUG.   E il temi?

GIUL.
Temuto, io temo. — Il simular fia vano.
Fra noi si taccia ogni fallace nome;
Non patria omai, non libertà, non leggi:

Dal solo amor di sè, dall'util certo,
Dalla temenza dei futuri danni,
Più vera prenda ognun di noi sua norma.
Lorenzo in sè tutti rinserra i pregi,
Onde stato novel si accresce e tiene,
Men l'indugio, e il timore; a me natura
Diede altra tempra; e ciò che manca in lui,
In me soverchio è forse: ma, tremante
Non stai tu più di me? Non veggo io sculta
La tua temenza in tuoi più menomi atti?
So, che non è più saldo in onda scoglio,
Di quel che sieno in lor proposto immoti
E Lorenzo e Raimondo: han pari l'alma;
La forza no: ma pari è il temer nostro.
Qual io mi adopro or col fratel, ti adopra
Col figlio tu: forse vedremo ancora
Altri tempi. Pochi anni hai tu di vita;
Ma questa (il sai) benchè affannosa, e grave,
Pur viver brami; e sopportata l'hai...
Vuoi tu serbarla? Di'.

GUG.   Timor di padre,
E timor di tiranno in lance porre.
Altri ıol puote che un tiranno e padre.
Il mio timore, io il sento; il tuo, tu solo
Sentirlo puoi. — Ma, vinca oggi il paterno
Che più scusabil è. Per quanto io valga,
Mi adoprerò, perchè spontanto esiglio
Scelga Raimondo e fia il miglior; chè in queste
Mura abborrite a nuovi oltraggi io 'l veggo,
Non a vendetta, rimaner; pur troppo!

SCENA IV.

Lorenzo, Giuliano e Guglielmo.

LOR.
Giulian, che fai? Spendi in parole il tempo,
Quando altri in opre?...

GIUL.   Alla evidente forza
Del mio parlare omai costui si arrende:
Duolti la pace, anzi che ferma io l'abbia?

LOR.
　Che pace omai? D'ogni discordia il seme,
　D'ogni raggiro il rio motor, Salviati
　Giunge...
GIUL.　　　Il so; ma frattanto....
LOR.　　　　　　　　E sai, che muove
　Ver noi dall'austro armata gente? In vero
　Non belligera gente: a cui mostrarci
　Noi dovrem pure, e sol mostrarci. Al primo
　Folgoreggiar de' nostri scudi, sciolta
　Fia lor nebbia palustre. Ardir qual altro
　Può Roma aver, fuor che l'altrui temenza?
GUG.
　Signor, ma che? Può insospettirti il solo
　Rimpatriar di un cittadino inerme,
　Ch'or dal Tebro ritorna? E a danno vostro
　Or si armerebbe Roma, che sì rado
　L'armi, e sì mal, solo a difesa, impugna?
LOR.
　La schiatta infida dei roman pastori
　Fea tremar più d'un prode. Il tosco, il ferro
　Celan fra gigli e rose. E' ver che nulla
　Fia il ferro lor, se **antiveduto** viene. —
　Voi, di Roma satelliti, qui lascio:
　Tramate voi, finch'io ritorni. Andiamo,
　Fratello, andiam: ripiglierem noi poscia
　Con costoro a trattar; ma pria dispersi,
　O presi, od arsi, o nel vil fango avvolti
　Cadan per noi que' pavidi vessilli,
　Che all'aura spiegan le mentite chiavi.
　Pria dobbiam noi crollare alquanto il tronco
　Putrido, annoso, a cui si appoggia fraude;
　Poichè del tutto svellerlo si **aspetta**
　A più remota etade. — Andiam. — Di gioja
　Mi balza il cor nell'impugnarti, o brando,
　Contro aperto nemico. A me sol duole,
　Che, se a fuggiasca gente il tergo sdegni
　Ferir, di sangue or tornerai digiuno.

SCENA V.

Guglielmo.

D'alti sensi è costui; non degno quasi
D'esser tiranno. Ei regnerà, se ai nostri
Colpi non cade; ei regnerà. — Ma regna,
Regna a tua posta; al rio fratel simìle
Tosto sarai: timido, astuto, crudo:
Quale insomma essere debbe, ed è, chi regna. —
Or, già si annotta; e a me non torna il figlio;
Nè Salviati. — Ma, come udìa Lorenzo
Delle romane ancor non mosse schiere?
Non lieve al certo è la tramata impresa;
E dubbia è assai: ma pur, l'odio e la rabbia
E il senno in un del mio figliuol mi affida.
Di lui si cerchi.. Eccolo appunto.

SCENA VI.

Raimondo, Salviati e Guglielmo.

GUG.   Oh! dimmi,
A che ne siamo?
RAIM.   Al compier, quasi.
SAL.   A noi
Arride il ciel: mai non sperava io tanto.
GUG.
Presto, più ch'io non l'era, e a più vendetta,
Voi mi trovate. Udite ardir: qui meco
Finor Giuliano a patteggiar togliea
Dell'onta nostra; e vi si aggiunse poscia
Fero Lorenzo, e minaccioso. Io diedi
Parole, or dubbie, or risentite, or finte,
Le più, ravvolte entro a servile scorza,
Grata ai tiranni tanto: ogni delitto
Stiman minor del non temerli. In essi
Di me sospetto generar non volli;
Pien di timor mi credono. — Ma, dimmi;
Come già in parte or traspirò l'arcano

Dell'armi estrane? E' ver, che a scherno mostra
Lorenzo averle, e inefficace frutto
Par riputarle dei maneggi nostri.
Tal securtà ne giova; e benchè accenni
Giulian chei teme anco i privati sdegni,
Già non cred'ei certa e vicina, e tanta
La vendetta, quant'è. Ditemi, certa
Fia dunque appien? Qual feritor, qual'armi,
Quai mezzi, dove, quando?...

RAIM.   Odine il tutto.
Ma frattanto, stupore a te non rechi
Ciò che or Lorenzo sa. Noi primi, ad arte,
Per divertir lor forze, il grido demmo
Che il nemico venìa. Ma in armi Roma
Suona or nel volgo sola: «A trarre i Toschi
«Dal servaggio novel, manda il buon Sisto
«Poca sua gente.» — Ecco la voce, ond'io
Sperai, che scarsa, ma palese forza
I tiranni aspettando, ogni pensiero
Rivolgerian contr'essa; e ben mi apposi.
Al nuovo dì corre Lorenzo al campo;
Ma sorgerà pur troppo a lui quel sole
Ch'esser gli debbe estremo. Entrambi spenti
Fian domani. All'impresa io pochi ho scelti,
Ma d'ira alti e di core. Alberto, Anselmo,
Napoleon, Bandini, e il figliuol tuo,
Rinato vil, di nostra stirpe ad onta,
D'esser niegommi del bel numer uno.

GUG.
Codardo! E s'egli or ci tradisse?

RAIM.   Oh, fosse
Pur ei da tanto! Ma, di vizj scevro,
Virtù non ha: più non sen parli. — Anselmo
Preste a ogni cenno, tien sue genti d'arme;
Ma il perchè, nol sann'essi: a un punto vuolsi
Da noi ferire, ed occupar da lui
Il maggior foro, ed il palagio, e quante
Vie là fan capo; indi appellar la plebe
A libertà: noi giungeremo intanto...

GUG.
Ma, in un sol loco, e ad una morte trarli,
Pensatel voi? Guai se l'un colpo all'altro
Tardo succede, anco d'un punto.

RAIM. All'alba,
Pria che di queste mura escano in campo,
Al tempio entrambi ad implorare ajuto
All'armi lor tiranniche ne andranno:
Là, fien morti.

GUG. Che ascolto? Oimè! nel sacro?..

SAL.
Nel tempio, sì. Qual più gradita al cielo
Vittima offrir, che il rio tiranno estinto?
Primo ei forse non è, che a scherno iniquo
L'uom le leggi, e natura, e Iddio si prende?

GUG.
Vero parli; ma pur,... di umano sangue
Contaminar gli altari...

SAL. Umano sangue
Quel de' tiranni? Essi di sangue umano
Si pascon, essi. E a cotai mostri, asilo
Santo v'avrà? L'iniquità secura
Starsi, ove ha seggio la giustizia eterna?
Non io l'acciaro tratterrei, se avvinti
Fosser del Nume al simulacro entrambi.

GUG.
Noi scellerati irriverenti mostri,
Ad alta voce griderà la plebe,
Che ciò mira d'altr'occhio. O torne il frutto
O rovinar l'impresa or può quest'una
Universal opinïon...

RAIM. Quest'una
Giovarne può; non è soverchio il tempo:
O doman gli uccidiamo, o non più mai.
Ciò che rileva, è lo accertare i colpi;
Nè loco v'ha ad accertargli adatto. —
Del popol pensi? Ei dalle nuove cose
Stupor, più ch'ira, tragge. Ordine demmo,
Che al punto stesso, in cui trarremo il ferro,
Di Roma eccheggi entro il gran tempio il nome.

GUG.
Può molto, è ver, fra noi di Roma il nome. —
Ma, qual di voi l'onor del ferir primo
Ottiene? A me qual si riserba incarco?
Impeto, sdegno, ardir, non bastan soli;

Anzi, può assai, la voglia ardente troppo,
Nuocere a ciò. — Freddo valor feroce,
Man pronta e ferma, imperturbabil volto,
Tacito labro, e cor nel sangue avvezzo;
Tale essere vuolsi a trucidar tiranni.
Inopportuno un moto, un cenno, un guardo,
Anco un pensier, può torre al sir fidanza,
Tempo all'impresa, e al feritor coraggio.

RAIM.
I primi colpi abbiam noi scelto; il mio
Fia il primo primo: a disbramar lor sete
I men forti verran co' ferri poscia,
Tosto che a terra nel sangue stramazzino,
Pregando vita, i codardi tiranni. —
Padre, udito il segnal, se in armi corri
Dove fia Anselmo, gioverai non poco.
Più che nel tempio assai; da cui scagliarci
Fuori vogliam, vibrato il colpo appena.
Duolmi, ch'io solo a un tempo trucidarli
Ambi non posso. — Oh! che dicesti, o padre?
Man pronta e ferma? Il ferro pria verranne
Manco doman, che a me la destra e il core.

GUG.
Teco a gara a ferir, che non poss'io?
Vero è, pur troppo, che per molta etade
Potrìa tremulo il braccio, il non tremante
Mio cor smentire. — A dileguar mie' dubbi
Raggio del ciel mi sei: ben tu pensasti
Ben provvedesti a tutto; e invano io parlo.
Piacemi assai, che a voi soltanto abbiate
Fidato i primi colpi. Oh quanta io porto
Invidia a voi! — Sol dubitai, che in queste
Vittime impure insanguinar tua destra
Sacerdotal, tu negheresti...

SAL.   Oh quanto
Mal mi conosci. Ecco il mio stile; il vedi?
Sacro è non men, che la mia man che il tratta:
Mel diè il gran Sisto, e il benedisse pria. —
La mano stessa il pastorale e il brando
Strinse più volte: e, ad annullar tiranni
O popoli empj, ai sacerdoti santi
Il gran Dio degli eserciti la destra
Terribil sempre, e non fallevol mai,

Armava ei stesso. Appenderassi in voto
Questa, ch'io stringo, arme omicida e santa
A questi altari un dì. Furor m'incende,
Più assai che umano; e, ancor ch'io nuovo al san-
Il braccio arrechi, oggi dal ciel fia scorto ⌈gue
Dentro al cor empio, che a trafigger scelsi.
GUG.
 E scelto hai tu?....
SAL.   Lorenzo.
GUG.   Il più feroce?
RAIM.
 Io 'l volli in ciò pur compiacer, bench'io
Prescelto avrei d'uccidere il più forte.
 Ma pur pensai, che al certo il vil Giuliano
Di ascosa maglia al suo timor vestiva;
Onde accettai, come più scabra impresa,
Io di svenarlo. Avrai Lorenzo; avrommi
Io 'l reo Giulian: già il tengo: entro quel petto,
Nido di fraude e tradimento, il ferro
Già tutto ascondo. — A sguainar fia cenno,
Ed al ferire, il sacro punto, in cui
Tratto dal ciel misterïosamente
Dai sussurrati carmi, il figliuol Dio
Fra le sacerdotali dita scende. —
Or, tutto sai: del sacro bronzo al primo
Squillo uscirai repente; e allora pensa
Ch'ella è perfetta, o che fallita è l'opra.
GUG.
 Tutto farò. — Sciogliamci; omai n'è tempo. —
Notte, o tu, che la estrema esser ne dèi
Di servaggio, o di vita, il corso affretta! —
Tu intanto, o figlio, assai, ma assai, diffida
Di Bianca: in cor di donna è scaltro amore.
E tu, bada, o Salviati, che se a vuoto
Cade il colpo tuo primo, è tal Lorenzo,
Da non lasciar, che tu il secondo vibri.

ATTO QUINTO

SCENA I.

Raimondo e Bianca.

RAIM.
Or via, che vuoi? Torna a tue stanze, torna:
Lasciami; tosto io riedo.
BIAN.   Ed io non posso
Teco venirne?
RAIM.   No.
BIAN.   Perchè?..
RAIM.   Nol puoi.
BIAN.
Di poco amor, me così tratti? O dolci
Passati tempi, ove ne andaste? Al fianco
Non mi sdegnavi allora; nè mai passo
Movevi allor, ch'io nol movessi accanto! —
Perchè ti spiaccio? In che ti offendo? Or sfuggi,
Ed or (che è peggio) anco mi scacci. Il suono
Dunque di questa mia voce non giunge,
Più non penètra entro il tuo core? Ahi lassa!
Pur ti vogl'io seguir, da lungi almeno...
RAIM.
Ma, di che temi? O che supponi?...
BIAN.   Il sai.
RAIM.
So, che tu m'ami, e ch'io pur t'amo; e t'amo
Più che nol credi, assai. Tel tace il labro;
Ma il cor tel dice, e il volto, e il guardo, e ogni
In me tel dice. Or, s'io ti scaccio o sfuggo, [atto
Il fo, perchè d'ogni mio affanno a parte
Men ti vorrei:... qual puoi sollievo darmi?
BIAN.
Pianger non posso io teco?
RAIM.   Il duol mi addoppia

    Vederti in pianto consumar tua vita;
E in pianto vano. Ogni uomo io sfuggo, il vedi.
Ed a me stesso incresco.

BIAN.   Altro ben veggio.
    Pur troppo io veggio, che di me diffidi.

RAIM.
    Ogni mio male io non ti narro?

BIAN.   Ah! tutti
I mali, sì; non i rimedj. In core
Tu covi alto disegno. A me non stimi,
Che a dir tu l'abbi? e tacilo. Ti chieggo
Sol di seguirti; e il nieghi? Io, forse, posso
A te giovar; ma nuocerti, non mai.

RAIM.
    ...Che vai dicendo?... In cor, nulla rinserro...
Tranne l'antica, al par che inutil rabbia.

BIAN.
    Ma pur la lunga e intera notte, questa
Cui non ben fuga ancor l'alba sorgente,
Diverse, oh quanto, da tutt'altre notti
Era per te! Sovra il tuo ciglio il sonno
Nè un sol momento scese. Ad ingannarmi
Chiudevi i lumi; ma il frequente e grave
Alitar del tuo petto, i tuoi repressi
Sospiri a forza, ed a vicenda il volto
Tinto or di fuoco, ora di morte;... ah! tutto,
Tutto osservai, che meco amor vegliava:
E non m'inganno, e invan ti ascondi...

RAIM.   E invano
Vaneggi tu. — Pieno, e quïeto il sonno
Non stese, è ver, sovra il mio capo l'ali;
Ma spesso avviemmi. E chi placide notti
Sotto a' tiranni dorme? Ognor dall'alto,
Su le schiave cervici ignudo pende
Da lieve filo un ferro. Altr'uom non dorme
Qui, che lo stolto.

BIAN.   Or, che dirai del tuo
Sorger sì ratto dalle piume? E' questa
Forse tua solit'ora? Ancor del tutto
Dense eran l'ombre, e tu già in piè balzavi,
Com'uom, cui stringe inusitata cura.
E ver me poscia, sospirando, gli occhi

Non ti vedea rivolgere pietosi?
E ad uno ad un, non ti vid'io i tuoi figli,
Sorto appena, abbracciar? Che dico? Al seno
Ben mille volte stringerli, e di caldi
Baci empiendoli, in atto doloroso
Inondar loro i tenerelli petti
Di un largo fiume di pianto paterno..
Tu, sì feroce già? Tu, quel dal ciglio
Asciutto ognora?... E crederò, che cosa
Or d'altissimo affare in cor non serri?

RAIM.
 ...Io piansi?...

BIAN.   E il nieghi?

RAIM.   Io piansi?....

BIAN.   E pregne ancora
Di pianto hai le pupille. Ah! se non versi
In questo sen, dove?...

RAIM.   Sul ciglio mio
Lagrima no, non siede... e, s'io pur piansi,...
Piansi il destin degli infelici figli
Di un oltraggiato padre. Il nascer loro,
E il viver lor poss'io non pianger sempre? —
O pargoletti miseri, qual fato
In questa morte, che nomiam noi vita,
A voi sovrasta! De' tiranni a un tempo
Schiavi e nipoti, per più infamia, voi...
Ma non vi abbraccio, ch'io di ciò non pianga.
Sposa, deh! tu, dell'amor nostro i pegni,
Amali tu; perch'io d'amore gli amo
Diverso troppo dal tuo amore, e omai
Troppo lontan da' miei corrotti tempi.
Piangi tu pure il loro destino;... e al padre
Fa che non sien simìli, se a te giova,
Più che a virtude, e servitù serbarli.

BIAN.
Oh ciel!.. quai detti!.. I figli... oimè!.. in periglio?

RAIM.
Ove periglio sorga, a te gli affido.
S'uopo mai fosse, dei tiranni all'ira
Pensa a sottrarli tu.

BIAN.   Me lassa! Or veggio,
Ora intendo, or son certo. O giorno infausto,

Giunto pur sei; maturo è il gran disegno:
Tu vuoi cangiar lo stato.

RAIM. ...E s'io il volessi,
Ho in me forza da tanto? Il vorrei forse;
Ma, sogni son d'infermo...

BIAN. Ah! mal tu fingi:
Uso a mentir meco non è il tuo labro.
Grand'opra imprendi, il mio terror mel dice;
E quei, che al volto alternamente in folla
Ti si affaccian tremendi e varj affetti:
Disperato dolor, furor, pietade,
Odio, vendetta, amore. Ah! per quei figli,
Che tu mal grado tuo pur cotanto ami,
Non per me, no; nulla son io; pel tuo
Maggior fanciul, dolce crescente nostra
Comune speme, io ti scongiuro; almeno
Schiudimi in parte il tuo pensier; te scevro
Fa ch'io sol veggia da mortal periglio,
E in ciò mi acqueto: o, se in periglio vivi,
Lasciami al fianco tuo. Deh! come deggio
Salvar tuoi figli, s'io del tutto ignoro
Qual danno a lor sovrasti? A' piedi tuoi
Prostrata io cado; e me non vedrai sorta,
Finchè non parli. Se di me diffidi,
Svenami; se in me credi, ah! perchè taci?
Son moglie a te; null'altro io son: deh! parla.

RAIM.
..Donna,... deh! sorgi. Il tuo timor ti pinge
Entro all'accesa fantasia perigli
Per or lontani assai. Sorgi; ritorna,
E statti ai figli appresso: a lor tra breve
Anch'io verrò: lasciami.

BIAN. Ah no...

RAIM. Mi lascia,
Io tel comando.

BIAN. Abbandonarti? Ah! pria
Svenami tu: da me in null'altra guisa
Sciolto ne andrai...

RAIM. Cessa.

BIAN. Deh!..

RAIM. Cessa; o ch'io...

BIAN.
 Ti seguirò.
RAIM.   Me misero! Ecco il padre;
 Ecco il padre.

SCENA II.

Guglielmo, Raimondo e Bianca

GUG.   Che fai? V'ha chi t'aspetta
 Al tempio; e intanto inutil qui?...
RAIM.   L'udisti?
 Al tempio vo; che havvi a temer? Deh! resta.
 Padre, trattienla: io volo, e tosto riedo. —
 Bianca, se m'ami, io t'accomando i figli.

SCENA III.

Guglielmo e Bianca.

BIAN.
 Oh parole! Ahi me misera, che a morte
 Ei corre! E a me tu di seguirlo vieti?
 Crudo...
GUG.   Arrestati; plàcati; fra breve
 Ei tornerà.
BIAN.   Crudel; così ti prende
 Pietà del figlio tuo? Solo tu il lasci
 Incontro a morte andarne, e tu sei padre?
 Se tu il puoi, l'abbandona; ma i miei passi
 Non rattener; mi lascia, irne vogl'io...
GUG.
 Fora il tuo andare intempestivo, e tardo.
BIAN.
 Tardo? Oimè! Dunque è ver, ch'ei tenta?... Ah!
  narra.
 O parla, o andar mi lascia... Ove corre egli?
 A dubbia impresa, il so; ma udir non debbo
 Ciò che a sì viva parte di me spetta?

Ah! voi pur troppo di qual sangue io nasca,
Più di me il rimembrate. Ah! parla: io sono
Fatta or del sangue vostro: i miei fratelli
Non odio, è ver; ma solo amo Raimondo;
L'amo quant'oltre puossi; e per lui tremo,
Che pria ch'a lor non tolga egli lo stato,
Non tolgan essi a lui la vita.

GUG.   Or, s'altro
Non temi; e poichè pur tant'oltre sai,
Men dubbia, or sappi, è dell'altrui, sua vita.

BIAN.
Oh ciel! di vita anco in periglio stanno
I fratelli?...

GUG.   I tiranni ognor vi stanno.

BIAN.
Che ascolto? Oimè!...

GUG.   Ti par, che tor lo stato
Altrui si possa, e non la vita?

BIAN.   Il mio
Consorte or dunque,.. a tradimento... i miei?...

GUG.
A tradimento, sì, versar lor sangue
Dobbiam noi pria, che il nostro a tradimento
Si bevan essi: e al duro passo, a forza,
Essi ci han tratti. A te il marito e i figli
Tolti eran, sì, tolti a momenti: ah! d'uopo
N'era pur prevenir lor crudi sdegni.
Io stesso, il vedi, a secondar la impresa,
Oggi all'antico fianco il ferro io cingo
Da tanti anni deposto.

BIAN.   Alme feroci!
Cor simulati! Io non credea che a tale...

GUG.
Figlia, che vuoi? Necessità ne sprona.
Più non è tempo or di ritrarci. Al cielo
Porgi quai voti a te più piace: intanto
Lo uscir di qui non ti si dà: custodi
Hai molt'uomini d'arme. — Or, se pur madre
Più ch'altro sei, torna a' tuoi figli, ah! torna...
Ma il sacro squillo del bronzo lugùbre
Udir già parmi... ah! non m'inganno. Oh figlio!..
Io corro, io volo a libertade, o a morte.

SCENA IV.

Bianca ed Uomini d'arme.

BIAN.
Odimi... Oh come ei fugge! Ed io qui **deggio**
Starmi? Deh! per pietà, schiudete il passo:
Questo fia il petto, che colà frapposto
Può il sangue risparmiar... Barbari; in voi
Nulla può la pietà? — Nefande, infami,
Esecrabili nozze! Io ben dovea
Antiveder, che sol potean col sangue
Finir questi odj smisurati. Or veggo
Perchè tacea Raimondo: in ver, ben festi
Di a me celar sì abbominevol opra:
D'alta vendetta io ti credea capace;
Non mai di un vile tradimento, mai...
Ma, qual odo tumulto?... Oh ciel!.. quai grida?...
Par che tremi la terra!.. Oh di quale alto
Fremito l'aria rimbomba!... distinto,
Di libertà, di libertade il nome
Suonami...   (*Gli uomini d'arme si ritirano*)
        Oimè! già i miei fratelli a morte
Forse? Or chi veggio? Oh ciel! Raimondo?...

SCENA V.

Raimondo e Bianca.

BIAN.   Iniquo.
Che festi? Parla. A me, perfido, **torni**
Col reo pugnal grondante del mio sangue?
Chi mai ti avrebbe traditor creduto?
Che miro? Oimè! dallo stesso tuo fianco
Spiccia il sangue a gran gorghi?... Ah!.. sposo...
RAIM.   ...Appena...
Mi reggo.. O donna mia,... sostiemmi... Vedi?
Quello, che gronda dal mio ferro, è il sangue
Del tiranno; ma...
BIAN.   Oimè!...
RAIM.   Questo è mio sangue;..

Io... nel mio fianco...
BIAN.   Oh! piaga immensa...
RAIM.   Immensa
Sì; di mia man me la feci io, per troppa
Gran rabbia cieco... Su Giuliano io caddi:
Lo empiei di tante e di tante ferite,
Che d'una... io stesso... il mio fianco... trafissi.
BIAN.
Oh rio furore!... Oh mortal colpo!... Oh quanti
Ne uccidi a un tratto!
RAIM.   A te nol dissi, o sposa...
Deh! mel perdona: io dir non tel dovea:
Nè udirlo tu, pria che io compiessi: e farlo
Ad ogni costo era pur forza... Duolmi,
Che a compier l'opra ogni mia lena or manca...
S'ei fu delitto, ad espïarlo io vengo
Agli occhi tuoi, col sangue mio... Ma, sento
Libertade echeggiar vieppiù dintorno?
E oprar non posso?...
BIAN.   Oh cielo! E... cadde... anch'egli..
Lorenzo?...
RAIM.   Almeno al feritore io norma
Certa ne diedi... assai felice io moro,
Se in libertade lascio, e securi... il padre....
La sposa... i figli... i cittadini miei....
BIAN.
Me lasci al pianto... Ma restar vogl'io?
Dammi il tuo ferro...
Raim.   O Bianca... O dolce sposa...
Parte di me;... rimembra, che sei madre...
Viver tu dèi pe' nostri figli; ai nostri
Figli or ti serba,... se mi amasti...
BIAN.   Oh, figli!...
Ma il fragor cresce?...
RAIM.   E più si appressa;... e parmi
Udir le grida varïare... Ah! corri
Ai pargoletti, e non lasciarli: ah! vola
Al fianco loro. — Omai,... per me... non resta...
Speme. — Tu il vedi... che... a momenti... io passo.
BIAN.
Che mai farò?... Presso a chi star?... Che ascolto?

« Al traditore, al traditor; si uccida. »
Qual traditore,...

RAIM.   Il traditor,... fia... il vinto.

SCENA VI.

Lorenzo, Guglielmo, Bianca, Raimondo
e altri uomini d'arme.

LOR.
  Si uccida.

RAIM.   Oh vista!

BIAN.   Oh fratel mio, tu vivi?
  Abbi pietà...

LOR.   Qui ricovrò l'infame;
  Infra le braccia di sua donna ei fugge,
  Ma invan. Svelgasi a forza...

BIAN.   Il mio consorte!...
  I figli miei!...

RAIM.   Tu in ferrei lacci, o padre?...

GUG.
  E tu piagato?

LOR.   Oh! che vegg'io? Dal fianco
  Versi il tuo sangue infido? Or, ch'il mio braccio
  Prevenne?

RAIM.   Il mio; ma errò: quest'era un colpo
  Vibrato al cor del fratel tuo. Ma, ei n'ebbe
  Da me molti altri.

LOR.   Il mio fratello è spento;
  Ma vivo io, vivo; e, a uccider me, ben altra
  Alma era d'uopo, che un codardo e rio
  Sacerdote inesperto. Estinto cadde
  Salviati; e seco estinti gli altri: il padre
  Sol ti serbai, perchè in tua morte,
  Pria d'ottener la sua, doppia abbia pena.

BIAN.
  L'incrudelir che vale? A morte presso
  Ei langue....

LOR. E semivivo, anco mi giova...
BIAN.
Pena ha con sè del fallir suo.
LOR. Che veggio!
Lo abbracci tinto del fraterno sangue!
BIAN.
Ei m'è consorte;.. ei muore...
RAIM. Or, di che il preghi? —
Se a me commessa era tua morte, mira,
Se tu vivresti. (*si pianta nel cuore lo stile, che avea nascosto al giunger di Lorenzo*).
BIAN. Oh ciel! che fai?...
RAIM. Non fero
Invano... io..mai...
GUG. Figlio!...
RAIM. M'imita, o padre.
Ecco il ferro.
BIAN. A me il dona...
LOR. Io 'l voglio
(*strappa il ferro di mano a Guglielmo, che l'aveva raccolto, appena gittatogli da Raimondo*).
O ferro,
Trucidator del fratel mio, quant'altre
Morti darai!
RAIM. Sposa, per sempre... Addio.
BIAN.
Ed io vivrò?...
GUG. Terribil vista! — Or tosto,
Fammi svenare: che più m'indugi?
LOR. Al tuo
Supplizio infame or or andrai. — Ma intanto,
Si stacchi a forza la dolente donna
Dal collo indegno. Alleviar suo duolo,
Può solo il tempo. — E avverar sol può il tempo
Me non tiranno, e traditor costoro.

FINE DELLA TRAGEDIA

Parere dell'Autore
sulla "Congiura de' Pazzi"

Le congiure sono forse più difficili ancora a ridursi in tragedia, che non lo siano ad eseguirsi. Questa specie di umano accidente racchiude quasi sempre in sè un difetto, che lo impedisce di essere teatrale; ed è che, siccome i congiurati, per ragion private o pubbliche, sono i giusti nemici del tiranno, e per lo più non ne sono parenti, nè avvinti ad essi d'alcuno altro vincolo; non riesce cosa niente «tragediabile», che l'un nemico faccia all'altro quanto più danno egli può, ancor ch'ella sia cosa tragicissima, poichè dal sol contrasto tra le diverse passioni, o di legami o di sangue viene a nascere quell'ondeggiamento d'affetti suscettibili veramente di azion teatrale, fra l'odio che vorrebbe spento il comune oppressore, e quell'altro qualunque affetto che lo vorrebbe pur salvo.

In questa tragedia ho cercato di scemare in parte questo inerente difetto, facendo il principal congiurato, Raimondo, cognato dei due tiranni, e amantissimo della moglie, la quale lo è pure moltissimo di lui, benchè ami anch'ella i fratelli, a cui non è ella neppure discara. Questo urto di vicendevoli e contrarie passioni va prestando all'azione dei momenti teneri e caldi qua e là, per quanto mi pare: ma con tutto ciò non dico io, che si venga a compor di Raimondo un tutto che sia veramente tragico; perchè già si vede dalle sue prime parole, che le passioni d'odio privato e pubblico, di vendetta, e di libertà, son troppe, perchè il cognatismo possa in nulla riuscire d'inciampo alla rabbia dei Pazzi. Ciò posto, io forse in più matura età non avrei tornato a scegliere un tal soggetto, a cui se oltre il difetto accennato, vi si aggiunge quello di essere un modernissimo fatto, succeduto in un paese piccolissimo; fatto, da cui non ne resultavano che debolissime, oscure e passeggere conseguenze; egli vien sotto ogni aspetto a mostrarsi poco degno del coturno. Gran fatica, grand'ostinazione, arte moltissima, e calore non poco è stato adoprato nel condurre questa tragedia: eppure tanta è l'influenza del soggetto, che con molti più sforzi fattivi in ogni genere, ella riesce tuttavia tragedia, per sè stessa, minore di quasi tutte le fin qui accennate.

Raimondo è un carattere, anzi possibile che verisimile. Tale è la sorte d'un Bruto toscano, che per quanto venga infiammato, innalzato e sublimato da chi lo maneggia, la grandezza in lui parrà pur sempre più ideale che vera; e la metà di quello ch'ei dice, posta in bocca del Bruto romano, verrà ad ottener doppio effetto. Tra i soggetti o grandiosi per sè stessi, o fatti tali da una rimotissima antichità, e quelli che tali non sono, corre non molto minor differenza che tra i soggetti del dramma e quelli della tragedia. In questo Raimondo mi pare che oltre la sublimità, riprensibile forse come gigantesca, vi sia anche un calor d'animo d'una tal tempra, che non so se potrà (come lo desidero) infiammare moltissimo l'animo dei presenti uditori.

Bianca è moglie, madre, e sorella; ma non credo di averle potuto o saputo prestare quella tale grandezza, che non dovendo essere romana, io mal potevo indovinare qual potesse pur essere; e la ho perciò, io tralasciata, o mal eseguita.

Guglielmo è un repubblicano fiorentino; e quindi assai più verisimile che Raimondo. Il costume di padre e di vecchio mi pare ben osservato in costui; egli nondimeno mi pare un personaggio piuttosto irreprensibile, che lodevole.

Salviati rimane nel fatto un personaggio subalterno ai due Pazzi; il suo carattere sacerdotale spande su la catastrofe un certo che di risibile, misto di un orrore che non può ancora per parecchi anni esser tragico nella presente Italia, ma che forse un giorno anche ad essa potrà parer tale.

Lorenzo (ancorchè l'autore fosse uno dei congiurati contr'esso) ha pure, a mio parere, da lodarsi moltissimo del modo con cui egli vien presentato in questa tragedia: e credo io, che tutta la schiatta medicea presa insieme, non abbia mai dato un'oncia dell'altezza di questo Lorenzo; ma bisognava pur farlo tale, affinchè degnamente contra lui potesse congiurar Raimondo.

Giuliano è un tiranno volgare. Non era difficile nè a idearsi, nè ad eseguirsi. I ritratti si fanno più facilmente che i quadri.

Nella condotta questa tragedia ha un difetto capitalissimo, di cui prego il lettore e lo spettatore, a rendere in lealtà buon conto a sè stesso, se egli se ne sia avvisto da sè; e se, avvedendosene, ricevuto ne abbia noja e freddezza.

Questa tragedia non ha che soli due atti, e sono il terzo e il quinto. Nei due primi non si opera nulla affatto; vi si chiacchiera solamente; onde la tragedia potrebbe, con pochi versi d'esposizione di più, benissimo cominciare al terz'atto. Con tutto ciò, se il quarto non tornasse ad essere immobile, e a ricadere in chiacchiere, il difetto dei due primi atti, supplito col calore della libertà, e dei diversi affetti, paterno e maritale e fraterno, non mi comparirebbe forse così grande.

La catastrofe, che per dover essere necessariamente eseguita in un nostro tempio, non si poteva esporre in teatro, mi ha anche molto sbalzato fuori della mia solita maniera, che è di por sempre sotto gli occhi e in azione tutto quello che por vi si può.

Risulta dunque al censore di questa tragedia, che ella è difettosa in più parti, e di difetti non rimediabili; e di molti forse anche non escusabili. L'autore nondimeno, atteso lo sviluppo di alcune importanti e utilissime passioni che gli ha prestato questo soggetto, per nessuna cosa del mondo vorrebbe non l'aver fatta.

SAUL

SAUL - *Atto 3º - Scena IV*ª

ARGOMENTO

Saulle chiamato dal Signore al trono d'Israello, dopo due anni di regno, si allontanò dalle vie della giustizia, e divenne ben presto disobbediente ed ingrato. Il sacrificio di Galgala consumato senz'aspettar Samuele; la compassione usata per interesse verso il re degli Amaleciti, cui gli era stato imposto di spegnere; le persecuzioni praticate contro l'innocente Davidde; la sacrilega strage d'Achimelecco, e di tutti i sacerdoti di Nobe con quanti abitavano quella sgraziata città, gli chiamaron finalmente sul capo il fulmine della vendetta. Vinto in battaglia dai Filistei, e, vista la morte di Gionata, e degli altri suoi figli, piantò l'elsa della spada sul terreno, e sopra vi cadde miseramente trafitto. — Vedi nelle Sacre Carte il primo Libro dei Re.

SAUL

PERSONAGGI.

Saul.	David.
Gionata.	Abner.
Micol.	Achimelech.

Soldati Israeliti - Soldati Filistei.

Scena, il campo degli Israeliti in Gelboè.

ATTO PRIMO

SCENA I.

David.

Qui freno al corso, a cui tua man mi ha spinto,
Onnipossente Iddio tu vuoi ch'io ponga?
Io qui starò. — Di Gelboè son questi
I monti, or campo ad Israël, che a fronte
Sta dell'empia Filiste. Ah! potessi oggi
Morte aver qui dall'inimico brando!
Ma, da Saùl deggio aspettarla. Ahi crudo
Sconoscente Saùl! Che il campion tuo
Vai perseguendo per caverne e balze,
Senza mai dargli tregua. E David pure
Era già un dì il tuo scudo; in me riposto
Ogni fidanza avevi; ad onor sommo
Tu m'innalzavi; alla tua figlia scelto
Io da te sposo... Ma, ben cento e cento
Nemiche teste, per maligna dote,
Tu mi chiedevi; e doppia messe appunto

Io ten recava... Ma Saùl, ben veggio,
Non è in sè stesso, or da gran tempo: in preda
Iddio lo lascia a un empio spirto: oh cielo!
Miseri noi! Che siam, se Iddio ci lascia?
Notte, su, tosto, all'almo sole il campo
Cedi; ch'ei sorger testimon debb'oggi
Di generosa impresa. Andrai famoso
Tu, Gelboè, fra le più tarde etadi,
Che diran: David qui sè stesso dava
Al fier Saulle. — Esci, Israël, dai queti
Tuoi padiglioni; escine, o re: v'invito
Oggi a veder, s'io di campal giornata
So l'arti ancora. Esci, Filiste iniqua;
Esci, e vedrai, se ancor mio brando uccida.

SCENA II.

Gionata e David.

GIO.
Oh! qual voce mi suona? Odo una voce,
Cui nel mio cor nota è la via.
DAV.   Chi viene?...
Deh, raggiornasse! Io non vorria mostrarmi,
Qual fuggitivo...
GIO.   Olà. Chi sei? Che fai
Dintorno al regio padiglion? Favella.
DAV.
Gionata parmi... Ardir. — Figlio di guerra,
Viva Israël, son io. Me ben conosce
Il Filisteo.
GIO.   Che ascolto? Ah! David solo
Così risponder può.
DAV.   Gionata...
GIO.   Oh cielo!
David,... fratello...
DAV.   Oh gioja!... A te...
GIO.   Fia vero?...
Tu in Gelboè?... Del padre mio non temi?
Io per te tremo; oimè!...

SAUL - ATTO I

DAV.   Che vuoi? La morte
In battaglia, da presso, mille volte
Vidi, e affrontai: davanti all'ira ingiusta
Del tuo padre gran tempo fuggii poscia:
Ma il temer solo è morte vera al prode.
Or, più non temo io, no: sta in gran periglio
Col suo popolo il re: fia David quegli,
Che in securtade stia frattanto in selve?
Ch'io prenda cura del mio viver, mentre
Sopra voi sta degli infedeli il brando?
A morir vengo; ma fra l'armi, in campo,
Per la patria, da forte; e per l'ingrato
Stesso Saùl, che la mia morte or grida.

GIO.
Oh di David virtù! D'Iddio lo eletto
Tu certo sei. Dio, che t'inspira al core
Sì sovrumani sensi, al venir scorta
Dietti un angiol del cielo. — Eppur, deh! come
Or presentarti al re? Fra le nemiche
Squadre ei ti crede, o il finge; ei ti dà taccia
Di traditor ribelle.

DAV.   Ah! ch'ei pur troppo,
A ricovrar de' suoi nemici in seno
Ei mi sforzava. Ma, se impugnan essi
Contro lui l'armi, ecco per lui le impugno,
Finchè sian vinti. Il guiderdon mio prisco
Men renda ei poscia; odio novello, e morte.

GIO.
Misero padre! Ha chi l'inganna. Il vile
Perfid'Abner, gli sta, mentito amico,
Intorno sempre. Il rio demon, che fero
Gl'invasa il cor, brevi di tregua istanti
Lascia a Saulle almen; ma d'Abner l'arte
Nol lascia mai. Solo ei l'udito, ei solo,
L'amato egli è: lusingator maligno,
Ogni virtù che la sua poca eccede,
Ei glie la pinge e mal secura, e incerta.
Invan tua sposa ed io, col padre...

DAV.   Oh sposa!
Oh dolce nome! Ov'è Micol mia fida?
M'ama ella ancor, mal grado il padre crudo?

GIO.
Oh! s'ella t'ama?... E' in campo anch'essa...

DAV. Oh cielo!
Vedrolla? Oh gioja! Or, come in campo?...
GIO. Il padre
Ne avea pietade; al suo dolor lasciarla
Sola, ei non volle entro la reggia: e anch'ella
Va pur porgendo a lui qualche sollievo,
Benchè ognor mesta. Ah! la magion del pianto
Ella è la nostra, da che tu sei lungi.

DAV.
Oh sposa amata! Ah, la magion del pianto
Torrà il pensier d'ogni passata angoscia;
Torrà il pensier d'ogni futuro danno.

GIO.
Ah, se vista l'avessi!... Ebbeti appena
Ella perduto, ogni ornamento increbbe
Al suo dolor: sul rabbuffato crine
Cenere stassi; e su la smunta guancia
Pianto e pallore; immensa doglia muta,
Nel cor tremante. Il dì, ben mille volte,
Si atterra al padre; e fra i singhiozzi, dice:
« Rendimi David mio; tu già mel desti. »
Quindi i panni squarcia e in pianto bagna
La man del padre, che anch'egli ne piange.
E chi non piange? — Abner, sol egli; e impera,
Che tramortita come ell'è, si strappi
Dai piè del padre.

DAV. Oh vista! Oh; che mi narri?
GIO.
Deh! fosse pur non vero!... Al tuo sparire,
Pace sparì, gloria, e baldanza in armi:
Sepolti sono d'Israello i cori;
Il Filisteo, che già fanciullo apparve
Sotto i vessilli tuoi, fatto è gigante
Agli occhi lor, da che non t'han più duce:
E minacce soffriamo, e insulti, e scherni,
Chiusi nel vallo, immemori di noi.
Qual maraviglia? Ad Israello a un tempo
Manca il suo brando, ed il suo senno. David.
Io, che già dietro ai tuoi guerrieri passi
Non senza gloria iva nel campo, or fiacca
Sento al ferir la destra. Or, che in periglio,
A dura vita, e da me lungi io veggo

Te, David mio, sì spesso; or, più non parmi
Quasi pugnar pel mio signor, pel padre,
Per la sposa, pe' figli: a me tu caro,
Più assai che regno, e padre, e sposa, e figli...

DAV.
M'ami, e più che nol merto: ami te Dio
Così...

GIO.   Dio giusto, e premiator non tardo
Di virtù vera; egli è con te. Tu fosti
Da Samuël morente in Rama accolto:
Il sacro labro del sovran profeta,
Per cui fu re mio padre, assai gran cose
Colà di te vaticinava: il tuo
Viver m'è sacro, al par che caro. Ah! soli
Per te di corte i rei perigli io temo;
Non quei del campo: ma, dintorno a queste
Regali tende il tradimento alberga
Con morte: e morte, Abner la dà; la invia
Spesso Saulle. Ah! David mio, t'ascondi,
Fintanto almen che di guerriera tromba
Eccheggi il monte. Oggi, a battaglia stimo
Venir fra forza.

DAV.   Opra di prode vuolsi,
Quasi insidia, celar? Saùl vedrammi
Pria del nemico. Io, da confonder reco,
Da ravveder qual più indurato petto
Mai fosse, io reco: e affrontar pria vo' l'ira
Del re, poi quella dei nemici brandi. —
Re, che dirai, s'io, qual tuo servo, piego
A te la fronte? Io di tua figlia sposo,
Che di non mai commessi falli or chieggo
A te perdono: io difensor tuo prisco,
Ch'or nelle fauci di mortal periglio
Compagno, scudo, vittima, a te m'offro. —
Il sacro vecchio moribondo in Rama,
Vero è, mi accolse; e parlommi, qual padre:
E spirò fra mie braccia. Egli già un tempo
Saulle amava, qual suo proprio figlio:
Ma quel ne avea mercede? Il veglio sacro,
Morendo, al re fede m'ingiunse e amore,
Non men che cieca obbedïenza a Dio.
Suoi detti estremi, entro il mio cor scolpiti
Fino alla tomba in salde note io porto.

«Ahi misero Saùl! Se in te non torni,
«Sovra il tuo capo altissima ira pende.»
Ciò Samuël diceami. — Te salvo
Almen vorrei, Gionata mio, te salvo
Dallo sdegno celeste: e il sarai, spero:
E il sarem tutti; e in un Saùl, che ancora
Può ravvedersi. — Ah! guai, se Iddio dall'etra
Il suo rovente folgore sprigiona!
Spesso, tu il sai, nell'alta ira tremenda
Ravvolto egli ha coll'innocente il reo.
Impetüoso, irresistibil turbo,
Sterpa, trabalza al suol, stritola, annulla
Del par la mala infetta pianta, e i fiori,
Ed i pomi e le foglie.

GIO.   Assai può David
Presso Dio, per Saùl. Te ne miei sogni
Ho visto io spesso, e in tal sublime aspetto,
Ch'io mi ti prostro a' piedi. Altro non dico;
Nè più dèi dirmi. Infin ch'io vivo, io giuro
Che a ferir te non scenderà mai brando
Di Saùl, mai. Ma, dalle insidie vili...
Oh ciel!... come poss'io?... Qui, fra le mense,
Fra le delizie, e l'armonia del canto,
Si bee talor nell'oro infido morte.
Deh! chi ten guarda.

DAV.   D'Israële il Dio,
Se scampar deggio; e non intera un'oste,
Se soggiacer. — Ma dimmi: or, pria del padre,
Veder poss'io la sposa? Entrar non debbo
Là, fin che albeggi...

GIO.   E fra le piume aspetta
Fors'ella il giorno? A pianger di te meco
Viene ella sempre innanzi l'alba; e preghi
Porgiam qui insieme a Dio, per l'egro padre. —
Ecco; non lungi un non so che biancheggia:
Forse, ch'ella è: scostati alquanto; e l'odi:
Ma, se altri fosse, or non mostrarti, prego.

DAV.
Così farò.

SCENA III.

Micol e Gionata.

MIC.   Notte abborrita, eterna,
Mai non sparisci?.. Ma, per me di gioja
Risorge forse apportatore il sole?
Ahi lassa me! Che in tenebre incessanti
Vivo pur sempre! — Oh! fratel mio, più ratto
Di me sorgesti? Eppur più travagliato,
Certo, fu il fianco mio, che mai non posa.
Come posar poss'io fra molli coltri,
Mentre il mio ben sovra la ignuda terra,
Fuggitivo, sbandito, infra covili
Di crude fere, insidïato giace?
Ahi, d'ogni fera più inumano padre!
Saùl spietato! Alla tua figlia togli
Lo sposo, e non la vita? — Odi, fratello;
Qui non rimango io più: se meco vieni,
Bell'opra fai; ma, se non vieni, andronne
A rintracciarlo io sola: io David voglio
Incontrare, o la morte.

GIO.   Indugia ancora;
E il pianto acqueta: il nostro David forse
In Gelboè verrà...

MIC.   Che parli? In loco,
Dov'è Saùl, David venirne?...

GIO.   In loco
Dov'è Gionata e Micol, tratto a forza
Dal suo ben nato cor, fia David sempre.
Nol credi tu, che in lui più assai l'amore
Che il timor possa? E maraviglia avresti,
S'ei qui venirne ardisse?

MIC.   Oh ciel! Per esso
Io tremerei... Ma pure, il sol vederlo
Fariami...

GIO.   E s'ei nulla or temesse?... E s'anco
L'ardir suo strano ei di ragion vestisse? —
Men terribil Saùl nell'aspra sorte,
Che nella destra, sbaldanzito or stassi
In diffidenza di sue forze; il sai:

Or, che di David l'invincibil braccio
La via non gli apre infra le ostili squadre,
Saùl diffida; ma, superbo, il tace.
Ciascun di noi nel volto suo ben legge,
Che a lui non siede la vittoria in core.
Forse in punto ei verrebbe ora il tuo sposo.
MIC.
Sì, forse è ver: ma lungi egli è;... deh! dove?...
E in quale stato?... Oimè!...
GIO.   Più che nol pensi,
Ei ti sta presso.
MIC.   Oh cielo!... a che lusinghi?..

SCENA IV.

David, Micol e Gionata.

DAV.
Teco è il tuo sposo.
MIC.   Oh voce!... Oh vista! Oh gioja!....
Parlar... non... posso. — Oh meraviglia!.. E fia...
Ver, ch'io t'abbraccio?...
DAV.   Oh sposa!... Oh dura assenza!..
Morte, s'io debbo oggi incontrarti, almeno
Qui sto tra' miei. Meglio è morir, che trarre
Selvaggia vita in solitudin, dove
A niun sei caro, e di nessun ti cale.
Brando assetato di Saùl, ti aspetto;
Percuotimi: qui almen dalla pietosa
Moglie fien chiusi gli occhi miei; composte,
Coperte l'ossa; e di lagrime vere
Da lei bagnate.
MIC.   Oh David mio!... Tu capo,
Termine tu d'ogni mia speme; ah! lieto
Il tuo venir mi sia! Dio, che da gravi
Perigli tanti sottraeati, invano
Oggi te qui non riconduce.... Oh quale,
Qual mi dà forza il sol tuo aspetto! Io tanto
Per te lontan tremava; or per te quasi
Non tremo... Ma, che veggo? In qual selvaggio

Orrido ammanto a me ti mostra avvolto
L'alba nascente? O prode mio; tu ignudo
D'ogni tuo fregio vai? Te più non copre
Quella, ch'io già di propria man tessea,
Porpora aurata! In tal squallor, chi mai
Potria del re genero dirti? All'armi
Volgar guerrier sembri, e non altro.

DAV.   In campo
Noi stiamo: imbelle reggia or non è questa:
Qui rozzo sajo, ed affilato brando,
Son la pompa migliore. Oggi, nel sangue
De' Filistei, porpora nuova io voglio
Tinger per me. Tu meco intanto spera
Nel gran Dio d'Israël, che me sottrarre
Può dall'eccidio, s'io morir non merto.

GIO.
Ecco, aggiorna del tutto: omai qui troppo
Da indugiar più non parmi. Ancor che forse
Opportuno tu giunga, assai pur vuolsi
Ir cautamente. — Ogni mattina al padre
Venirne appunto in quest'ora sogliamo:
Noi spïerem, come il governi e prema
Oggi il suo torbo umore: e a poco a poco
Preparando l'andrem, se lieta è l'aura,
Alla tua vista; e in un torrem, che primo
Null'uom a lui malignamente narri
La tua tornata. Appàrtati frattanto,
Chè alcun potria conoscerti, tradirti;
Ed Abner farti anco svenare. Abbassa
La visiera dell'elmo: infra i sorgenti
Guerrier ti mesci, e inosservato aspetta,
Ch'io per te rieda, o mandi....

MIC.   Infra i guerrieri,
Come si asconde il mio David? Qual occhio
Fuor dell'elmo si slancia a par del suo?
Brando, chi 'l porta al suo simil? Chi suona
Così nell'armi? Ah! no; meglio ti ascondi,
Dolce mio amor, fin che al tuo fianco io torni.
Misera me! Ti trovo appena, e deggio
Lasciarti già? Ma per brev'ora; e quindi
No, mai più, mai, non lascerotti. Or pure
Vo' pria vederti in securtà. Deh! mira;
Di questa selva opaca là nel fondo

A destra, vedi una capace grotta?
Divisa io spesso là dal mondo intero,
Te sospiro, te chiamo, di te penso;
E di lagrime amare i duri sassi
Aspergo: ivi ti cela, infin che il tempo,
Sia di mostrarti.

DAV. Io compiacer ti voglio
In tutto, o sposa. Appien securi andate:
E' senno in me; non opro a caso; io v'amo;
A voi mi serbo: e solo in Dio confido.

ATTO SECONDO

SCENA I.

Saul ed Abner.

SAUL.
  Bell'alba è questa. In sanguinoso ammanto
  Oggi non sorge il sole; un dì felice
  Prometter parmi. — Oh miei trascorsi tempi!
  Deh! dove siete or voi? Mai non si alzava
  Saùl nel campo da' tappeti suoi,
  Che vincitor la sera ricorcarsi
  Certo non fosse.

AB.   Ed or, perchè diffidi,
  O re? Tu forse non fiaccasti or dianzi
  La filistea baldanza? A questa pugna
  Quanto più tardi viensi, Abner tel dice,
  Tanto ne avrai più intiera, e nobil palma.

SAUL.
  Abner, oh! quanto in rimirar le umane
  Cose, diverso ha giovinezza il guardo,
  Dalla canuta età! Quand'io con fermo
  Braccio la salda poderosa antenna,
  Ch'or reggo appena, palleggiava; io pure
  Mal dubitar sapea... Ma, non ho sola
  Perduta omai la giovinezza... Ah! meco
  Fosse pur anco la invincibil destra
  D'Iddio possente!... O meco fosse almeno
  David, mio prode!...

AB.   E chi siam noi? Senz'esso
  Più non si vince or forse? Ah! non più mai
  Snudar vorrei, s'io ciò credessi, il brando,
  Che per trafigger me. David, ch'è prima,
  Sola cagion d'ogni sventura tua.,..

SAUL.
  Ah! no: deriva ogni sventura mia
  Da più terribil fonte... E che? Celarmi
  L'orror vorresti del mio stato? Ah! s'io

Padre non fossi, come il son, pur troppo!
Di cari figli.... or la vittoria, e il regno
E la vita vorrei? Precipitoso
Già mi sarei fra gl'inimici ferri
Scagliato io, da gran tempo: avrei già tronca
Così la vita orribil, ch'io vivo.
Quanti anni or son, che sul mio labro il riso
Non fu visto spuntare? I figli miei,
Ch'amo pur tanto, le più volte all'ira
Muovonmi il cor, se mi accarezzan.... Fero,
Impazïente, torbido, adirato
Sempre; a me stesso incresco ognora, e altrui;
Bramo in pace far guerra, in guerra pace:
Entro ogni nappo ascoso tosco io bevo;
Scorgo un nemico in ogni amico; i molli
Tappeti assirj, ispidi dumi al fianco
Mi sono; angoscia il breve sonno; i sogni
Terror. Che più? Chi 'l crederia? Spavento
M'è la tromba di guerra; alto spavento
E' la tromba di Saul. Vedi, se è fatta
Vedova omai di suo splendor la casa
Di Saùl; vedi, se omai Dio sta meco.
E tu, tu stesso, (ah! ben lo sai) talora
A me, qual sei, caldo verace amico,
Guerrier, congiunto, e forte duce, e usbergo
Di mia gloria tu sembri: e talor, vile
Uom menzogner di corte, invido, astuto
Nemico, traditore...

AB.   Or, che in te stesso
Appien tu sei, Saulle, al tuo pensiero,
Deh, tu richiama ogni passata cosa!
Ogni tumulto del tuo cor (nol vedi?)
Dalla magion di que' profeti tanti,
Di Rama egli esce. A te chi ardiva primo
Dir, che diviso eri da Dio? L'audace,
Torbido, accorto, ambizïoso vecchio,
Samuël sacerdote; a cui fean eco
Le sue ipocrite turbe. A te sul capo
Ei lampeggiar vedea con livid'occhio.
Il regal serto, ch'ei credea già suo.
Già sul bianco suo crin posato quasi
Ei sel tenea; quand'ecco, alto concorde
Voler del popol d'Israello, al vento
Spersi ha suoi voti, e un re guerriero ha scelto.

Questo, sol questo, è il tuo delitto. Ei quindi
D'appellarti cessò d'Iddio l'eletto.
Tosto ch'esser tu ligio a lui cessasti.
Da pria ciò solo a te sturbava il senno:
Coll'inspirato suo parlar compieva
  David poi l'opra. In armi egli era prode,
Nol niego io, no; ma servo appieno ei sempre
Di Samuello; e più all'altar, che al campo
Propenso assai: guerrier di braccio egli era,
Ma di cor, sacerdote. Il ver dispoglia
Di ogni mentito fregio; il ver conosci.
  Io del tuo sangue nasco; ogni tuo lustro
E d'Abner lustro: ma non può innalzarsi
David, no mai, s'ei pria Saùl non calca.

SAUL.
  David?... Io l'odio... Ma, la propria figlia
Gli ho pur data in consorte... Ah! tu non sai. —
La voce stessa, la sovrana voce,
Che giovinetto mi chiamò più notti,
Quand'io, privato, oscuro, e lungi tanto
Stava dal trono e da ogni suo pensiero;
Or, da più notti, quella voce istessa,
Fatta è tremenda, e mi respinge, e tuona
In suon di tempestosa onda mugghiante:
« Esci Saùl; esci Saùlle ». Il sacro
Venerabile aspetto del profeta,
Che in sogno io vidi già, pria, ch'ei mi avesse
Manifestato che voleami Dio
Re d'Israël; quel Samuële, in sogno,
Ora in tutt'altro aspetto io lo riveggo.
Io, da profonda cupa orribil valle,
Lui su raggiante monte assiso miro:
Sta genuflesso Davide a' suoi piedi:
Il santo veglio sul capo gli spande
L'unguento del Signor; con l'altra mano,
Che lunga lunga ben cento gran cubiti
  Fino al mio capo estendesi, ei mi strappa
La corona dal crine; e al crin di Dàvid
Cingerla vuol: ma, il crederesti? David
Pietoso in atto a lui si prostra, e niega
Riceverla; ed accenna, e piange, e grida,
Che a me sul capo ei la riponga... — Oh vista!
Oh David mio! Tu dunque obbediente
Ancor mi sei? Genero ancora? E figlio

E mio suddito fido? E amico?... Oh rabbia!
Tormi dal capo la corona mia?
Tu che tant'osi, iniquo vecchio, trema...
Chi sei?... Chi n'ebbe anco il pensiero, pera... —
Ahi lasso me! Ch'io già vaneggio!

AB.   Pera,
David sol pera: e svaniran con esso,
Sogni, avventure, vision, terrori.

SCENA II.

Gionata, Micol, Saul ed **Abner.**

GIO.
Col re sia pace.

MIC.   E sia col padre Iddio,

SAUL.
....Meco è sempre il dolore. — Io men sorgea
Oggi, pria dell'usato, in lieta speme...
Ma, già sparì, qual del deserto nebbia,
Ogni mia speme. — Omai che giova, o figlio,
Protrar la pugna? Il paventar la rotta,
Peggio è che averla; ed abbiasi una volta.
Oggi si pugni, io 'l voglio.

GIO.   Oggi si vinca.
Speme, o padre, ripiglia: in te non scese
Speranza mai con più ragione. Il volto
Deh! rasserena: io la vittoria ho in core.
Di nemici cadaveri coperto
Fia questo campo; ai predatori alati
Noi lasceremo orribil esca...

MIC.   A stanza
Più queta, o padre, entro tua reggia, in breve,
Noi torneremo. Infra tue palme assiso,
Lieto tu allor, tua desolata figlia
Tornare a vita anco vorrai, lo sposo
Rendendole...

SAUL.   ....Ma che? Tu mai dal pianto
Non cessi? Or questi i dolci oggetti sono
Che rinverdir denno a Saùl la stanca
Mente appassita? Al mio dolor sollievo
Sei tu così? Figlia del pianto, vanne;

Esci; lasciami, scòstati.

MIC.   Me lassa!... .
Tu non vorresti, o padre, ch'io piangessi?...
Padre, e chi l'alma in lagrime sepolta
Mi tiene or, se non tu?...

GIO.   Deh! taci, al padre
Increscer vuoi? — Saùl, letizia accogli:
Aura di guerra e di vittoria, in campo
Sta: con quest'alba uno spirto guerriero,
Che per tutto Israël de' spandersi oggi,
Dal ciel discese. Anco in tuo cor, ben tosto,
Verrà certezza di vittoria.

SAUL.   Or, forse
Me tu vorresti in tua stolta gioja
A parte? Me? — Che vincere? Che spirto?....
Piangete tutti. Oggi, la quercia antica,
Dove spandèa già rami alteri all'aura,
Innalzerà sue squallide radici.
Tutto è pianto, e tempesta, e sangue, e morte:
I vestimenti squarciansi; le chiome
Di cener vil si aspergano. Sì, questo
Giorno, è finale; a noi l'estremo, è questo.

AB.
Già più volte vel dissi: in lui l'aspetto
Vostro importuno ognor sue fere angosce
Raddoppia.

MIC.   E che? Lascierem noi l'amato
Genitor nostro?...

GIO   Al fianco suo, tu solo
Starti pretendi? E che in tua man?...

SAUL.   Che fia?
Sdegno sta su la faccia de' miei figli?
Chi, chi gli oltraggia? Abner, tu forse? Questi
Son sangue mio; nol sai?... Taci: rimembra...

GIO.
Ah! sì; noi siam tuo sangue; e per te tutto
Il nostro sangue a dar siam presti...

MIC.   O padre,
Ascolto io forse i miei privati affetti,
Quand'io lo sposo a te richieggo? Il prode

Tuo difensore, d'Israël la forza,
L'alto terror de' Filistei ti chieggo.
Nell'ore tue fantastiche di noja,
Ne' tuoi funesti pensieri di morte,
David fors'anche non ti porgea sollievo
Col celeste suo canto? Or di': non era
Ei, quasi raggio alle tenèbre tue?

GIO.
Ed io, tu il sai, se un brando al fianco io cinga;
Ma, ov'è il mio brando, se i sonanti passi
Del guerrier dei guerrier norma non dànno
Ai passi miei? Si parlerìa di pugna,
Se David qui? Vinta saria la guerra.

SAUL.
Oh scorsa etade!... Oh di vittoria lieti
Miei glorïosi giorni!... Ecco, schierati
Mi si appresentan gli alti miei trïonfi.
Dal campo io riedo, d'onorata polve
Cosperso tutto, e di sudor sanguigno:
Infra l'estinto orgoglio, ecco, io passeggio;
E al Signor laudi... Al Signor, io?... Che parlo?...
Ferro ha gli orecchi alla mia voce Iddio;
Muto è il mio labro... Ov'è mia gloria? Dove,
Dov'è de' miei nemici estinti il sangue?...

GIO.
Tutto avresti in David...

MIC. Ma, non è teco
Quel David, no: dal tuo cospetto in bando
Tu il cacciavi, tu spento lo volevi...
David, tuo figlio; l'opra tua più bella;
Docil, modesto; più che lampo ratto
Nell'obbedirti; ed in amarti caldo,
Più che i proprj tuoi figli. Ah! padre, lascia...

SAUL.
Il pianto (oimè!) su gli occhi stammi? Al pianto
Inusitato, or chi mi sforza?... Asciutto
Lasciate il ciglio mio.

AB. Meglio sarebbe
Ritrarti, o re, nel padiglione. In breve
Presta a pugnar la tua schierata possa
Io mostrerotti. Or vieni; e te convinci,
Che nulla è in David...

SCENA III.

David, Saul, Abner, Gionata e Micol.

DAV.   La innocenza tranne.
SAUL.
 Che veggio?
MIC.   Oh ciel!
GIO   Che festi?
AB.   Audace...
GIO.   Ah! padre...
MIC.
 Padre, ei m'è sposo; e tu mel dèsti
SAUL.   Oh vista!
DAV.
 Saùl, mio re, tu questo capo chiedi;
 Già da gran tempo il cerchi; ecco, io tel reco;
 Troncalo, è tuo.
SAUL.   Che ascolto?... Oh David... David!
 Un Iddio parla in te: qui mi t'adduce
 Oggi un Iddio...
DAV.   Sì, re; quei, ch'è sol Dio;
 Quei, che già in Ela me, timido ancora
 Inesperto garzon, spingeva a fronte
 Di quel superbo gigantesco orgoglio
 Del fier Goliatte tutto aspro di ferro:
 Quel Dio, che poi su l'armi tue tremende,
 A vittoria vittoria accumulava:
 E che, in sue mire imperscrutabil sempre,
 Dell'oscuro mio braccio a lucid'opre
 Valer si volle: or sì, quel Dio mi adduce
 A te, con la vittoria. Or, qual più vuoi,
 Guerriero, o duce, se son io da tanto.
 Abbimi. A terra pria cada il nemico:
 Sfumino al soffio aquilonar le nubi,
 Che al soglio tuo si ammassano dintorno:
 Men pagherai poscia, o Saùl, con morte.
 Nè un passo allora, nè un pensier costarti
 Il mio morir dovrà. Tu, re, dirai:
 David sia spento: e ucciderammi tosto

Abner. — Non brando io cingerò, nè scudo;
Nella reggia del mio pieno signore
A me disdice ogni arme, ove non sia
Pazienza, umiltade, amor, preghiere
Ed innocenza, Io deggio, se il vuol Dio,
Perir qual figlio tuo, non qual nemico.
Anco il figliuol di quel primiero padre
Del popol nostro, in sul gran monte il sangue
Era presto a donar: nè un motto, o un cenno
Fea, che non fosse obbedïenza; in alto
Già l'una man pendea per trucidarlo,
Mentre ei del padre l'altra man baciava. —
Diemmi l'esser Saùl; Saùl mel toglie:
Per lui s'udia il mio nome, ei lo disperde:
Ei mi fea grande, ei mi fa nulla.

SAUL.   Oh! quale
Dagli occhi antichi miei caligin folta
Quel dir mi squarcia! Oh qual nel cor mi suona!..
David, tu prode parli, e prode fosti;
Ma, di superbia cieco, osasti poscia
Me dispregiar; sovra di me innalzarti;
Furar mie laudi, e ti vestir mia luce.
E s'anco io re non t'era, in guerrier nuovo,
Spregio conviensi di guerrier canuto?
Tu, magnanimo in tutto, in ciò non l'eri.
Di te cantavan d'Israël le figlie:
« Davidde, il forte, che i suoi mille abbatte;
« Saul suoi cento ». Ah! mi offendesti, o David,
Nel più vivo del cor. Che ne dicevi?
« Saùl, nè suoi verdi anni, altro che i mille,
« Le migliaja abbatteva: egli è il guerriero;
« Ei mi creò ».

DAV.   Ben io 'l dicea; ma questi,
Che del tuo orecchio già tenea le chiavi,
Dicea più forte: « Egli è possente troppo
« David: di tutti in bocca, in cor di molti;
« Se non l'uccidi tu, Saùl, chi 'l frena? » —
Con minor arte, e verità più assai,
Abner, al re che non dicevi? « Ah! David
« Troppo è miglior di me, quindi io lo abborro;
« Quindi lo invidio, e temo; e spento io 'l voglio ».

AB.
Fellone; e il dì, che di soppiatto andavi

Co' tuoi profeti a sussurrar consigli;
Quando al tuo re segreti lacci infami
Tendevi; e quando a' Filistei nel grembo
Ti ricovravi; e fra nemici impuri
Profani dì traendo, ascose a un tempo
Pratiche ognor fra noi serbavi: or questo,
l dissi io forse? O il festi tu? Da prima,
Chi più di me, del signor nostro in core
Ti pose? A farti genero, chi 'l mosse?
Abner fu solo...

MIC.   Io fui: Davide in sposo,
Io dal padre l'ottenni; io il volli; io, presa
Di sue virtudi. Egli il sospir mio primo,
Il mio pensier nascoso; ei la mia speme
Era; ei sol, la mia vita. In basso stato
Anco travolto, in povertà ridotto,
Sempre al mio cor giovato avria più David,
Ch'ogni alto re, cui l'orïente adori.

SAUL.
Ma tu, David, negar combatter puoi
D'Abner le accuse? Or, dì: non ricovrasti
Tra' Filistei? Nel popol mio d'iniqua
Ribellïon i semi non spandesti?
La vita stessa del tuo re, del tuo
Secondo padre, insidïata forse
Non l'hai più volte?

DAV.   Ecco; or per me risponda
Questo, già lembo del regal tuo manto.
Conoscil tu? Prendi; il raffronta.

SAUL.   Dammi.
Che veggio? E' mio; nol nego... Onde l'hai tolto?...

DAV.
Di dosso a te, dal manto tuo, con questo
Mio brando, io stesso, io lo spiccai. — Sovvienti
D'Engadda? Là, dove tu, me proscritto,
Barbaramente perseguivi a morte;
Là, trafugato senza alcun compagno
Nella caverna, che dal fonte ha nome,
Io m'era: ivi, tu solo, ogni tuo prode
Lasciato in guardia alla scoscesa porta,
Su molli coltri in placida quïete
Chiudevi al sonno gli occhi... Oh ciel! tu, pieno
L'alma di sangue e di rancor, dormivi?

Vedi, se Iddio possente a scherno prende
Disegni umani! Ucciderti, a mia posta,
E me salvar potea, per altra uscita:
Io il potea; quel tuo lembo assai tel prova.
Tu re, tu grande, tu superbo, in mezzo
A stuol d'armati; eccoti in man del vile
Giovin proscritto... Abner, il prode, ov'era,
Dov'era allor? Così tua vita ei guarda?
Serve al suo re così? Vedi, in cui posto
Hai tua fidanza; e in chi rivolto hai l'ira. —
Or, sei tu pago? Or l'evidente segno
Non hai, Saùl, del cuor, della innocenza,
E della fede mia? Non l'evidente
Segno del poco amor, della maligna
Invida rabbia, e della guardia infida
Di questo Abner?...
SAUL.   Mio figlio, hai vinto;... hai vinto.
Abner, tu mira; ed ammutisci.
MIC.   Oh gioja!
DAV.
  Oh padre!...
GIO.   Oh dì felice!
MIC.   Oh sposo!...
SAUL.   Il giorno,
Sì, di letizia e di vittoria, è questo.
Te duce io voglio oggi alla pugna: il soffra
Abner; ch'io 'l vo'. Gara fra voi non altra,
Che in più nemici esterminare, insorga:
Gionata, al fianco al tuo fratel d'amore
Combatterai: mallevador mi è David
Della tua vita; e della sua tu i. sei.
GIO.
  Duce David, mallevador è Iddio.
MIC.
  Dio mi ti rende; ei salveratti..
SAUL.   Or, basta.
Nel padiglion, pria della pugna, o figlio,
Vien un tal poco a ristorarti. Il lungo
Duol dell'assenza la tua sposa amata
Rattempreratti: intanto di sua mano
Ella ti mesca, e ti ministri a mensa.
Deh! figlia, (il puoi tu sola) ammenda in parte
Del genitor gli involontarj errori.

ATTO TERZO

SCENA I.

David ed **Abner.**

AB.
Eccomi: appena dal convito or sorge
Il re, ch'io vengo a' cenni tuoi.

DAV.   Parlarti
A solo a solo io volli.

AB.   Udir vuoi forse
Della prossima pugna?...

DAV.   E dirti a un tempo,
Che me non servi; ma ch'entrambi al pari
Il popol nostro, il nostro re, l'eccelso
Dio d'Israël serviamo. Altro pensiero
In noi, deh! no, non entri.

AB.   Io, pel re nostro,
Del di cui sangue io nasco, in campo il brando
Sanguinoso rotai; già pria che il fischio
Ivi si udisse di tua fionda...

DAV.   Il sangue
Del re non scorre entro mie vene: a tutti
Noti sono i miei fatti: io non li vanto:
Abner li sa. Deh! nell'obblio sepolti
Sian pur da te; sol ti rammenta i tuoi:
Emulo di te stesso, oggi tu imprendi
A superar solo te stesso.

AB.   Il duce
Io mi credea finor: David non v'era:
Tutto ordinar per la vittoria quindi
Osai: s'io duce esser potessi, or l'odi. —
Incontro a noi, da borea ad austro, giace
Per lungo, in valle, di Filiste il campo,
Folte macchie ha da tergo; è d'alti rivi

Munito in fronte: all'oriente il chiude
Non alto un poggio, di lieve pendio
Ver esso, ma di scabro irsuto dorso
All'opposto salire: un'ampia porta
S'apre fra' monti all'occidente, donde
Per vasto piano infino al mar sonante
Senza ostacol si varca. Ivi, se fatto
Ci vien di trarvi i Filistei, fla vinta
Da noi la guerra. È d'uopo a ciò da pria
Finger ritratta. In tripartita schiera
Piegando noi da man manca nel piano,
Giriamo in fronte il destro loro fianco.
La schiera prima il passo affretta, e pare
Fuggirsene; rimane la seconda
Lenta addietro, in scomposte e rade file,
Certo invito ai nemici. Intanto, scelti
I più prodi de' nostri, il duro poggio
Soverchiato han dall'oriente, e a tergo
Riescon sovra il rio nemico. In fronte,
Dalle spalle, e dai lati, eccolo, è chiuso;
Eccone fatto aspro macello intero.

DAV.
Saggio e prode tu al pari. All'ordin tuo,
Nulla cangiare, Abner, si debbe. Io laudo
Virtude ov'è: sarò guerrier, non duce:
E alla tua pugna il mio venir null'altro
Aggiungerà, che un brando.

AB.   Il duce è David;
Di guerra il mastro è David. Chi combatte,
Fuorch'egli, mai?

DAV.   Chi men dovria mostrarsi
Invido, ch'Abner, poich'ei val cotanto?
Ottimo ovunque io 'l miri, è il tuo disegno,
Gionata ed io, di qua, verso la tenda
Di Saùl schiereremci; oltre, ver l'orsa,
Us passerà; Sadòc, con scelti mille,
Salirà il giogo; e tu, coi più, terrai
Della battaglia il corpo.

AB.   A te si aspetta;
Loco è primiero.

DAV.   E te perciò vi pongo. —
Ascende il sole ancora: il tutto in punto

Terrai tu intanto; ma non s'odan trombe,
Fin che al giorno quattr'ore avanzin sole.
Spira un ponente impetüoso, il senti;
Il sol negli occhi, e la sospinta polve,
Anco per noi combatteran da sera.
AB.
Ben dici.
DAV.   Or, va'; comanda: a te con basse
Arti di corte, che ignorar dovresti,
Pregio non for di capitan, cui merti,

SCENA II.

David.

Astuto è l'ordin della pugna, ed alto. —
Ma, il provveder di capitan, che giova.
S'ei de' soldati il cor non ha? Ciò solo
Ad Abner manca; e a me il concede Iddio.
Oggi si vinca, e al dì novel si lasci
Un'altra volta il re; ch'esser non puote
Per me mai pace al fianco suo.... Che dico?
Nuova palma or mi fia nuovo delitto.

SCENA III.

Micol e David.

MIC.
Sposo, non sai? Da lieta mensa il padre
Sorgeva appena, Abner ver lui si trasse,
E un istante parlavagli: io m'inoltro,
Egli esce; il re già quel di pria non trovo.
DAV.
Ma pur, che disse? In che ti parve?...
MIC.   Egli era
Dianzi tutto per noi; con noi piangea;
Ci abbracciava a vicenda; e da noi stirpe
S'iva augurando di novelli prodi.

Quasi alla sua sostegno; ei più che padre
Parcane ai detti: or, più che re mi apparve.

DAV.
Deh! pria del tempo, non piangere, o sposa:
Saulle è il re; farà di noi sua voglia.
Sol ch'ei non perda oggi la pugna; il crudo
Suo pensier, contro me, doman ripigli;
Ripiglierò mio stato abbietto, e il duro
Bando, e la fuga, e l'affannosa vita.
Vera e sola mia morte emmi il lasciarti:
E il dovrò pure... Ahi vana speme! infauste
Nozze per te! Giocondo e regio stato
Altro sposo a te dava; io tel tolgo.
Misero me!... Nè d'ampia prole, e lieta,
Padre puoi far me tuo consorte errante,
E fuggitivo sempre...

MIC.   Ah! no; divisi
Più non saremo: dal tuo sen strapparmi
Niuno ardirà. Non riedo, io no, più mai,
A quella vita orribile, ch'io trassi
Priva di te: m'abbia il sepolcro innanzi.
In quella reggia del dolore io stava
Sola piangente, i lunghi giorni; e l'ombre
L'aspetto mi adducean d'orrende larve.
Or, sopra il capo tuo pender vedea
Del crudo padre il ferro; e udia tue voci
Dolenti, lagrimose, umili, tali
Da trar del petto ogni più atroce sdegno;
E sì l'acciar pur t'immergeva in core
Il barbaro Saulle: or, tra' segreti
Avvolgimenti di negra caverna,
Vedeati far di dure selci letto;
E ad ogni picciol moto il cor balzarti
Tremante; e in altra ricovrarti; e quindi
In altra ancor; nè ritrovar mai loco,
Nè quïete, nè amici: egro, ansio, stanco...
Da cruda sete travagliato... Oh cielo!...
Le angosce, i dubbj, il palpitar mio lungo
Poss'io ridir? — Mai più, no, non ti lascio;
Mai più...

DAV.   Mi strappi il cor: deh! cessa... Al sangue,
E non al pianto, questo giorno è sacro.

MIC.
  Pur ch'oggi inciampo al tuo pugnar non nasca.
  Per te non temo io la battaglia; hai scudo
  Di certa tempra, Iddio: ma temo, ch'oggi
  Dal perfid'Abner impedita, o guasta,
  Non ti sia la vittoria.

DAV.   E che? Ti parve
  Dubbio il re d'affidarmi oggi l'impresa?

MIC.
  Ciò non udii; ma forte accigliato era,
  E sussurrava non so che in se stesso,
  Di sacerdoti traditor; d'ignota
  Gente nel campo; di virtù mentita...
  Rotte parole, oscure, dolorose,
  Tremende, a chi di David è consorte,
  E di Saulle è figlia.

DAV.   Eccolo: si oda.

MIC.
  Giusto Iddio, deh! soccorri oggi al tuo servo:
  L'empio confondi; il genitor rischiara;
  Salva il mio sposo; il popol tuo difendi.

SCENA IV.

Saul, Gionata, Micol e David.

GIO.
  Deh! vieni, amato padre; a' tuoi pensieri
  Dà tregua un poco: or l'aura aperta e pura
  Ti fia ristoro; vieni: alquanto siedi
  Tra i figli tuoi.

SAUL.   ...Che mi si dice?

MIC.   Ah! padre!..

SAUL.
  Chi sete voi?... Chi d'aura aperta e pura
  Qui favellò?... Questa?.. E' caligin densa;
  Tenebre sono; ombra di morte... Oh! mira,
  Più mi t'accosta; il vedi? Il sol dintorno
  Cinto ha di sangue ghirlanda funesta...
  Odi tu canto di sinistri augelli?

Lugùbre un pianto sull'acre si spande,
Che me percuote, e a lagrimar mi sforza...
Ma che? Voi pur, voi pur piangete?...
GIO.   O sommo
Dio d'Israëllo, or la tua faccia hai tolta
Dal re Saul così? Lui, già tuo servo,
Lasci or così dell'avversario in mano?
MIC.
Padre, hai la figlia tua diletta al fianco :
Se lieto sei, lieta è pur ella; c piange.
Se piangi tu... Ma, di che pianger ora?
Gioja tornò.
SAUL.   David, vuoi dire. Ah!... David...
Deh! perchè non mi abbraccia anch'ei co' figli?
DAV.
Oh padre! Addietro or mi tenea temenza
Di non t'esser molesto. Ah! nel mio core
Perchè legger non puoi? Son sempre io teco.
SAUL.
Tu... di Saulle... ami la casa dunque?
DAV.
S'io l'amo? Oh ciel! degli occhi miei pupilla
Gionata egli è; per te, periglio al mondo
Non conosco, nè curo: e la mia sposa,
Dica, se il può, ch'io nol potrei, di quanto,
Di quale amore io l'amo...
SAUL.   Eppur te stesso
Stimi tu molto...
DAV.   Io, me stimare?... In campo
Non vil soldato, e tuo genero in corte
Mi tengo; e innanzi a Dio, nulla mi estimo.
SAUL.
Ma, sempre a me d'Iddio tu parli; eppure,
Ben tu il sai, da gran tempo, hammi partito
Da Dio l'astuta ira crudel tremenda
De' sacerdoti. Ad oltraggiarmi, il nomi?
DAV.
A dargli gloria, io 'l nomo. Ah! perchè credi
Ch'ei più non sia con te? Con chi nol vuole,
Non sta: ma, a chi l'invoca, a chi riposto
Tutto ha sè stesso in lui, manca egli mai?

Ei sul soglio chiamotti; ei vi ti tiene:
Sei suo, se in lui, ma se in lui sol, ti affidi.

SAUL.
Chi dal ciel parla?... Avviluppato in bianca
Stola è costui, che il sacro labro or schiude?
Vediamlo... Eh no: tu sei guerriero, e il brando
Cingi: or t'inoltra; appressati; ch'io veggia,
Se Samuèle o David mi favella. —
Qual brando è questo? Ei non è già lo stesso
Ch'io di mia man ti diedi...

DAV. E' questo il brando,
Cui mi acquistò la povera mia fionda.
Brando, che in Ela a me pendea tagliente
Sul capo; agli occhi orribil lampo io 'l vidi
Balenarmi di morte, in man del fero
Goliàt gigante: ei lo stringea: ma stavvi
Rappreso pur, non già il mio sangue, il suo.

SAUL.
Non fu quel ferro, come sacra cosa,
Appeso in Nobbe al tabernacol santo?
Non fu nell'Efod mistico ravvolto,
E così tolto a ogni profana vista?
Consecrato in eterno al Signor primo?...

DAV.
Vero è; ma...

SAUL. Dunque, onde l'hai tu? Chi ardiva
Dartelo? Chi?...

DAV. Dirotti. Io fuggitivo,
Inerme in Nob giungea: perchè fuggissi,
Tu il sai. Piena ogni via di trista gente,
Io, senza ferro, a ciascun passo stava
Tra le fauci di morte. Umil la fronte
Prosternai la nel tabernacol, dove
Scende d'Iddio lo spirto; ivi, quest'arme,
(Cui s'uomo mortal rïadattarsi al fianco
Potea, quell'uno esser potea ben David)
La chiesi io stesso al sacerdote.

SAUL. Ed egli?...
DAV.
Diemmela.

SAUL. Ed era?
DAV.
Achimelèch.

SAUL. Fellone.
  Vil traditore... Ov'è l'altare?... Oh rabbia!..
  Ahi tutti iniqui! Traditori tutti!...
  D'Iddio nemici; a lui ministri, voi?...
  Negr'alme in bianco ammanto... Ov'è la scure?..
  Ov'è l'altar? Si atterri.. Ov'è l'offerta?
  Svenarla io voglio
MIC. Ah padre!
GIO. Oh ciel! che fai?
  Ove corri? Che parli?... Oh, deh! ti placa:
  Non havvi altar; non vittima: rispetta
  Nei sacerdoti Iddio, che sempre t'ode.
SAUL.
  Chi mi rattien?... Chi di seder mi sforza?...
  Chi a me resiste?...
GIO. Padre...
DAV. Ah! tu il soccorri,
  Alto Iddio d'Israël: a te si prostra,
  Te ne scongiura il servo tuo.
SAUL. La pace
  Mi è tolta; il sole, il regno, i figli, l'alma,
  Tutto mi è tolto!... Ahi Saul infelice!
  Chi te consola? Al brancolar tuo cieco,
  Chi è scorta, o appoggio?... I figli tuoi, son muti;
  Duri son, crudi... Del vecchio cadente
  Sol si brama la morte: altro nel core
  Non sta dei figli, che il fatal diadema,
  Che il canuto tuo capo intorno cinge.
  Su, strappatelo, su: spiccate a un tempo
  Da questo omai putrido tronco il capo
  Tremolante del padre... Ahi fero stato!
  Meglio è la morte. Io voglio morte...
MIC. Oh padre!...
  Noi vogliam tutti la tua vita; a morte
  Ognun di noi, per te sottrarne, andrebbe..
GIO.
  — Or, poichè in pianto il suo furor già stemprasi,
  Deh! la tua voce, a ricomporlo in calma,
  Muovi, o fratello. In dolce oblio l'hai ratto
  Già tante volte coi celesti carmi.
MIC.
  Ah! sì: tu il vedi, all'alitante petto

Manca il respiro; il già feroce sguardo
Nuota in lagrime: or tempo è di prestargli
L'opra tua.

DAV.   Deh! per me, gli parli Iddio. — (1)
  « O tu, che eterno, onnipossente, immenso,
  « Siedi sovran d'ogni creata cosa;
  « Tu, per cui tratto io son dal nulla, e penso,
  « E la mia mente a te salir pur osa;
  « Tu, che se il guardo inchini, apresi il denso
  « Abisso, e via non serba a te nascosa;
  « Se il capo accenni, tremo lo universo;
  « Se il braccio innalzi, ogni empio ecco è disperso.

  « Già su le ratte folgoranti piume
  « Di Cherubin ben mille un dì scendesti;
  « E del tuo caldo irresistibil nume
  « Il condottiero d'Israello empiesti:
  « Di perenne facondia a lui tu fiume,
  « Tu brando, e senno, e scudo a lui ti festi:
  « Deh! di tua fiamma tanta un raggio solo
  « Nubi-fendente or manda a noi dal polo.
  « Tenebre e pianto siamo...

SAUL.   Odo io la voce
  Di David?... Trammi di mortal letargo:
  Folgor mi mostra di mia verde etade.

DAV.
  « Chi vien, chi vien, ch'odo e non veggo? Un nembo
  « Negro di polve rapido veleggia
  « Da torbid'auro spinto. —
  « Ma già si squarcia; e tutto acciar lampeggia
  « Dai mille e mille, ch'ei si reca in grembo...
  « Ecco, qual torre, cinto
  « Saùl la testa d'infuocato lembo.
  « Traballa il suolo al calpestio tonante
  « D'armi e destrieri:
  « La terra, e l'onda, e il cielo è rimbombante
  « D'urli guerrieri.

---

(1) *Tutti i seguenti versi lirici si potranno cantare senza gorgheggi da David, s'egli si trova essere ad un tempo cantore ed attore. Altrimenti basterà, per ottenere un certo effetto, che ad ogni stanza preceda una breve musica istrumentale adattata al soggetto; e che David poi reciti la stanza con maestria e gravità.*

« Saùl si appressa in sua terribil possa;
« Carri, fanti, destrier sossopra ei mesce:
« Gelo, in vederlo, scorre a ogni uom per l'ossa,
« Lo spavento d'Iddio dagli occhi gli esce.
« Figli di Ammòn, dov'è la ria baldanza?
« Dove gli spregj, e l'insultar, che al giusto
« Popol di Dio già feste?
« Ecco ora il piano ai vostri corpi angusto;
« Ecco, a noi messe sanguinosa avanza
« Di vostre tronche teste:
« Ecco ove mena in falsi iddii fidanza. —
« Ma, donde ascolto altra guerriera tromba
« Mugghiar repente? a
« E' il brando stesso di Saùl, che intomba
« D'Edom la gente.
« Così Moàb, Soba così sen vanno.
«'Con l'iniqua Amalèch, disperse in polve:
« Saùl, torrente al rinnovar dell'anno,
« Tutto inonda, scompon, schianta, travolve.
SAUL.
Ben questo è grido de' miei tempi antichi,
Che dal sepolcro a gloria mi richiama.
Vivo, in udirlo, ne' miei fervidi anni... —
Che dico?... Ahi lasso! a me di guerra il grido
Si addice omai?... L'ozio, o l'oblìo, la pace,
Chiamano il veglio a sè.

DAV.   Pace si canti. —
         « Stanco, assetato, in riva
        « Del fiumicel natìo,
        « Siede il campion di Dio,
        « All'ombra sempre-viva
        « Del sospirato alloro.
        « Sua dolce e cara prole,
        « Nel porgergli ristoro,
        « Del suo affanno si duole,
        « Ma del suo rieder gode;
        « E pianger ciascun s'ode
        « Teneramente,
        « Soavemente
        « Sì, che il dir non v'arriva.
           « L'una sua figlia slaccia
          « L'elmo folgoreggiante;
          « E la consorte amante,

« Sottentrando, lo abbraccia:
« L'altra, l'augusta fronte
« Dal sudor polveroso
« Terge, col puro fonte:
« Quale, un nembo odoroso
« Di fior sovr'esso spande:
« Qual, le man venerande
« Di pianto bagna:
« E qual si lagna,
« Un'altra più ch'ella faccia.

« Ma ferve in ben altr'opra
« Lo stuol del miglior sesso.
« Finchè venga il suo amplesso.
« Qui l'un figlio si adopra
« In rifar mondo e terso
« Lo insanguinato brando:
« Là, d'invidia cosperso,
« Dice il secondo: e quando
« Palleggerò quest'asta,
« Cui mia destra or non basta?
« Lo scudo il terzo,
« Con giovin scherzo,
« Prova come il ricopra.

« Di gioja lagrima
« Su l'occhio turgido
« Del re si sta:

« Ch'ei di sua nobile
« Progenie amabile
« E' l'alma, e il sa.

« Oh bella la pace!
« Oh grato il soggiorno,
« Là dove hai dintorno
« Amor sì verace,
« Sì candida fè!

« Ma il sol già celasi;
« Tace ogni zeffiro;
« E in sonno placido
« Sopito è il re. —

SAUL.
Felice il padre di tal prole! Oh bella
Pace all'alma!... Entro mie vene un latte
Scorrer mi sento di tutta dolcezza.... —

Ma, che pretendi or tu? Saùl far vile
Infra i domestich'ozi? Il pro' Saulle
Di guerra or forse arnese inutil giace?
DAV.
« Il re posa, ma i sogni del forte
« Con tremende sembianze gli vanno
« Presentando i fantasmi di morte.

« Ecco il vinto nemico tiranno,
« Di sua man già trafitto in battaglia,
« Ombra orribil, che omai non fa danno.

« Ecco un lampo, che tutti abbarbaglia. —
« Quel suo brando, che ad uom non perdona,
« E ogni prode al codardo ragguaglia. —

« Tal, non sempre la selva risuona
« Del Leone al terribil ruggito,
« Ch'egli in calma anco i sensi abbandona,

« Nè il tacersi dell'antro romito
« All'armento già rende il coraggio;
« Nè il pastor si sta men sbigottito
« Ch'ei sa, ch'esce a più sangue ed oltraggio.

« Ma il re già già si desta:
« Armi, armi, ei grida.
« Guerriero omai qual resta?
« Chi, chi lo sfida?

« Veggio una striscia di terribil fuoco,
« Cui forza è loco — dien le ostili squadre.
« Tutte veggio adre — di sangue infedele
« L'armi a Israële. — Il fero fulmin piomba,
« Sasso di fromba — assai men ratto fugge,
« Di quel che strugge — il feritor sovrano,
« Col ferro in mano. — A inarrivabil volo,
« Fin presso al polo — aquila altera ei stende
« Le reverende — risuonanti penne,
« Cui da Dio tenne, — ad annullar quegli empj,
« Che in falsi tempj — han simulacri rei
« Fatti lor Dei. — Già da lontano io 'l seguo;
« E il Filisteo perseguo,
« E incalzo, e atterro; e sperdo; e assai ben mostro
« Che due spade ha nel campo il popol nostro.

SAUL.
Chi, chi si vanta? Havvi altra spada in campo,

Che questa mia, ch'io snudo? Empio è, si uccida,
Pera, chi la sprezzò.

MIC.   T'arresta: o cielo!...
GIO.
Padre! che fai?...
DAV.   Misero re!
MIC.   Deh! fuggi....
A gran pena il teniam: deh! fuggi, o sposo.

SCENA V.

Gionata, Micol e Saul.

MIC.
O padre amato,... arrèstati...
GIO.   T'arresta....
SAUL.
Chi mi rattien? Chi ardisce?... Ov'è il mio brando?
Mi si renda il mio brando....
GIO.   Ah! con noi vieni
Diletto padre: io non ti lascio ir oltre.
Vedi, non è co' figli tuoi persona:
Con noi ritorna alla tua tenda: hai d'uopo
Or di quïete. Ah! vieni: ogni ira cessi;
Stai co' tuoi figli...
MIC.   E gli avrai sempre al fianco.

ATTO QUARTO

SCENA I.

Gionata e Micol.

MIC.
  Gionata, dimmi; al padiglion del padre
  Può tornare il mio sposo?
GIO.   ·Ah! no: placato
  Non è con lui Saùl; benchè in sè stesso
  Sia appien tornato: ma profonda è troppo
  In lui la invidia; e fia il sanarla lungo.
  Torna al tuo sposo, e nol lasciare.
MIC.   Ahi lassa!....
  Chi più di me infelice?... Io l'ho nascosto
  Sì ben, ch'uom mai nol troverìa: men riede
  Ver esso dunque.
GIO.   Oh cielo! ecco, sen viene
  Turbato il padre; ei mai non trova stanza.
MIC.
  Misera me! Che gli dirò?... Sottrarmi
  Voglio...

SCENA II.

Saul, Micol e Gionata.

SAUL.   Chi fugge al venir mio? Tu, donna?
MIC.
  Signor...........
SAUL.   Davide ov'è?
MIC.   Nol so....
SAUL.   Nol sai?
GIO.
  Padre...

SAUL.   Cercane; va'; qui tosto il traggi.
MIC.
  Io rintracciarlo?.... Or,... dove?....
SAUL.   Il re parlotti,
  E obbedito non l'hai?

SCENA III.

Saul e Gionata.

SAUL.   ...Gionata, m'ami?...
GIO.
  Oh padre!... Io t'amo: ma ad un tempo io cara
  Tengo la gloria tua: quindi, ai non giusti
  Impeti tuoi, qual figlio opporsi il puote,
  Io mi oppongo talvolta.
SAUL.   Al padre il braccio
  Spesso rattieni tu: ma, quel mio ferro,
  Che ad altri in petto immerger non mi lasci,
  Nel tuo petto il ritorci. Or serba, serba
  Codesto David vivo; in breve ei fia...
  Voce non odi entro il tuo cuor, che grida?
  « David fia 'l re ». — David? Fia spento innanzi.
GIO.
  E nel tuo core, in più terribil voce,
  Dio non ti grida? « Il mio diletto è David;
  « L'uom del signore egli è ». Tal nol palesa
  Ogni atto suo? La fera invida rabbia
  D'Abner, non fassi al suo cospetto muta?
  Tu stesso, allor che in te rïentri, al solo
  Apparir suo, non vedi i tuoi sospetti
  Sparir, qual nebbia del pianeta al raggio?
  E quando in te maligno spirto riede,
  Credi tu allor, ch'io tel rattenga, il braccio?
  Dio tel rattiene. Il mal brandito ferro
  Gli appunteresti al petto appena, e tosto
  Forza ti fora il ritrarlo: cadresti
  Tu stesso in pianto a' piedi suoi; tu padre,
  Pentito, sì: ch'empio, nol sei...
SAUL.   Pur troppo.
  Vero tu parli. Inesplicabil cosa

Questo David per me. Non pria veduto
Io l'ebbi in Ela, che a' miei sguardi ei piacque,
Ma al cor non mai. Quando ad amarlo io presso
Quasi sarei, feroce sdegno piomba
In mezzo, e men divide: il voglio appena
Spento, s'io il veggo, e mi disarma, e colma
Di maraviglia tanta, ch'io divento
Al suo cospetto un nulla... Ah! questa al certo,
Vendetta è questa della man sovrana.
Or comincio a conoscerti, o tremenda
Mano... Ma che? Donde cagione io cerco?...
Dio, non l'offesi io mai: vendetta è questa
De' sacerdoti. Egli è stromento David
Sacerdotale, iniquo: in Rama ei vide
Samuël moribondo; a lui gli estremi
Detti parlava l'implacabil veglio.
Chi sa, chi sa, se il sacro olio celeste,
Ond'ei, mia fronte unse già pria, versato
Non ha il fellon su la nemica testa?
Forse tu il sai... Parla... Ah! sì, il sai: favella

GIO.
Padre, nol so: ma se pur fosse, io forse
Al par di te di ciò tenermi offeso
Or non dovrei? Non ti son figlio io primo?
Ove tu giaccia co' tuoi padri, il trono
Non destini tu a me? S'io dunque taccio,
Chi può farne querela? Assai mi avanza
In coraggio, in virtude, in senno, in tutto,
David: quant'ei più val, tanto io più l'amo.
Or, se chi dona e toglie i regni, il desse
A David mai, prova maggiore qual altra
Poss'io bramarne? Ei più di me n'è degno:
E condottier de' figli suoi lo appella
Ad alte cose Iddio. — Ma intanto, io giuro,
Che a te suddito fido egli era sempre,
E leal figlio. Or l'avvenir concedi
A Dio, cui spetta: ed il tuo cor frattanto
Contro Dio, contro il ver, deh! non s'induri.
Se in Samuël non favellava un Nume,
Come, con semplice atto, infermo un veglio,
Già del sepolcro a mezzo, oprar potea
Tanto per David mai? Quel misto ignoto
D'odio e rispetto, che per David senti;
Quel palpitar della battaglia al nome,

(Timor da te non conosciuto in pria)
Donde ti vien, Saulle? Havvi possanza
D'uom, che a ciò basti?....

SAUL.   Oh! che favelli? Figlio
Di Saùl tu? — Nulla a te cal del trono? —
Ma, il crudel dritto di chi 'l tien, nol sai?
Spenta mia casa, e da radice svelta
Fia da colui, che usurperà il mio scettro.
I tuoi fratelli, i figli tuoi, tu stesso...
Non rimarrà della mia stirpe nullo...
O ria di regno insazïabil sete,
Che non fai tu? Per aver regno, uccide
Il fratello il fratel; la madre i figli;
La consorte il marito; il figlio il padre...
Seggio è di sangue, e d'empietade, il trono.

GIO.
Scudo havvi d'uom contro al celeste brando?
Non le minacce, i preghi allentar ponno
L'ira di Dio terribil, che il superbo
Rompe, e su l'umil lieve lieve passa.

SCENA IV.

Saul, Gionata, Abner, Achimelech e soldati.

AB.
Re, s'io ti torno innante, anzi che rivi
Scorran per me dell'inimico sangue,
Alta cagion a ciò mi sforza. Il prode
Davidde, il forte in cui vittoria è posta,
Non è chi il trovi. Un'ora manca appena
Alla prefissa pugna: odi, frementi
D'impazïente ardore, i guerrier l'aure
Empier di strida; e rimbombar la terra
Al flagellar della ferrata zampa
De' focosi destrieri: urli, nitriti,
Sfolgoreggiar d'elmi e di brandi, e tuoni
Da metter core in qual più sia codardo;...
David, chi 'l vede? — Ei non si trova. — Or, mira,
(Soccorso in ver del ciel!) mira chi in campo
In sua vece si sta. Costui, che in molle
Candido lin sacerdotal si avvolge,

Furtivo in campo, ai Benjamiti accanto,
Si appiatava tremante. Eccolo; n'odi
L'alta cagion, che a tal periglio il guida.
ACH.
Cagion dirò, s'ira di re nol vieta...
SAUL.
Ira di re? Tu dunque, empio, la merti?...
Ma, chi se' tu?... Conoscerti ben parmi.
Del fantastico altero gregge sei
De' veggenti di Rama?
ACH. Io vesto l'Efod:
Io, dei Leviti primo, ad Aròn santo,
Nel ministero a che il Signor lo elesse,
Dopo lungo ordin d'altri venerandi
Sacerdoti, succedo. All'arca presso,
In Nobbe, io sto: l'arca del patto sacra,
Stava anch'ella altre volte al campo in mezzo:
Troppo or fia, se vi appare, anco di furto.
Il ministro di Dio: straniera merce
E' il sacerdote, ove Saulle impera:
Pur non l'è no, dove Israël combatte;
Se in Dio si vince, come ognor si vinse. —
Me non conosci tu? Qual maraviglia?
E te stesso conosci? — I passi tuoi
Ritorti hai dal sentier, che al Signor mena;
Ed io là sto, nel tabernacol, dove
Stanza ha il gran Dio; là dove, è già gran tempo
Più Saul non si vede. Il nome io porto
D'Achimelèch.
SAUL. Un traditor mi suona
Tal nome: or ti ravviso. In punto giungi
Al mio cospetto. Or di', non sei tu quegli,
Che all'espulso Davidde asilo davi,
E securtade, e nutrimento, e scampo,
Ed armi? E ancor, qual arme! Il sacro brando
Del Filisteo, che appeso in voto a Dio
Stava allo stesso tabernacol, donde
Tu lo spiccavi con profana destra.
E tu il cingevi al perfido nemico
.Del tuo signor, del sol tuo re? — Tu vieni,
Fellone, in campo a' tradimenti or vieni:
Qual dubbio v'ha?...
ACH. Certo, a tradirti io vengo;

Poichè vittoria ad implorare io vengo
All'armi tue da Dio, che a te la niega.
Son io, sì, son, quei che benigna mano
A un Davidde prestai. Ma, chi è quel David?
Della figlia del re non egli è sposo?
Non il più bello, il più umano, il più giusto
De' figli d'Israël? Non egli in guerra,
Tua forza è ardire? Entro la reggia, in pace,
Non ei, col canto, del tuo cor signore?
Di donzelle l'amor, del popol gioja,
Dei nemici terror; tale era quegli,
Ch'io scampava. E tu stesso, agli onor primi,
Di', nol tornavi or dianzi? E nol sceglievi
A guidar la battaglia? A ricondurti
Vittoria in campo? A disgombrar temenza
Della rotta, che in cor ti ha posta Iddio? —
Se danni me, te stesso danni a un tempo.

SAUL.
Or, donde in voi, donde pietade? In voi,
Sacerdoti crudeli, empj, assetati
Di sangue sempre. A Samuël parea
Grave delitto il non aver io spento
L'Amalechita re, coll'armi in mano
Preso in battaglia; un alto re, guerriero
Di generosa indole ardita, e largo
Del proprio sangue a pro del popol suo. —
Mireso re! tratto a me innanzi, in duri
Ceppi ei venìa: serbava, ancor che vinto,
Nobil fierezza, che insultar non era,
Nè un chieder pur mercè. Reo di coraggio
Parve egli al fero Samuël: tre volte
Con la sua man sacerdotale il ferro
Nel petto inerme ei gl'immergea. — Son queste,
Queste son, vili, le battaglie vostre.
Ma, contra il proprio re chi la superba
Fronte innalzar si attenta, in voi sostegno
Trova, e scudo, ed asilo. Ogni altra cura,
Che dell'altar, a cor vi sta. Chi sete,
Chi sete voi? Stirpe malnata, e cruda,
Che dei perigli nostri all'ombra ride;
Che in lino imbelle avvoltolati, ardite
Soverchiar noi sotto l'acciar sudanti:
Noi, che fra il sangue, il terrore, e la morte,
Per le spose, pe' figli, e per voi stessi,

Meniam penosi, orridi giorni ognora.
Codardi, or voi, men che ozïose donne,
Con verga vil, con studïati carmi,
Frenar vorreste e i brandi nostri, e noi?

ACH.
E tu, che sei? Re della terra sei:
Ma, innanzi a Dio, chi re? — Saùl rïentra
In te; non sei, che coronata polve. —
Io, per me nulla son; ma fulmin sono,
Turbo, tempesta io son, se in me Dio scende:
Quel gran Dio, che ti fea; che l'occhio appena
Ti posa su; dov'è Saùl? — Le parti
D'Agàg mal prendi; e nella via d'empiezza
Mal tu ne segui i passi. A un re perverso
Gastigo v'ha, fuor che il nemico brando?
E un brando fere, che il Signor nol voglia?
Le sue vendette Iddio nel marmo scrive;
E le commette al Filisteo non meno.
Che ad Israél. — Trema, Saul: già in alto,
In negra nube, sovr'ali di fuoco
Veggio librarsi il fero angel di morte:
Già, d'una man disnuda ci la rovente
Spada ultrice: dell'altra il crin canuto
Ei già ti afferra della iniqua testa:
Trema Saùl. — Ve' chi a morir ti spinge:
Costui, quest'Abner, di Satàn fratello;
Questi, che il vecchio cor t'apre a' sospetti;
Che, di sovran guerrier, men che fanciullo
Ti fa. Tu, folle, or di tua casa il vero
Saldo sostegno rimovendo vai.
Dov'è la casa di Saùl? Nell'onda
Fondata ei l'ha; già già crolla; già cade;
Già in cener torna: è nulla già. —

SAUL. Profeta
De' danni miei, tu pur de' tuoi nol fosti.
Visto non hai, pria di venirne in campo,
Che qui morresti: io tel predico; e il faccia
Abner seguire. — Abner, mio fido, or vanne;
Ogni ordin cangia dell'iniquo David;
Chè un tradimento ogni ordin suo nasconde.
Doman si pugni, al sol nascente; il puro
Astro esser de' mio testimon di guerra.
Pensier maligno, io 'l veggio, era di David,

Scegliere il sol cadente a dar nell'oste,
Quasi indicando il cadente mio braccio:
Ma, si vedrà. — Rinvigorir mi sento
Da tue minacce ogni guerrier mio spirto;
Son io 'l duce domane; intero il giorno,
Al gran macello ch'io farò, fia poco. —
Abner, costui dal mio cospetto or tosto
Traggi, e si uccida....

GIO.   O ciel! padre, che fai?
Padre....

SAUL.   Taci. — Ei si sveni; e il vil suo sangue
Su Filistei ricada.

AB.   E' già con esso
Morte....

SAUL.   Ma, è poco a mia vendetta ei solo.
Manda in Nob l'ira mia, che armenti, e servi,
Madri, case, fanciulli uccida, incenda,
Distrugga, e tutta l'empia stirpe al vento
Disperda. Omai, tuoi sacerdoti a dritto
Dir ben potranno: «Evvi un Saùl». Mia destra,
Da voi sì spesso provocata al sangue,
Non percoteavi mai: quindi sol, quindi,
Lo scherno d'essa.

ACH.   A me il morir da giusto
Niun re può tôrre: onde il morir mi fia
Dolce non men, che glorïoso. Il vostro,
Già da gran tempo, irrevocabilmente
Dio l'ha fermato: Abner, e tu, di spada,
Ambo vilmente; e non di ostile spada,
Non in battaglia. — Or vadasi. — D'Iddio
Parlate all'empio ho l'ultime parole.
E sordo ei fu: compiuto egli è il mio incarco:
Ben ho spesa la vita.

SAUL.   Or via, si tragga
A morte tosto; a cruda morte, e lunga.

SCENA V.

Saul e Gionata.

GIO.
Ahi sconsigliato re! Che fai? T'arresta....

SAUL.
Taci; tel dico ancor. — Tu se' guerriero? —
Tu di me figlio? D'Israël tu prode? —
Va'; torna in Nob; là, di costui rïempi
Il vuoto seggio; infra i levitichi ozj
Degno di viver tu, non fra' tumulti
Di guerra; e non fra regie cure...

GIO.   Ho spento
Anch'io non pochi de' nimici in campo,
Al fianco tuo: ma quel che or spandi, è sangue
Sacerdotal, non filisteo. Tu resti
Solo a tal empia pugna.

SAUL.   E solo io basto
A ogni pugna, qual sia. Tu, vile, tardo
Sii pur domani al battagliare: io solo
Saùl sarò. Che Gionata? Che David?
Duce è Saùl.

GIO.   Combatterotti appresso.
Deh! morto io possa su gli occhi caderti,
Pria di veder ciò che sovrasta al tuo
Sangue infelice!

SAUL.   E che sovrasta? Morte?
Morte in battaglia, ella è di re la morte.

SCENA VI.

Micol, Saul e Gionata.

SAUL.
Tu, senza David?...

MIC.   Ritrovar nol posso...

SAUL.
Io 'l troverò.

MIC.   Lungi è fors'egli; e sfugge
Tuo sdegno.....

SAUL.   Ha l'ali, e il giungerà, il mio sdegno.
Guai, se in battaglia David si appresta;
Guai, se doman, vinta da me la guerra.
Tu innanzi a me nol traggi.

MIC.   Oh cielo!

GIO.   Ah! padre....
SAUL.
   Più non ho figli. — Infra le schiere or corri,
   Gionata, tosto. E tu, ricerca, e trova
   Colui.
MIC.   Deh!... teco....
SAUL.   Invan
GIO.   Padre, ch'io pugni
   Lungi da te?
SAUL.   Lungi da me voi tutti.
   Voi mi tradite a prova, infidi, tutti.
   Itene, il voglio: itene al fin; lo impongo.

                    SCENA VII.

                       Saul.

Sol, con me stesso, io sto. — Di me soltanto,
(Misero re!) di me solo io non tremo

ATTO QUINTO

SCENA I.

David e Micol.

MIC.
  Esci, o mio sposo; vieni: è già ben oltre
  La notte.... Odi tu, come romoreggia
  Il campo? All'alba pugnerassi. — Appresso
  Al padiglion del padre tutto tace.
  Mira; anco il ciel il tuo fuggir seconda:
  La luna cade, e gli ultimi suoi raggi
  Un negro nuvol cela. Andiamo: or niuno
  Su noi qui veglia, andiam; per questa china
  Scendiamo il monte, e ci accompagni Iddio.
DAV.
  Sposa, dell'alma mia parte migliore
  Mentr'Israello a battagliar si appresta,
  Fia pur ver che a fuggir David si appresta?
  Morte, ch'è in somma? — Io vo' restar: mi uccida
  Saùl, se il vuol; pur ch'io nemici pria
  In copia uccida.
MIC.   Ah! tu non sai: già il padre
  Incominciò a bagnar nel sangue l'ira.
  Achimelèch, qui ritrovato, cadde
  Vittima già del furor suo.
DAV.   Che ascolto?
  Ne' sacerdoti egli ha rivolto il brando?
  Ahi misero Saùl! Ei fia...
MIC.   Ben altro
  Udrai. Crudel comando ad Abner dava
  Ei stesso, il re; che, se in battaglia mai
  Tu ti mostrassi, in te convertan l'armi
  I campion nostri.
DAV.   E Gionata mio fido
  Il soffre?
MIC.   Oh ciel! che puote? Anch'ei lo sdegno

Provò del padre; e disperato corre
Infra l'armi a morire. Omai, ben vedi,
Qui star non puoi: cedere è forza; andarne
Lungi; e aspettar, o che si cangi il padre,
O che all'età soggiaccia... Ahi, padre crudo!
Tu stesso, tu, la misera tua figlia
Sforzi a bramare il fatal dì... Ma pure,
Io no, non bramo il morir tuo: felice
Vivi; vivi, se il puoi; bastami solo
Di rimaner per sempre col mio sposo....
Deh! vieni or dunque; andiamo...

DAV.   Oh quanto duolmi
  Lasciar la pugna! Ignota voce io sento
  Gridarmi in cor: «Giunto è il terribil giorno
  « Ad Israël, ed al suo re ». ...Potessi!...
  Ma no: qui sparso di sacri ministri
  Fu l'innocente sangue: impuro è il campo,
  Contaminato è il suolo; orror ne sente
  Iddio: pugnar non può qui omai più David. —
  Ceder dunque per ora al timor tuo
  Emmi mestiero, ed all'amor tuo scaltro. —
  Ma tu, pur cedi al mio... Deh! sol mi lascia...

MIC.
  Ch'io ti lasci? Pel lembo, ecco ti afferro;
  Da te mai più, no, non mi stacco...

DAV.   Ah! m'odi,
  Male agguagliar tuoi tardi passi a' miei
  Potresti; aspri sentier di sterpi e sassi
  Convien ch'io calchi con veloci piante,
  A pormi in salvo, poichè il vuoi. Deh! come
  I piè tuoi molli a strazio inusitato
  Regger potranno? Infra deserti sola
  Ch'io ti abbandoni mai? Ben vedi; tosto,
  Per tua cagion, scoperto io fora: entrambi
  Alla temuta ira del re davanti
  Tosto or saremmo ricondotti... Oh cielo!
  Solo in pensarvi, io fremo... E poniam anco
  Che si fuggisse; al padre egro dolente
  Tôr ti poss'io? Di guerra infra le angosce,
  Fuor di sua reggia ei sta: dolcezza alcuna
  Pur gli fa d'uopo al mesto animo. Ah! resta
  Al suo pianto, al dolor, al furor suo.
  Tu sola il plachi; e tu lo servi, e il tieni

Tu sola in vita. Ei mi vuol spento; io 'l voglio
Salvo, felice, e vincitor:... ma, tremo
Oggi per lui. — Tu, pria che sposa, figlia
Eri; nè amarmi oltre il dover ti lice.
Pur ch'io scampi; che brami altro per ora?
Non t'involare al già abbastanza afflitto
Misero padre. Appena giunto in salvo,
Io ten farò volar l'avviso; in breve
Riuniremci, spero. Or, se mi dolga
Di abbandonarti, il pensa... Eppure,... ahi lasso!
Come?...

MIC. Ahi me lassa!... E ch'io ti perda ancora?...
Ai passati travagli, alla vagante
Vita, ai perigli, alle solinghe grotte,
Lasciarti or solo ritornare?... Ah! s'io
Teco almen fossi!... I mali tuoi più lievi
Pur farei,.... dividendoli...

DAV. Ten prego,
Pel nostro amor; s'è duopo, anco il comando,
Per quanto amante il possa; or non mi dèi,
Nè puoi seguir, senza mio danno espresso. —
Ma, se Dio mi vuol salvo, omai non debbo
Indugiar più: l'ora si avanza: alcuno
Potria da questo padiglion spiarne,
E maligno svelarci. A palmo a palmo
Questi monti conosco; a ogni uom sottrarmi
Son certo. — Or, deh! l'ultimo amplesso or dammi.
Dio teco resti; e tu, rimani al padre,
Fin che al tuo sposo ti raggiunga il cielo...

MIC.
L'ultimo amplesso?... E ch'io non muoja... Il core
Strappar mi sento...

DAV. Ed io?... Ma,... frena il pianto.
Or, l'ali al piè, possente Iddio, m'impenna.

SCENA II.

Micol.

...Ei fugge?... Oh cielo!... Il seguirò... Ma, quali
Ferree catene pajon rattenermi?...
Seguir nol posso. — Ei mi s'invola!... Appena

Mi reggo.... non ch'io 'l segua.... Un'altra volta
Perduto io l'ho!... Chi sa, quando il vedrai?...
Misera donna! e sposa sei?... Fur nozze
Le tue?... — No, no; del crudo padre al fianco
Più non rimango. Io vo' seguirti, o sposo... —
Pur, se il seguo, lo uccido; è ver, pur troppo!
Come nasconder la mia lenta traccia,
Su l'orme sue veloci?.... — Ma, dal campo
Qual odo io suon, che d'armi par?... Ben odo....
Ei cresce; e sordamente anco di trombe
E' misto... E un correr di destrieri... Oh cielo!
Che fia?... La pugna anzi al tornar del giorno,
Non l'intimò Saùl. Chi sà... I fratelli...
Il mio Gionata... Oimè! forse in periglio... —
Ma, pianto, ed urli, e gemiti profondi
Dal padiglion del padre odo inalzarsi?...
Misero padre!... A lui si corra... Oh vista!
Ei viene; ei stesso; e in quale aspetto!.. Ah padre...

SCENA III.

Saul e **Micol**.

SAUL.
Ombra adirata, e tremenda, deh! cessa:
Lasciami, deh!... Vedi: a' tuoi piè mi prostro...
Ahi! dove fuggo?... — Ove mi ascondo? O fera
Ombra terribil, placati... Ma è sorda
Ai miei preghi; e m'incalza?... Apriti, o terra,
Vivo m'inghiotti... Ah! pur che il truce sguardo
Non mi saetti della orribil ombra.
MIC.
Da chi fuggir? Niun ti persegue. O padre.
Me tu non vedi? Me più non conosci?
SAUL.
O sommo, o santo sacerdote, or vuoi
Ch'io qui mi arresti? O Samuël già vero
Padre mio, tu l'imponi? Ecco, mi atterro.
Al tuo sovran comando. A questo capo
Già di tua man tu la corona hai cinta;
Tu il fregiasti; ogni fregio or tu gli spoglia;
Calcalo or tu. Ma,... la infuocata spada

D'Iddio tremenda, che già già mi veggo
Pender sul ciglio,... o tu che il puoi, la svolgi
Non da me, no, ma da miei figli. I figli,
Del mio fallir sono innocenti...
MIC.   O stato,
Cui non fu il pari mai! — Dal ver disgiunto,
Padre, è il tuo sguardo: a me ti volgi...
SAUL.   Oh gioja!..
Pace hai sul volto? O fero veglio, alquanto
Miei preghi accetti? Io da' tuoi piè non sorgo,
Se tu • i miei figli alla crudel vendetta
Pria non togli. Che parli?... Oh voce! «T'era
« David pur figlio; e il perseguisti, e morto
« Pur lo volevi. » Oh! che mi apponi?... Arresta...
Sospendi or, deh!... Davidde ov'è? Si cerchi;
Ei rieda; a posta sua mi uccida, e regni:
Sol che a' miei figli usi pietade, ei regni.. —
Ma, inesorabil stai? Di sangue hai l'occhio;
Foco il brando e la man; dalle ampie nari
Torbida fiamma spiri, e in me l'avventi...
Già tocco m'ha; già m'arde: ahi! dove fuggo?...
Per questa parte io scamperò.
MIC.   '   Nè fia,
Ch'io rattener ti possa, nè ritrarti
Al vero? Ah m'odi; or sei...
SAUL.   Ma no; che il passo
Di là mi serra un gran fiume di sangue.
Oh vista atroce! Sovra ambe le rive,
Di recenti cadaveri gran fasci
Ammonticati stanno: ah! tutto è morte
Colà: qui dunque io fuggirò... Che veggo?
Chi sete or voi? — « D'Achimelèch siam figli.
« Achmelèch son io. Muori, Saulle,
« Muori. » — Quai grida? Ah! lo ravviso: ei gronda
Di fresco sangue, e il mio sangue ei si beve.
Ma chi da tergo, oh! chi pel crin mi afferra?
Tu, Samuël? — Che disse? Che in brev'ora
Seco tutti saremo? Io solo, io solo
Teco sarò; ma i figli... — Ove son io? —
Tutte spariro ad un istante l'ombre.
Che dissi? Ove son io? Che fo? Chi sei?
Qual fragor odo? Ah! di battaglia parmi:
Pur non aggiorna ancor: sì, di battaglia

Fragore egli è. L'elmo, lo scudo, l'asta.
Tosto or via, mi si rechi: or tosto l'arme,
L'arme del re. Morir vogl'io, ma in campo.
MIC.
Padre, che fai? Ti àcqueta... Alla tua figlia...
SAUL.
L'armi vogl'io; che figlia? Or, mi obbedisci.
L'asta, l'elmo, lo scudo; ecco i miei figli.
MIC.
Io non ti lascio, ah! no....
SAUL.   Squillan più forte
Le trombe? Ivi si vada: a me il mio brando
Basta solo. — Tu, scostati, mi lascia:
Obbedisci. Là corro: ivi si alberga
Morte, ch'io cerco.

SCENA IV.

Saul, Micol e **Abner** con pochi soldati fuggitivi.

AB.   Oh re infelice!... Or dove,
Deh! dove corri? Orribil notte è questa.
SAUL.
Ma, perchè la battaglia?...
AB.   Di repente,
Il nemico ci assale: appien sconfitti
Siam noi...
SAUL.   Sconfitti? E tu fellon, tu vivi?
AB.
Io? Per salvarti vivo. Or or qui forse
Filiste inonda: il fero impeto primo
Forza è schivare: aggiornerà frattanto,
Te più all'erta quassù, fra i pochi miei,
Trarrò...
SAUL.   Ch'io viva, ove il mio popol cade?
MIC.
Deh! vieni... Oimè! cresce il fragor: s'inoltra...
SAUL.
Gionata... e i figli miei,... fuggono anch'essi

Mi abbandonano?...
AB.   Oh cielo!... I figli tuoi,...
No, non fuggiro... Ahi miseri!...
SAUL.   T'intendo.
Morti or cadono tutti...
MIC.   Oimè!... I fratelli?...
Ah! più figli non hai.
SAUL.   — Ch'altro mi avanza?...
Tu sola omai, ma non a me, rimani.
Io da gran tempo in cor già tutto ho fermo:
E giunta è l'ora. — Abner, l'estremo è questo
De' miei comandi. Or la mia figlia scorta
In securtà.
MIC.   No, padre; a te dintorno
Mi avvinghierò: contro a donzella il ferro
Non vibrerà il nemico.
SAUL.   Oh figlia!... Or, taci:
Non far, ch'io pianga. Vinto re non piange.
Abner, salvala, va': ma, se pur mai
Ella cadesse infra nemiche mani,
Deh! non dir, no, che di Saulle è figlia;
Tosto di' lor, ch'ella è di David sposa;
Rispetteranla. Va'; vola...
AB.   S'io nulla
Valga, fia salva, il giuro; ma ad un tempo
Te pur...
MIC.   Deh... padre... Io non ti vo', non voglio
Lasciarti...
SAUL.   Io voglio: e ancora il re son io.
Ma già si appressan l'armi: Abner, deh! vola:
Teco, anco a forza, s'è mestier, la traggi.
MIC.
Padre!... E per sempre?...

SCENA V.

Saul.

Oh figli miei!... — Fui padre. —
Eccoti solo, o re, non un ti resta

Dei tanti amici, o servi tuoi. — Sei paga.
D'inesorabil Dio terribil ira? —
Ma, tu mi resti, o brando: all'ultim'uopo,
Fido ministro, or vieni. Ecco già gli urli
Dell'insolente vincitor: sul ciglio
Già lor fiaccole ardenti balenarmi
Veggo, e le spade a mille. — Empia Filiste,
Me troverai, ma almen da re, qui

(*Nell'atto ch'ei cade trafitto sulla propria spada, soprarrivano in folla i Filistei vittoriosi con fiaccole incendiarie e brandi insanguinati. Mentre costoro corrono con alte grida verso Saul, cade il sipario*).

... Morto.

FINE DELLA TRAGEDIA.

Parere dell'Autore sul Saul

Le antiche colte nazioni, o sia che fossero più religiose di noi, o che in paragone dell'altre stimassero maggiormente sè stesse, fatto si è, che quei loro soggetti, in cui era mista una forza soprannaturale, esse li reputavano i più atti a commovere in teatro. E certamente non si potrà nè dire, nè supporre, che una città come Atene, in cui Pirrone, e tanti altri filosofi d'ogni setta e d'ogni opinione pubblicamente insegnavano al popolo, fosse più credula e meno spregiudicata che niuna delle nostre moderne capitali.

Ma comunque ciò fosse, io benissimo so, che quanto piacevano tali specie di tragedie a quei popoli, altrettanto dispiacciono ai nostri; e massimamente quando il soprannaturale si accatta dalla propria nostra officina. Se ad un così fatto pensare non avessi trovato principalmente inclinato il mio secolo, io avrei ritratto dalla Bibbia più altri soggetti di tragedia, che ottimi da ciò mi pareano. Nessun tema lascia maggior libertà al poeta d'innestarvi poesia descrittiva, fantastica, e lirica, senza punto pregiudicare alla drammatica e all'effetto; essendo queste ammissioni o esclusioni una cosa di mera convenzione; poichè tale espressione, che in bocca di un Romano, d'un Greco (e più ancora in bocca di alcuno de' nostri moderni eroi) gigantesca parrebbe e sforzata, verrà a parer semplice e naturale in bocca di un eroe d'Israele. Ciò nasce dall'avere noi sempre conosciuti codesti biblici eroi sotto quella sola scorza, e non mai sotto altra; onde siamo venuti a reputare in essi natura, quello che in altri reputeremmo affettazione, falsità e turgidezza.

L'aprire il campo alle immagini, il poter parlare per similitudini, poter esagerare le passioni coi detti, e render per vie soprannaturali verisimile il falso; tutti questi possenti aiuti riescono di un grande incentivo al poeta per fargli intraprendere tragedie di questo genere: ma le rendono altresì, appunto per questo, più facili assai a trattarsi; perchè con arte e abilità minore il poeta può colpire assai più, e oltre il diletto, cagionar meraviglia. Quel poter vagare, bisognando; e il parlar di altro, senza abbandonare il soggetto; e il sostituire ai ragionamenti poesia, e agli affetti il meraviglioso; era questo un gran campo da cui gli antichi poeti raccoglievano con minor fatica più gloria. Ma il nostro secolo, niente poetico, e tanto ragionatore, non vuole queste bellezze in teatro, ogni qualvolta non siano elle necessarie ed utili, e parte integrante della cosa stessa.

Saul, ammessa da noi la fatal punizione di Dio per aver egli disobbedito ai sacerdoti, si mostra, per quanto a me pare, quale esser dovea. Ma per chi anche non ammettesse questa mano di Dio vendicatrice aggravata sovr'esso, basterà osservare, che Saul, credendo d'essersi meritata l'ira di Dio, per questa sola opinione fortemente concepita e creduta, potea egli benissimo essere in questo stato di turbazione, che lo rende non meno degno di pietà che di meraviglia.

David, amabile e prode giovinetto, credo che in questa tragedia, potendovi egli sviluppare principalmente la sua natia bontà, la compassione ch'egli ha per Saul, l'amore per Gionata e Micol, ed il suo non finto rispetto pe' sacerdoti, e la sua magnanima fidanza in Dio solo; io credo che da questo tutto ne venga David a riuscire un personaggio ad un tempo commoventissimo e meraviglioso.

Micol, è una tenera sposa e una figlia obbediente; nè altro dovea essere.

Gionata ha del soprannaturale forse ancor più che David: ed egli in questa tragedia ne ha più bisogno, per poter mirar di buon occhio il giovinetto David, il quale preconizzato re dai profeti, se non era l'aiuto di Dio, doveva parere a Gionata piuttosto un rivale nemico, che non un fratello. L'effetto che risulta in lui da questa specie di amore inspirato e della sua totale rassegnazione al volere divino, parmi che sia di renderlo affettuosissimo in tutti i suoi detti al padre, alla sorella, e al cognato; e ammirabilissimo, senza inverisimiglianza, agli spettatori.

Abner, è un ministro guerriero, più amico che servo a Saulle; quindi egli a me non par vile, per chè esecutore talora dei suoi crudeli comandi.

Achimelèch è 'introdotto qui, non per altro, se non per avervi un sacerdote, che sviluppasse la parte minacciante e irritata di Dio, mentre che David non ne sviluppa che la parte pietosa. Questo personaggio potrà da taluno, e non senza ragione, esser tacciato d'inutile. Nè io dirò che necessario egli sia, potendo benissimo stare la tragedia senz'esso. Ma credo, che questa tragedia non si abbia intieramente a giudicare come l'altre, colle semplici regole dell'arte, ed io primo confesso, che ella non regge a un tale esame severo. Giudicando assai più su la impressione che se ne riceverà, che non su la ragione che ciascheduno potrà chiedere a sè stesso della impressione ricevuta, io stimo che si verrà così a fare ad un tempo e la lode e la critica del soprannaturale adoprato in teatro.

Tutta la parte lirica di David nel terz'atto, siccome probabilmente l'attore (quando ne avremo) non sarà musico, non è già necessario che ella venga cantata per ottenere il suo effetto. Io credo, che se un'arpa eccellente farà ad ogni stanza degli ottimi preludi esprimenti e imitanti il diverso effetto che David si propone di destare nell'animo di Saul, l'attore dopo un tál preludio potrà semplicemente recitare i suoi versi lirici; ed in questi gli sarà allora concesso di pigliare quell'armoniosa intonazione tra il canto e la recita, che di sommo diletto ci riesce allor quando sentiamo ben porgere alcuna buona poesia da quei pochissimi che intendendola invasandosene, non la leggendo e non la cantando, ce la sanno pur fare penetrar dolcemente per gli orecchi nel cuore. Se questo David sarà dunque mai qual dev'essere un attore perfetto, egli conoscerà oltre l'arte della recita, anche quella del porger versi; e s'io non mi lusingo, questi versi lirici in tal modo presentati, e interrotti dall'arpa maestra nascosa fra le scene, verranno a destare nel cuore degli spettatori un non minore effetto che nel cuor di Saulle.

Quanto alla condotta, il quart'atto è il più debole, e il più vuoto di questa tragedia. L'effetto rapido e sommamente funesto della catastrofe, crederei che dovesse riuscire molto teatrale.

In questa tragedia l'autore ha sviluppato, o spinta assai più oltre che nell'altre sue, quella perplessità del cuore umano, così magica per l'effetto; per cui un uomo appassionato di due passioni fra loro contrarie, a vicenda vuole e disvuole una cosa stessa. Questa perplessità è uno dei maggiori segreti per generar commozione e sospensione in teatro. L'autore, forse per la natura sua poco perplessa, non intendeva questa parte nelle prime sue tragedie, e non abbastanza, ha saputo valersene nelle seguenti, fino a questa, in cui l'ha adoprata per quanto era possibile in lui. Ed anche, per questa parte, Saul mi pare molto più dottamente colorito, che tutti gli eroi precedenti. Ne' suoi lucidi intervalli, ora agitato dall'invidia e sospetto contra David, ora dall'amor della figlia pel genero, ora irritato contro i sacerdoti, or penetrato e compunto di timore e di rispetto per Iddio; fra le orribili tempeste della travagliata sua mente, e dell'esacerbato ed oppresso suo cuore, o sia egli pietoso, e feroce, non riesce pur mai nè disprezzabile, nè odioso.

Con tutto ciò un re vinto, che uccide di propria mano sè stesso per non essere ucciso dai sovrastanti vincitori, è un accidente compassionevole sì, ma per quest'ultima impressione che lascia nel cuore degli spettatori, è un accidente assai meno tragico, che ogni altro dall'autore finora trattato.

MIRRA

MIRRA - Atto 5° - Scena II²

ARGOMENTO

Per una terribile punizione di Venere, si accese nel core di Mirra tal fiamma, di cui la natura si oltraggia. Non potendo la infelice nè soddisfarla, nè spegnerla, fu più volte per darsi la morte; allorchè la nutrice, strappatole di bocca il segreto, trovò modo che sconosciuta si giacesse col padre. Ma questi avendola ravvisata, corse alla sua spada per trafiggerla; quando i Numi, mossi a compassione di lei, la trasformarono in quell'albero gommoso, che Mirra pur oggi si chiama. Su questo favoloso racconto è tessuta la seguente tragedia.

MIRRA

PERSONAGGI

Ciniro. Mirra.
Cecri. Perèo.
Euriclèa.

Sacerdoti - Coro - Popolo

Scena, la Reggia in Cipro.

ATTO PRIMO

SCENA I.

Cecri e Euriclèa.

CEC.
  Vieni, o fida Euriclèa: sorge ora appena
  L'alba; e sì tosto a me venir non suole
  Il mio consorte. Or, della figlia nostra
  Misera tanto, a me narrar puoi tutto.
  Già l'afflitto tuo volto, e i mal repressi
  Tuoi sospiri, mi annunziano...
EUR.   Oh regina!...
  Mirra infelice, strascina una vita
  Peggio assai d'ogni morte. Al re non oso
  Pinger suo stato orribile: mal puote
  Un padre intender di donzella il pianto;
  Tu madre, il puoi. Quindi a te vengo; e prego,
  Che udir mi vogli.
CEC.   E' ver, ch'io da gran tempo

Di sua rara beltà languire il fiore
Veggo: una muta, una ostinata ed alta
Malinconia mortale appanna in lei
Quel sì vivido sguardo: e, piangesse ella!..
Ma, inannzi a me, tacita stassi; e sempre
Pregno ha di pianto, e asciutto sempre ha il ciglio.
E invan l'abbraccio; e le chieggo, e richieggo,
Invano ognor, che il suo dolor mi sveli.
Niega ella il duol; mentre di giorno in giorno
Io dal dolor strugger la veggio.

EUR.   A voi
Ella è di sangue figlia; a me, d'amore;
Ch'io, ben sai, l'educava: ed io men vivo
In lei soltanto; e il quarto lustro è quasi
A mezzo già, che al seno mio la stringo
Ogni dì fra mie braccia... Ed or, fia vero,
Che a me, cui tutti i suoi pensier solea,
Tutti affidar fin da bambina, or chiusa
A me pure si mostri? E s'io le parlo
Del suo dolore, anco a me il niega, e insiste,
E contra me si adira... Ma pur, meco
Spesso, malgrado suo, prorompe in pianto.

CEC
Tanta mestizia, in quel cor giovenile,
Io da prima credea, che figlia fosse
Del dubbio, in cui su la vicina scelta
D'uno sposo ella stavasi. I più prodi
D'Asia e di Grecia principi possenti,
A gara tutti concorreano in Cipro,
Di sua bellezza al grido: e appien per noi
Donna di sè quanto alla scelta ell'era.
Turbamento non lieve in giovin petto
Dovean recare i varj, e ignoti, e tanti
Affetti. In questo, ella il valor laudava;
I dolci modi, in quello: ra di regno
Maggiore l'un; con ma' tà beltade
Era nell'altro somm? e qual piaceva
Più agli occhj suoi, forse temea che al padre
Piacesse meno. Io, come madre e donna,
So qual battaglia in cor tenero e nuovo
Di donzelletta umida destarsi
Per tal dubbio dovea. Ma, poichè tolta
Ogni contesa ebbe Perèo, di Epìro
L'erede, a cui, nobiltà, possanza,

Valor, beltade, giovinezza, e senno,
Nullo omai si agguagliava; allor che l'alta
Scelta di Mirra a noi pur tanto piacque:
Quando in sè stessa compiacersen ella
Lieta dovea; più forte in lei tempesta
Sorger vediamo, e più mortale angoscia
La travaglia ogni dì!... Squarciar mi sento
A brani a brani a una tal vista il core.

EUR.
Deh, scelto pur non avesse ella mai!
Dal giorno in poi, sempre il suo mal più crebbe:
E questa notte, ch'ultima precede
L'alte sue nozze, (oh cielo!) a lei la estrema
Temei non fosse di sua vita. — Io stava
Tacitamente immobil nel mio letto,
Che dal suo non è lungi; e intenta sempre
Ai moti suoi, pur di dormir fea vista:
Ma, mesi e mesi son, da ch'io la veggo
In tal martir, che dal mio fianco antico
Fugge ogni posa. Io del begnino Sonno,
Infra me tacitissima, l'aita
Per la figlia invocava: ei più non stende
Da molte e molte notti l'ali placide
Sovr'essa. — I suoi sospiri eran da prima
Sepolti quasi; eran pochi; eran rotti:
Poi (non udendomi ella) in sì feroce
Piena crescean, che al fin, contro sua voglia,
In pianto dirottissimo, in singhiozzi
Si cangiavano, ed anco in alte strida.
Fra il lagrimar, fuor del suo labbro usciva
Una parola sola: « Morte... morte. »
E in tronchi accenti spesso la ripete.
Io balzo in piedi; a lei corro, affannosa;
Ella, appena mi vede, a mezzo taglia
Ogni sospiro, ogni parola e pianto;
E, in sua regal fierezza ricomposta,
Meco adirata quasi, in salda voce
Mi dice: « A che ne vieni? or via, che vuoi?.. »
Io non potea risponderle, io piangeva
E l'abbracciava, e ripiangeva:... Al fine
Rïebbi pur lena, e parole. Oh! come
Io la pregai, la scongiurai, di dirmi
Il suo martir, che rattenuto in petto.
Me pur con essa ucciderìa!.. Tu madre,

Con più tenero e vivo amor parlarle
Non potevi, per certo. — Ella il sa bene,
S'io l'amo; ed anche, al mio parlar, di nuovo
Gli occhi al pianto schiudeva, e mi abbracciava,
E con amor mi rispondea. Ma ferma
Sempre in negar, dicea; ch'ogni donzella,
Per le vicine nozze, alquanto è oppressa
Di passeggiera doglia; e a me il comando
Di tacervelo dava. Ma il suo male
Sì radicato è addentro, egli è tant'oltre,
Ch'io tremante a te corro; e te scongiuro
Di far sospender le sue nozze: a morte
Va la donzella, accertati. — Sei madre;
Nulla più dico.

CEC. Ah!.. pel gran pianto... appena....
Parlar poss'io. — Che mai, ch'esser può mai?...
Nella sua etade giovanil, non altro
Martìre ha loco, che d'amor martìre.
Ma, s'ella accesa è di Perèo, da lei
Spontanea scelto, onde il lamento, or ch'ella
Per ottenerlo sta? Se in sen racchiude
Altra fiamma, perchè sceglica fra tanti
Ella stessa Perèo?

EUR. ...D'amor non nasce
Il disperato dolor suo; tel giuro.
Da me sempr'era costudita; e il core
A passïon nessuna aprir potea,
Ch'io nol vedessi. E a me lo avrìa pur detto;
A me, cui tiene (è ver) negli anni madre,
Ma in amore, sorella. Il volto, e gli atti,
E i suoi sospiri, e il suo silenzio, ah! tutto
Mel dice assai, ch'ella Perèo non ama.
Tranquilla almen, se non allegra, ella era
Pria d'aver scelto: e il sai, quanto indugiasse
A scegliere. Ma pur, null'uom al certo
Pria di Perèo le piacque: è ver, che parve
Ella il chiedesse, perchè elegger uno
Era, o il credea, dovere. Ella non l'ama;
A me ciò pare: eppur, qual altro amarne
A paragon del gran Perèo potrebbe?
D'alto cor la conosco; in petto fiamma,
Ch'alta non fosse, entrare a lei non puote.
Ciò ben poss'io giurar: l'uom ch'ella amasse,

Di regio sangue ei fôra; altro non fôra.
Or, qual ve n'ebbe qui, ch'ella a sua posta
Far non potesse di sua man felice?
D'amor non è dunque il suo male. Amore,
Benchè di pianto e di sospir si pasca,
Pur lascia ei sempre un non so che di speme,
Che in fondo al cor traluce; ma di speme
Raggio nessuno a lei si affaccia: è piaga
Insanabil la sua; pur troppo!.. Ah! morte,
Ch'ella ognor chiama, a me deh, pria venisse!
Almen così, struggersi a lento fuoco
Non la vedrei...

CEC.   Tu mi disperi.. Ah! queste
Nozze non vo', se a noi pur togliersi ponno
L'unica figlia... Or va'; presso lei torna;
E non le dir, che favellato m'abbi.
Colà verrò, tosto che asciutto il ciglio
Io m'abbia, e in calma ricomposto il volto.

EUR.
Deh! tosto vieni. Io torno a lei; mi tarda
Di rivederla. Oh ciel! chi sa, se mentre
Io così a lungo teco favellava,
Chi sa, se nel feroce impeto stesso
Di dolor non ricadde? Oh! qual pietade
Mi fai tu pur, misera madre!... Io volo;
Deh! non tardare; or, quanto indugi meno,
Più ben farai..

CEC.   Se l'indugiar mi costi,
Pensar tu il puoi: ma in tanto insolit'ora
Nè appellarla vogl'io, nè a lei venirne,
Nè turbata mostrarmele. Non vuolsi
In essa incuter nè timor, nè doglia:
Tanto è pieghevol, timida, e modesta,
Che nessun mezzo è mai benigno troppo,
Con quella nobil indole. Su vanne;
E posa in me, come in te sola io poso.

SCENA II.

Cecri.

Ma, che mai fia? Già l'anno or volge quasi,
Ch'io con lei mi consumo; e neppur traccia

Della cagion del suo dolor ritrovo! —
Di nostra sorte i Numi invidi forse,
Tôrre or ci von sì rara figlia; a entrambi
I genitor solo conforto e speme?
Era pur meglio il non darcela, o Numi.
Venere, o tu, sublime Dea di questa
A te devota isola sacra, a sdegno
La sua troppa beltà forse ti muove?
Forse quindi al par d'essa in fero stato
Me pur riduci? Ah! la mia troppa e stolta
Di madre amante baldanzosa gioja,
Tu vuoi ch'io sconti in lagrime di sangue...

SCENA III.

Ciniro e Cecri.

CIN.
  Non pianger donna. Udito in breve ho il tutto;
Euriclèa di svelarmelo costrinsi.
Ah! mille volte pria morir vorrei,
Che all'adorata nostra unica figlia
Far forza io mai. Chi pur creduto avrebbe,
Che trarla a tal dovessero le nozze
Chieste da lei? Ma, rompansi. La vita
Nulla mi cal, nulla il mio regno, e nulla
La gloria mia pur anco, ov'io non vegga
Felice appien la nostra unica prole.

CEC
  Eppur, volubil mai Mirra non era.
Vedemmo in lei preceder gli anni il senno;
Saggia ogni brama sua; costante, intensa
Nel prevenir le brame nostre ognora.
Ben ella il sa! se di sua nobil scelta
Noi ci estimiam beati: ella non puote
Quindi, no mai, pentirsene.

CIN.   Ma pure,
S'ella in cor sen pentisse? — Odila, o donna:
Tutti or di madre i molti affetti adropra
Con lei; fa ch'ella al fine il cor ti schiuda,
Sin che n'è tempo. Io t'apro il mio frattanto
E dico, e giuro, che il pensier mio primo.

E' la mia figlia. E' ver, che amico farmi
D'Epiro il re mi giova: e il giovinetto
Perèo suo figlio, alla futura speme
D'alto reame, un altro pregio aggiunge,
Agli occhi miei maggiore. Indole umana,
E cuor, non men che nobile, pietoso
Ei mostra. Acceso, in oltre, assai lo veggio
Di Mirra. — A far felice la mia figlia,
Scer non potrei più degno sposo io mai;
Certo egli è di sue nozze; in lui, nel padre,
Giusto saria lo sdegno, ove la data
Fe' si rompesse; e a noi terribil anco
Esser può l'ira loro: ecco ragioni
Molte, e possenti, d'ogni prence agli occhi,
Ma nulle ai miei. Padre, mi fea natura;
Il caso, re. Ciò che ragion di stato
Chiaman gli altri miei pari, e a cui son usi
Pospor l'affetto natural, non fia
Nel mio paterno seno mai bastante
Contro un solo sospiro della figlia.
Di sua sola letizia esser poss'io
Non altrimenti, lieto. Or va'; gliel **narra**;
E dille in un, che a me spiacer non tema,
Nel discoprirmi il vero: altro non tema,
Che di far noi con sè stessa infelici.
Frattanto udir vo' da Perèo, con arte,
Se riamato egli s'estima; e il voglio
Ir preparando a ciò che a me non meno
Dorria, chè a lui. Ma pur, se il vuole il fato,
Breve omai resta ad arretrarci l'ora.

CEC.
Ben parli: io volo a lei. — Nel dolor nostro,
Gran sollievo mi arreca il veder, ch'uno
Voler concorde, e un amor solo, è in noi.

ATTO SECONDO

SCENA I.

Ciniro e Perèo.

PER.
 Eccomi a' cenni tuoi. Lontana molto,
 Spero, o re, non è l'ora in cui chiamarti
 Padre amato potrò....
CIN.   Perèo, m'ascolta. —
 Se te stesso conosci, assai convinto
 Esser tu dèi, quanta, e qual gioja arrechi
 A un padre amante d'unica sua figlia
 Genero averti. Infra i rivali illustri,
 Che gareggiavan teco, ove uno sposo
 Voluto avessi a Mirra io stesso scerre,
 Senza pur dubitar, te scelto avria.
 Quindi, eletto da lei, se caro io t'abbia
 Doppiamente tu il pensa. Eri tu il primo
 Di tutti in tutto, a senno altrui; ma al mio,
 Più che pel sangue e pel paterno regno,
 Primo eri; e il sei, per le ben altre doti
 Tue veramente, onde maggior saresti
 D'ogni re sempre, anco privato...
PER.   Ah! padre.
 (Già d'appellarti di tal nome io godo)
 Padre, il più grande, anzi il mio pregio solo,
 E' di piacerti. I detti tuoi mi attento
 Troncar; perdona: ma mie laudi tante,
 Pria di mertarle, udir non posso. Al core
 Degno sprone sarammi il parlar tuo,
 Per farmi io or qual tu mi credi, o brami
 Sposo a Mirra, e tuo genero, d'ogni alto
 Senso dovizia aver degg'io: ne accetto
 Da te l'augurio.
CIN.   Ah! qual tu sei favelli. —
 E perchè tal tu sei, quasi a mio figlio

Io parlarti ardirò. — Di vera fiamma
Ardi il veggo, per Mirra; e oltraggio grave
Ti farei dubitandone. Ma,..... dimmi;....
Se indiscreto il mio chieder non è troppo,....
Sei parimenti riamato?

PER. ....Io nulla
Celar ti debbo. — Ah! riamarmi, forse
Mirra il vorrebbe, e par nol possa. In petto
Già n'ebbi io speme; e ancor lo spero; o almeno,
Io men lusingo. Inesplicabil cosa,
Certo è il contegno, in ch'ella a me si mostra.
Ciniro, tu, benchè sii padre, ancora
Vivi nei tuoi verdi anni, e ancor rimembri:
Or sappi, ch'ella a me sempre tremante
Viene, ed a stento a me si accosta; in volto
D'alto pallor si pinge; de' begli occhi
Dono a me mai non fa; dubbj, interrotti,
E pochi accenti in mortal gelo involti
Muove; nel suolo le pupille, sempre
Di pianto pregne, affigge; in doglia orrenda
Sepolta è l'alma; illanguidito il fiore
Di sua beltà divina: — ecco il suo stato.
Pur, di nozze ella parla;ed or diresti,
Ch'ella stessa le brama or che le abborre
Più assai che morte; or ne assegna ella il giorno,
Or lo allontana. S'io ragion le chieggo
Di sua tristezza, il labro suo la niega;
Ma di dolor pieno, e di morte, il viso
Disperata la mostra. Ella mi accerta,
E rinnova ogni dì, che sposo vuolmi;
Ch'ella m'ami, nol dice; alto, sublime,
Finger non sa il suo core. Udirne il vero
Io bramo e temo a un tempo: io 'l pianto affreno;
Ardo, mi struggo, e dir non l'oso. Or voglio
Di sua mal data fede io stesso sciorla;
Or vo' morir, che perder non la posso;
Nè, senza averne il core, io possederla
Vorrei..... Me lasso!..... Ah! non so ben s'io viva,
O muoja omai. — Così racchiusi entrambi,
E di dolor, benchè diverso, uguale
Ripieni l'alma, al dì fatal siam giunti,
Che irrevocabil oggi ella pur volle
All'imenèo prefiggere..... Deh! fossi
Vittima almen di dolor tanto io solo!

CIN.
 Pietà mi fai, quanto la figlia.... Il tuo
 Franco e caldo parlare un'alma svela
 Umana ed alta; io ti credea ben tale;
 Quindi men franco non mi udrai parlarti. —
 Per la mia figlia io tremo. Il duol d'amante
 Divido io teco; ah! prence, il duol di padre
 Meco dividi tu. S'ella infelice
 Per mia cagion mai fosse!... E' ver, che scelto
 Ella t'ha sola; è ver, che niun l'astringe....
 Ma, se pur onta, o timor di donzella....
 Se Mirra, insomma, a torto or si pentisse?....

PER.
 Non più; t'intendo. Ad amator, qual sono,
 Appresentar puoi tu l'amato oggetto
 Infelice per lui? Ch'io me pur stimi
 Cagion, benchè innocente, de' suoi danni,
 E ch'io non muoia di dolore? — Ah! Mirra
 Di me, del mio destino, ormai sentenza
 Piena pronunzj: e s'or Perèo le incresce,
 Senza temenza il dica: io non pentito
 Sarò perciò di amarla. Oh! lieta almeno
 Del mio pianger foss'ella!...... A me fia dolce
 Anco il morir, pur ch'ella sia felice.

CIN.
 Perèo, chi udirti senza pianger puote?...
 Cor, nè il più fido, nè in più fiamma acceso
 Del tuo non v'ha. Deh! come a me l'apristi,
 Così il dischiudi anco alla figlia: udirti,
 E non ti aprire anch'ella il cor, son certo,
 Che nol potrà. Non la cred'io pentita;
 (Chi il fôra conoscendoti?) ma trarle
 Potrai dal petto la cagion tu forse
 Del nascosto suo male. — Ecco, ella viene;
 Ch'io appellarla già fea. Con lei lasciarti
 Voglio; ritegno al favellar d'amanti
 Fia sempre un padre. Or prence, appien le svela
 L'alto tuo cor che ad ogni cor fa forza.

SCENA II.

Mirra e Perèo.

MIR.
 Ei con Perèo mi lascia?.... Oh rio cimento!
 Vieppiù il cor mi si squarcia...

PER.
                                     E' sorto, o Mirra,
 Quel giorno al fin, quel che per sempre appieno
 Far mi dovria felice, ove tu il fossi.
 Di nuzïal corona ornata il crine,
 Lieto ammanto pomposo, è ver, ti veggo:
 Ma il tuo volto, e i tuoi sguardi, e i passi, e ogni
 Mestizia è in te. Chi della propria vita   [atto
 T'ama più assai, non può mirarti, o Mirra,
 A nodo indissolubile venirne
 In tale aspetto. E' questa l'ora, è questa,
 Che a te non lice più ingannar te stessa,
 Nè altrui. Del tuo martir (qual ch'ésso sia)
 O la cagion dèi dirmi, o almen dèi dirmi,
 Che in me non hai fidanza niuna; e ch'io
 Mal rispondo a tua scelta, o che pentita
 Tu in cor ne sei. Non io di ciò terrommi
 Offeso, no; ben di mortal cordoglio
 Pieno ne andrò. Ma, che ti cale in somma
 Il disperato duol d'uom che niente ami,
 E poco estimi? A me rileva or troppo
 Il non farti infelice. — Ardita, e franca
 Parlami, dunque. — Ma, tu immobil taci?....
 Disdegno e morte il tuo silenzio spira...
 Chiara è risposta è il tuo tacer; mi abborri;
 E dir non l'osi.. Or la tua fè riprendi
 Dunque: dagli occhi tuòi per sempe a tormi
 Tosto mi appresto, poichè oggetto io sono
 D'orror per te... Ma, s'io pur dianzi l'era,
 Come mertai tua scelta? E s'io il divenni
 Dopo, deh! dimmi, in che ti spiacqui?

MIR.
                                     Oh prence!....
 L'amor tuo troppo, il mio dolor ti pinge
 Fero più assai, ch'egli non è. L'accesa
 Tua fantasia ti spigne oltre ai confini
 Del vero. Io taccio al tuo parlar novello;

Qual maraviglia? Inaspettate cose
Odo, e non grate; e, dirò più, non vere;
Che risponder poss'io? — Questo alle nozze
E' il convenuto giorno; io presta vengo
A compierle; e di me dubita intanto
Il da me scelto sposo? E' ver ch'io forse
Lieta non son, quanto il dovria chi raro
Sposo ottiene, qual sei: ma, spesse volte
La mestizia è natura; e mal potrebbe
Darne ragion chi in sè l'acchiude: e spesso
Quell'ostinato interrogar d'altrui,
Senza chiarirne il fonte, in noi l'addoppia.

PER.
T'incresco; il veggo a espressi segni. Amarmi,
Io sapea che nol puoi; lusinga stolta
Nell'infermo mio core entrata m'era,
Che tu almen non mi odiassi: in tempo ancora,
Per la tua pace e per la mia, mi avveggio
Ch'io m'ingannava. — In me non sta (pur troppo!)
Il far che tu non m'odj: ma in me solo
Sta, che tu non mi spregj. Ormai disciolta,
Libera sei d'ogni promessa fede.
Contro tua voglia invan l'attieni: astretta,
Non dai parenti, e men da me; da falsa
Vergogna, il sei. Per non incorrer taccia
Di volubil, tu stessa, a te nemica,
Vittima farti del tuo error vorresti:
E ch'io lo soffra, speri? Ah! no. — Ch'io t'amo
E ch'io forse mertavati, tel debbo
Provar or, ricusandoti.....

MIR.   Tu godi
Di vieppiù disperarmi... Ah! come lieta
Poss'io parer, se l'amor tuo non veggo
Mai di me pago, mai? Cagion poss'io
Assegnar di un dolor, che in me supposto
E' in gran parte? E che pur, se in parte è vero,
Origin forse altra non ha, che il nuovo
Stato a cui mi avvicino; e il dover tormi
Dai genitori amati; e il dirmi: « Ah! forse,
« Non li vedrai mai più »;..... l'andarne a ignoto
Regno; il cangiar di cielo;... e mille e mille
Altri pensier, teneri tutti, e mesti;
E tutti al certo, più ch'a ogni altro, noti
All'alto tuo gentile animo umano. —

Io, data a te spontanea mi sono:
Nè men pento; tel giuro. Ove ciò fosse,
A te il direi: te, sovra tutti estimo:
Nè asconder cosa a te potrei,..... se pria
Non l'ascondessi anco a me stessa. Or prego
Chi m'ama il più, di questa mia tristezza
Il men mi parli, e svanirà, son certa.
Dispregerei me stessa, ove pur darmi
Volessi a te, non ti apprezzando; e come
Non apprezzarti?... Ah! dir ciò ch'io non penso,
Nol sa il mio labbro: e pur tel dice, e giura.
Ch'esser mai d'altri non vogl'io, che tua
Che ti poss'io più dire?

PER. ..... Ah! ciò che dirmi
Potresti, e darmi vita, io non l'ardisco
Chiedere a te. Fatal domanda! Il peggio
Fia l'averne certezza. — Or d'esser mia
Non sdegni adunque? E non ten penti? E nullo
Indugio ormai?....

MIR. No; questo è il giorno: ed oggi
Sarò tua sposa. — Ma, doman le vele
Daremo ai venti e lascierem per sempre
Dietro noi queste rive.

PER. Oh! che favelli?
Come or sì tosto da te stessa affatto
Discordi? Il patrio suol, gli almi parenti,
Tanto t'incresce abbandonare; e vuoi
Ratta così, per sempre?.....

MIR. Il vo';... per sempre
Abbandonarli;... e morir.... di dolore.....

PER.
Che ascolto? Il duol ti ha pur tradita;... e muovi
Sguardi e parole disperate. Ah! giuro,
Ch'io non sarò del tuo morir stromento:
No, mai; del mio bensì...

MIR. Dolore immenso
Mi tragge, è ver... Ma no, nol creder. — Ferma
Sto nel proposto mio. — Mentre ho ben l'alma
Al dolor preparata, assai men crudo
Mi fia il partir: sollievo in te...

PER. No, Mirra:
Io la cagion, io 'l son (benchè innocente)
Dell'orribil tempesta, onde agitato,

Lacerato è il tuo core. — Omai vietarti
Sfogo non vo' col mio importuno aspetto.
Mirra, o tu stessa ai genitori tuoi
Mezzo alcun proporrai, che te sottragga
A sì infausti legami; o udrai da loro
Oggi tu di Perèo l'acerba morte.

SCENA III.

Mirra.

Deh! non andarne ai genitori... Ah! m'odi...
Ei mi s'invola... — Oh ciel! che dissi? Ah! tosto
Ad Euriclèa si voli: nè un istante,
Io rimaner vo' sola con me stessa...

SCENA IV.

Euriclèa e Mirra.

EUR.
 Ove sì ratti i passi tuoi rivolgi,
 O mia dolce figliuola?
MIR.   Ove conforto,
 Se non in te, ritrovo!... A te venia...
EUR.
 Io da lungi osservandoti mi stava.
 Mai non ti posso abbandonare, il sai:
 E mel perdoni; spero. Uscir turbato
 Quinci ho visto Perèo; te, da più grave
 Dolor oppressa, io trovo: ah! figlia; almeno
 Liberamente il tuo pianto abbia sfogo
 Entro il mio seno.
MIR.   Ah! sì; cara Euriclèa,
 Io posso teco, almeno pianger... Sento
 Scoppiarmi il cor dal pianto rattenuto...
EUR.
 E in tale stato, o figlia, ognor venirne
 All'imèneo persisti?

MIR. Il dolor pria
  Uccideràmmi, spero... Ma no; breve
  Fia troppo il tempo;... uccideràmmi poscia.
  Ed in non molto... Morire, morire,
  Null'altro io bramo,... e sol morire, io merto.
EUR.
  — Mirra, altre furie il giovenil tuo petto
  Squarciar non ponno in sì barbara guisa,
  Fuor che furie d'amor...
MIR. Ch'osi tu dirmi?
  Qual ria menzogna?...
EUR. Ah! non crucciarti, prego,
  Contro a me, no. Già da gran tempo io 'l penso:
  Ma, se tanto ti spiace, a te più dirlo
  Non mi ardirò. Deh! pur che almen tu meco
  La libertà del piangere conservi!
  Nè so ben, s'io mel creda; anzi, alla madre
  Io fortemente lo negai pur sempre...
MIR.
  Che sento? Oh ciel! ne sospettava forse
  Anch'essa?...
EUR. E chi, in veder giovin donzella
  In tanta doglia, la cagion non stima
  Esserne amore? Ah! il tuo dolor pur fosse
  D'amor soltanto! Alcun rimedio almeno
  Vi avrebbe. — In questo crudel dubbio immersa
  Già da gran tempo io stando, all'ara un giorno
  Io ne venìa della sublime nostra
  Venere diva; e con lagrime, e incensi,
  E caldi preghi, e invaso cor, prostrata
  Innanzi al santo simulacro, il nome
  Tuo pronunziava...
MIR. Oimè! che ardir? Che festi?
  Venere?... Oh ciel!... contro di me... Lo sdegno
  Della implacabil dea... Che dico?... Ahi lassa!..
  Inorridisco.... tremo....
EUR. E' ver, mal feci:
  La Dea sdegnava i voti miei: gl'incensi
  Ardeano a stento, e in giù ritorto il fumo
  Sovra il canuto mio capo cadeva.
  Vuoi più? Gli occhi alla immagine tremanti
  Alzar mi attento, e da' suoi piè mi r .ve

Con minacciosi sguardi me cacciasse
Orribilmente di furore accesa.
La Diva stessa. Con tremuli passi,
Inorridita, esco dal tempio... Io sento
Dal terrore arricciarmisi di nuovo
In ciò narrar, le chiome.
MIR.   E me pur fai
Rabbrividire, inorridir. Che osasti?
Nullo omai de' celesti, e men la Diva
Terribil nostra, è da invocar per Mirra.
Abbandonata io son dai Numi; aperto
E' il mio petto all'Erinni; esse v'han sole
Possanza, e seggio. — Ah! se riman pur l'ombra
Di pietà vera in te, fida Euriclèa
Tu sola il puoi, trammi d'angoscia: è lento,
E' lento troppo, ancor che immenso, il duolo.
EUR.
Tremar mi fai... Che mai poss'io?
MIR.   ... Ti chieggo
Di abbreviar miei mali. A poco, a poco
Il mio languir miei genitori uccide;
Strugger tu vedi il mio misero corpo;
Odïosa a me stessa, altrui dannosa,
Scampar non posso: amor, pietà verace,
Fia 'l procacciarmi morte: a te la chieggo...
EUR.
Oh cielo!... a me?... Mi manca la parola...
La lena... i sensi...
MIR.   Ah! no; davver non m'ami.
Di pietade magnanima capace
Il tuo senile petto io mal credea...
Eppur, tu stessa, ne' miei teneri anni,
Tu gli alti avvisi a me insegnavi: io spesso
Udìa da te, come antepor l'uom debba
Alla infamia la morte. Oimè! che dico?... —
Ma tu non m'odi?... Immobil,... muta,... appena
Respiri! oh cielo!... Or, che ti dissi? Io cieca
Dal dolore,... nol so: deh! mi perdona;
Deh! madre mia seconda, in te ritorna.
EUR.
Oh figlia! oh figlia!... A me la morte chiedi?
La morte a me?
MIR.   Non reputarmi ingrata;

Nè che il dolor de' mali miei mi tolga
Di que' d'altrui pietade. — Estinta in Cipro
Non vuoi vedermi? In breve udrai tu dunque,
Ch'io nè pur viva pervenni in Epiro.

EUR.
Alle orribili nozze andarne invano
Presumi adunque. Ai genitori il tutto
Corro o narrar...

MIR.   Nol fare o appien tu perdi
L'amor mio: deh! nol far; ten prego: in nome
Del tuo amor, ti scongiuro. — A un cor dolente
Sfuggon parole a cui badar non vuolsi. —
Bastante sfogo (a cui concesso il pari
Non ho giammai) mi è stato il pianger teco.
E il parlar di mia doglia: in me già quinli
Addoppiato è il coraggio. — Omai poch'ore
Mancano al nuzïal rito solenne.
Statti al mio fianco sempre: andiamo: e intanto,
Nel necessario alto proposto mio
Il vieppiù raffermarmi, a te si aspetta.
Tu del tuo amor più che materno, e a un tempo
Giovar mi dèi del fido tuo consiglio.
Tu dèi far sì, ch'io saldamente afferri
Il partito, che solo orrevol resta.

ATTO TERZO

SCENA I.

Ciniro e Cecri.

CEC.
 Dubbio non v'ha; benchè non sia per anco
 Venuto a noi Perèo, scontento appieno
 Fu dei sensi di Mirra. Ella non l'ama;
 Certezza io n'ebbi; e andando ella a tai nozze,
 Corre (pur troppo!) ad infallibil morte.
CIN.
 Or, per ultima prova, udiam noi stessi
 Dal di lei labbro il vero. In nome tuo
 Ingiunger già le ho fatto che a te venga.
 Nessun di noi forza vuol farle, in somma:
 Quanto l'amiamo, il sa ben ella, a cui
 Non siam men cari noi. Ch'ella omai chiuda
 In ciò il suo core a noi, del tutto parmi
 Impossibile; a noi, che di noi stessi,
 Non che di sè, la femmo arbitra e donna.
CEC.
 Ecco, ella viene: oh! mi par lieta alquanto:
 E' più franco il suo passo... Ah! pur tornasse
 Qual era! Al sol riapparirle in volto
 Anco un lampo di gioja in vita io tosto
 Ritornata mi sento.

SCENA II.

Mirra, Cecri e Ciniro.

CEC.   Amata figlia,
 Deh! vieni a noi; deh! vieni.
MIR.   Oh ciel! che veggio?
 Anco il padre!...

CIN.   T'inoltra, unica nostra
  Speranza e vita; inòltrati secura;
  E non temere il mio paterno aspetto,
  Più che non temi della madre. A udirti
  Siam presti entrambi. Or, del tuo fero stato
  Se disvelarne la cagion ti piace,
  Vita ci dài; ma, se il tacerla pure
  Più ti giova o ti aggrada, anco tacerla
  Figlia, tu puoi; chè il tuo piacer fia il nostro.
  Ad eternare il marital tuo nodo
  Manca omai sola un'ora, il tien ciascuno
  Per certa cosa: ma, se pur tu fossi
  Cangiata mai; se t'increscesse al core
  La data fe'; se la spontanea tua
  Libera scelta or ti spiacesse; ardisci,
  Non temer cosa al mondo, a noi la svela.
  Non sei tenuta a nulla; e noi primieri
  Te ne sciogliam, noi stessi; e, di te degno
  Generoso ti scioglie anco Perèo.
  Nè di leggiera vorrem noi tacciarti;
  Anzi, creder ci giova che maturi
  Pensier novelli a ciò ti astringan ora.
  Da cagion vile esser non puoi tu mossa;
  L'indole nobil tua, gli alti tuoi sensi,
  E l'amor tuo per noi, ci è noto il tutto:
  Di te, del sangue tuo cosa non degna,
  Nè pur pensarla puoi. Tu dunque appieno
  Adempi il voler tuo; purchè felice
  Tu torni e ancor di tua letizia lieti
  Tuoi genitor tu renda. Or, qual ch'ei sia
  Questo presente tuo voler, lo svela,
  Come a fratelli, a noi.

CEC.   Deh! sì, tu il vedi:
  Nè dal materno labbro udisti mai
  Più amoroso, più tenero, più mite
  Parlar, di questo...

MIR.   Havvi tormento al mondo,
  Che al mio si agguagli?...

CEC.   Ma che fia? Tu parli
  Sospirando infra te?

CIN.   Lascia, deh! lascia
  Che il tuo cor ci favelli: altro linguaggio
  Non adopriam noi teco. — Or via; rispondi.

MIR.
.... Signor....
CIN.   Tu mal cominci: a te non sono
Signor; padre son io: puoi tu chiamarmi
Con altro nome, o figlia?
MIR.   O Mirra, è questo
L'ultimo sforzo. — Alma, coraggio...
CEC.   Oh cielo!
Pallor di morte in volto....
MIR.   A me?...
CIN.   Ma donde,
Donde il tremar? Del padre tuo?
MIR.   Non tremo...
Parmi;... od almen, non tremerò più omai,
Poichè ad udirmi or sì pietosi state. —
L'unica vostra, e troppo amata figlia
Son io ben so. Goder d'ogni mia gioja,
E v'attristar d'ogni mio duol vi veggo;
Ciò stesso il duol mi accresce. Oltre i confini
Del natural dolore il mio trascorre;
Invan lo ascondo; e a voi vorrei pur dirlo;...
Ove il sapessi io stessa. Assai già pria,
Ch'io fra 'l nobile stuol de' proci illustri
Pereò scegliessi, in me cogli anni sempre
La fatal mia tristezza orrida, era ita
Ogni dì più crescendo. Irato un Nume,
Implacabile, ignoto, entro al mio petto
Si alberga; e quindi, ogni mia forza è vana
Contro alla forza sua... Credilo, o madre;
Forte, assai forte (ancor ch'io giovin sia)
Ebbi l'animo, e l'ho: ma il debil corpo
Egro ei soggiace;... e a lenti passi in tomba
Andar mi sento... — Ogni mio poco e rado
Cibo, mi è tosco: mi sfugge il sonno,
O con fantasmi di morte tremendi,
Più che il vegliar, mi dan martiro i sogni:
Nè dì, nè notte, io non trovo mai pace,
Nè riposo, nè loco. Eppur sollievo
Nessuno io bramo; e stimo, e aspetto e chieggo
Come rimedio unico mio, la morte.
Ma, per più mio supplicio, co' suoi lacci
Viva mi tien natura. Or me compiango,
Or me stessa abborrisco: e pianto, e rabbia

E pianto ancora... E' la vicenda questa,
Incessante, insoffribile, feroce,
In cui miei giorni infelici trapasso. —
Ma che?... Voi pur dell'orrendo mio stato
Piangete?... Oh madre amata!... Entro il tuo seno
Ch'io suggendo tue lagrime conceda
Un breve sfogo anco alle mie!....

CEC.   Diletta
Figlia, chi può non piangere al tuo pianto?...

CIN.
Squarciare il cor mi sento da' suoi detti.
Ma in somma pur, che far si dee?..

MIR.   Ma in somma,
(Deh! mel credete) in mio pensier non cadde
Mai di attristarvi, nè di trarvi a vana
Pietà di me, coll'accennar mie fere
Non narrabili angosce. — Da che ferma,
Perèo scegliendo, ebbi mia sorte io stessa,
Meno affannosa rimaner mi parve,
Da prima, è ver; ma quanto poi più il giorno
Del nodo indissolubil si appressava,
Vieppiù forti le smanie entro al mio cuore
Ridestavansi; a tal, ch'io ben tre volte
Pregarvi osai di allontanarlo. In questi
Indugi io pur mi racquetava alquanto:
Ma, col scemar del tempo, ricrescea
Di mie furie la rabbia. Oggi son elle,
Con mia somma vergogna e dolor sommo
Giunte al lor colmo alfin: ma sento anch'oggi,
Che nel lor petto di lor possa han fato
L'ultima prova. Oggi a Perèo son io
Sposa, o questo esser demmi il giorno estremo.

CEC.
Che sento?.. Oh figlia!... E alle ferali nozze
Ostinarti tu vuoi?...

CIN.   No, mai non fia.
Perèo non ami: e mal tuo grado indarno,
Vuoi darti a lui....

MIR.   Deh! non mi tôrre ad esso,
O dammi tosto a morte ... E' ver, ch'io, forse,
Quanto egli me, non l'amo;... e ciò neppure
Io ben mel so... Credi, ch'io assai lo estimo;
E che null'uomo avrà mia destra al mondo,

S'egli non l'ha. Caro al mio core, io spero,
Perèo sarà, quanto il debb'esser; seco
Vivendo io fida e indivisibil sempre,
Egli in me pace, io spero, egli in me gioja
Tornar farà: cara, e felice forse,
Un giorno ancor mi fia la vita. Ah! s'io
Finor non l'amo al par ch'ei merta, è colpa
Non di me, del mio stato: in cui me stessa
Prima abborrisco... Io l'ho pur scelto; ed ora,
Io di nuovo lo scelgo: io bramo, io chieggo,
Lui solo. Oltre ogni dire, a voi gradita
Era la scelta mia: si compìa or dunque
Come il voleste, e come io 'l voglio, il tutto.
Poichè maggior del mio dolor io sono,
Siatel pur voi. Quanto il potrò più lieta
Vengo in breve alle nozze: e voi, beati
Ve ne terrete un giorno.

CEC. Oh rara figlia!
Quanti mai pregi aduni!

CIN. Un po' mi acqueta
Il tuo parlar: ma tremo......

MIR. In me più forte
Tornar mi sento, in favellarvi. Appieno
Tornar, sì, posso di me stessa io donna,
(Ove il voglian gli Dei) pur che soccorso
Voi men prestiate.

CIN. E qual soccorso?

CEC. Ah! parla
Tutto faremo.

MIR. Addolorarvi ancora
Io deggio. Udite. — Al travagliato petto,
E alla turbata egra mia mente oppressa
Alto rimedio or fia, di nuovi oggetti
La vista; e in ciò il più tosto, il miglior fia.
L'abbandonarvi (oh ciel!) quanto a me costi,
Dir nol posso, il diranno le mie lagrime
Quand'io darovvi il terribile addio:
Se il potrò pur, senza cadere,..... o madre,
Infra tue braccia estinta.... Ma, s'io pure
Lasciar vi posso, il dì verrà, che a questo
Generoso mio sforzo, e vita, e pace,
E letizia dovrò

CEC.   Tu di lasciarci
  Parli?E il vuoi tosto; e in un lo temi e il brami?
  Ma qual fia mai?...

CIN.   Lasciarci? e a noi che resta
  Senza di te? Ben di Perèo tu poscia
  Irne al padre dovrai; ma intanto pria
  Lieta con noi qui lungamente ancora.....

MIR.
  E s'io qui lieta esser per or non posso
  Vorreste voi qui pria morta vedermi,
  Che felice sapermi in stranio lido? —
  Tosto, più o meno, il mio destin mi chiama
  Nella reggia d'Epiro: ivi pur debbo
  Con Perèo dimorarmi. A voi ritorno
  Faremo un dì, quando il paterno scettro
  Perèo terrà. Di molti figli e cari
  Me, lieta madre, rivedrete in Cipro,
  Se il concedono i Numi; e, qual più a grido
  A voi sarà tra i figli miei, sostegno
  Vel lasceremo ai vostri anni canuti.
  Così a questo bel regno erede avrete
  Del sangue vostro; poichè a voi negato
  Prole han finor del miglior sesso i Numi.
  Voi primi allor benedirete il giorno,
  Che partir mi lasciaste. — Al sol novello
  Deh! concedete, che le vele ai venti
  Meco Perèo dispieghi. Io sento in cuore
  Certo un presagio funesto, che dove
  Il partir mi neghiate (ahi lassa!) io preda
  In questa reggia infausta oggi rimango
  D'una invincibil sconosciuta possa:
  Che a voi per sempre io sto per essere tolta
  Deh! voi pietosi, o al mio presagio fero
  Crediate; o, all'egra fantasia dolente,
  Cedendo, secondar piacciavi il mio
  Errore. La mia vita, il mio destino,
  Ed anco (oh cielo! io fremo) il destin vostro,
  Dal mio partir, tutto, pur troppo! or pende.

CEC.
  Oh figlia!...

CIN.   Oimè!... Tremar ci fan tuoi detti!...
  Ma pur, quanto a te piace, appien si faccia.
  Qual ch'esser possa il mio dolor pria voglio

Non più vederti, che così vederti. —
E tu, dolce consorte, in pianto muta
Ti stai?... Consenti al suo desio?
CEC. Morirne
Fossi almen certa, come (ahi trista!) il sono
Di viver sempre in sconsolato pianto!...
Fosse almen vero un dì l'augurio fausto,
Che dei cari nepoti ella ne accenna!...
Ma, poich'è tale il suo strano pensiero,
Pur ch'ella viva, seguasi.
MIR. La vita,
Madre, or mi dài per la seconda volta.
Presta alle nozze io son fra un'ora. Il tempo
Vel proverà, s'io v'ami; ancor che lieta
Io di lasciarvi appaja. — Or mi ritraggo
A mie stanze; per poco: asciutto affatto
Recar vo' il ciglio all'ara; e al degno sposo
Venir gradita con serena fronte.

SCENA III.

Ciniro e Cecri.

CEC.
Miseri noi! Misera figlia!...
CIN. Eppure,
Di vederla ogni giorno più infelice,
No, non mi basta il core. Invan l'opporci...
CEC.
Oh sposo!... Io tremo, che ai nostri occhi appena
Toltasi, il fero suo dolor la uccida.
CIN.
Ai detti, agli atti, ai guardi, anco ai sospiri,
Par che la invasi orribilmente alcuna
Sovrumana possanza.
CEC. ...Ah! ben conosco,
Cruda, implacabil Venere, le atroci
Tue vendette. Scontare, ecco, a me fai,
In questa guisa, il mio parlar superbo.
Ma, la mia figlia era innocente; io sola...
L'audace io fui: la iniqua, io sola...

CIN.   Oh cielo!
Che osasti mai contro la Dea?...
CEC.   Me lassa!...
Odi il mio fallo, o Ciniro. — In vedermi
Moglie adorata del più amabil sposo,
Del più avvenente infra i mortali, e madre
Per lui d'unica figlia (unica al mondo
Per leggiadria, beltà, modestia e senno)
Ebbra, il confesso di mia sorte, osava
Negar io sola a Venere, gli incensi.
Vuoi più? Folle, orgogliosa, a insania tanta
(Ahi sconsigliata!) io giunsi, che dal labbro
Io sfuggir mi lasciava, che più gente
Tratta è di Grecia e d'Oriente omai
Dalla famosa alta beltà di Mirra,
Che non mai tratta per l'addietro in Cipro
Dal sacro culto della Dea ne fosse.
CIN.
Oh che mi narri?
CEC.   Ecco, dal giorno in poi.
Mirra più pace non aver; sua vita,
E sua beltà, qual debil cera al fuoco
Lentamente distruggersi; e niun bene
Non v'essere più per noi. Che non fec'io,
Per placar poi la Dea? Quanti non porsi
E preghi, e incensi, e pianti? Indarno sempre.
CIN.
Mal festi, o donna; e fu il tacermel peggio.
Padre innocente appieno, io co' miei voti
Forse acquetar potea l'ira celeste:
E forse ancor (spero) il potrò. Ma intanto.
Io pur di Mirra or nel pensier concorro;
Ben forza è tôrre, e senza indugio nullo,
Da quest'isola sacra il suo cospetto.
Chi sa? Seguirla in altre parti forse
L'ira non vuol dell'oltraggiato Nume:
E quindi forse la infelice figlia,
Tal sentendo presagio ignoto in petto,
Tanto il partir desia, tanto ne spera. —
Ma vien Perèo: ben venga; ei sol serbarci
Può la figlia, col torcela.
CEC.   Oh destino!

SCENA IV.

Ciniro, Perèo e Cecri.

PER.
  Tardo, tremante, irresoluto, e pieno
  Di mortal duolo, voi mi vedete. Un fero
  Contrasto è in me: pur, gentilezza, e amore
  Vero d'altrui, non di me stesso, han vinto.
  Men costerà la vita. Altro non duolmi,
  Che il non poter, con util vostro almeno,
  Spenderla omai: ma l'adorata Mirra
  A morte io trarre, ah! no, non voglio. Il nodo
  Fatal si rompa; e de' miei giorni a un tempo
  Rompasi il filo.

CIN.   Oh figlio!... ancor ti appello
  Di tal nome; e il sarai tra breve, io spero.
  Noi, dopo te, noi pure i sensi udimmo
  Di Mirra: io seco, qual verace padre,
  Tutto adoprai perch'ella appien seguisse
  Il suo libero intento: ma, più salda,
  Che all'aure, scoglio, ella si sta: te solo,
  E vuole, e chiede; e teme, che a lei tolto
  Sii tu. Cagion del suo dolore addurne
  Ella stessa non sa; l'egra salute,
  Che l'effetto pria n'era, omai n'è forse
  La cagion sola. Ma il suo duol profondo
  Merta, qual ch'egli sia, pietà pur molta;
  Nè sdegno alcuno in te destar debb'ella,
  Più che ne desti in noi. Sollievo dolce
  Tu del suo mal sarai: d'ogni sua speme
  L'amor tuo forte, è base. Or, qual vuoi prova
  Maggior di questa? Al nuovo dì lasciarci
  (Noi, che l'amiam pur tanto!) ad ogni costo
  Vuole ella stessa; e per ragion ne assegna,
  L'esser più teco, il divenir più tua.

PER.
  Creder, deh, pure il potess'io! Ma appunto
  Questo partir sì subito... Oimè! tremo,
  Che in suo pensier disegni ella stromento
  Della sua morte farmi.

CEC.   A te, Perèo,
  Noi l'affidiamo: il vuole oggi il destino.

Pur troppo qui, su gli occhi nostri, morta
Cadrìa, se ostare al suo voler più a lungo
Cel sofferisse il core. In giovin mente
Grande ha possanza il variar gli oggetti.
Ogni tristo pensier deponi or dunque;
E sol ti adopra in lei vieppiù far lieta.
La tua pristina gioja in volto chiama,
E, col non mai del suo dolor parlarle,
Vedrai che in lei presso a finir fia 'l duolo.

PER.
   Creder dunque poss'io, creder davvero,
Che non mi abborre Mirra?

CIN.   A me tu il puoi
Creder, deh! sì. Qual ti parlassi io dianzi,
Rimembra; or son dal suo parlar convinto,
Che, lungi d'esser de' suoi lai cagione,
Suo sol rimedio ella tue nozze estima.
Dolcezza assai d'uopo è con essa; e a tutto
Piegherassi ella. Vanne; e a lieta pompa
Disponi in breve; e in un (pur troppo!) il tutto
Per involarci al nuovo sol la figlia,
Anco disponi. Del gran tempio all'ara,
A Cipro tutta in faccia andar non vuolsi:
Chè il troppo lungo rito al partir ratto
Ostacol fôra. In questa reggia, gl'inni
D'Imenèo canteremo.

PER.   A vita appieno
Tornato m'hai. Volo: a momenti io riedo.

ATTO QUARTO

SCENA I.

Euriclèa e Mirra.

MIR.
  Sì; pienamente in calma omai tornata,
  Cara Euriclèa, mi vedi; e lieta, quasi,
  Del mio certo partire.
EUR.   Oimè! fia vero?... .
  Sola ne andrai col tuo Perèo... nè trarti
  Al fianco vuoi, non una pur di tante
  Tue fide ancelle? E me da lor non scerni,
  Che neppur me tu vuoi?... Di me che fia,
  Se priva io resto della dolce figlia?
  Solo in pensarvi, oimè! morir mi sento...
MIR.
  Deh! taci... Un dì ritornerò...
EUR.   Deh! il voglia,
  Il voglia il cielo! Oh figlia amata!... Ah! tale
  Durezza in te, no, non credea: sperato
  Avea pur sempre morirmi al tuo fianco...
MIR.
  S'io meco alcun di questa reggia trarre
  Acconsentir poteva, eri tu sola,
  Quella ch'io chiesta avrei... Ma, in ciò son salda...
EUR.
  E il nuovo dì tu parti?...
MIR.   Al fin certezza
  Dai genitor ne ottenni; e scior vedrammi
  Da questo lido la nascente aurora.
EUR.
  Deh! ti sia fausto il dì!... Pur ch'io felice
  Almen ti sappia!... Ella è ben cruda gioja,
  Questa che quasi ora in lasciarci mostri...
  Pur, se a te giova, io piangerò, ma muta
  Con la dolente genitrice...

MIR.   Oh! quale
  Muovi tu assalto al mio mal fermo cuore?...
  Perchè sforzarmi al pianto?
EUR.   E come il pianto
  Celar poss'io?... Quest'è l'ultima volta,
  Ch'io ti vedo e ti abbraccio. D'anni molti
  Carca me lasci, e di dolor più assai.
  Al tuo tornar, se pur mai riedi, in tomba
  Mi troverai! Qualche lagrima, spero,...
  Alla memoria..... della tua Euriclèa...
  Almen darai...
MIR.   Deh!... per pietà mi lascia,
  O taci almeno, — Io tel comando; taci.
  Essere omai per tutti dura io deggio:
  Ed a me prima io 'l sono. — E' giorno questo
  Di gioja e nozze. Or, se tu mai mi amasti,
  Aspra ed ultima prova oggi ten chieggo:
  Frena il tuo pianto,... e il mio. — Ma, già lo sposo
  Venirne io veggio. Ogni dolor sia muto.

SCENA II.

Pereo, Mirra e Euriclèa.

PER.
  D'inaspettata gioja hammi ricolmo,
  Mirra, il tuo genitore: ei stesso, lieto,
  Il mio destin, ch'io tremando aspettava,
  Annunziommi felice. Ai cenni tuoi
  Preste saranno al nuovo albòr mie vele,
  Poichè tu il vuoi così. Piacemi almeno,
  Che vi acconsentan placidi e contenti
  I genitori tuoi: per me non altra
  Gioja esser può, che di appagar tue brame.
MIR.
  Sì, dolce sposo; ch'io già tal ti appello;
  Se cosa io mai ferventemente al mondo
  Bramai, di partir teco al nuovo sole
  Tutta ardo, e il voglio. Il ritrovarmi io tosto
  Sola con te; non più vedermi intorno
  Nullo dei tanti oggetti a lungo stati
  Testimon del mio pianto, e cagion forse;

Il solcar nuovi mari, e a nuovi regni
Irne approdando; aura novella e pura
Respirare, e tuttor trovarmi al fianco
Pien di gioja e d'amore un tanto sposo;
Tutto, in breve, son certa, appien mi debbe
Quella di pria tornare. Allor sarotti
Meno increscevol, spero. Aver t'è d'uopo
Pietade intanto alcuna del mio stato;
Ma, non fia lunga; accértati. Il mio duolo,
Se tu non mai men parli, in breve svelto
Fia da radice. Deh! non la paterna
Lasciata reggia, e non gli orbati e mesti
Miei genitor; nè cosa, in somma, alcuna
Delle già mie, tu mai, nè rimembrarmi
Dèi, nè pur mai nomarmela. Fia questo
Rimedio, il sol, che asciugherà per sempre
Il mio finor perenne orribil pianto.

PER.
Strano, inaudito è il tuo disegno, o Mirra:
Deh! Voglia il ciel, ch'ei non t'incresca un giorno!
Pur, benchè in cor lusinga omai non m'entri
D'esserti caro, in mio pensier son fermo
Di compier ciecamente ogni tua brama;
Ove poi voglia il mio fatal destino,
Ch'io mai non merti l'amor tuo, la vita
Che per te sola io serbo (questa vita,
Cui tolta io già di propria man mi avrei,
S'oggi perderti affatto erami forza)
Questa mia vita per sempre consacro
Al tuo dolore, poichè a ciò mi hai scelto.
A pianger teco, ove tu il brami; a farti,
Tra giuochi e feste, il tuo cordoglio e il tempo
Ingannar, se a te giova; a porre in opra,
A prevenir tutti i desiri tuoi;
Sposo, amico, fratello, amante, o servo,
A mostrarmiti ognor, qual più mi vogli,
Ecco, a quant'io son presto: e in ciò soltanto
La mia gloria fia posta e l'esser mio.
Se non potrai me poscia amar tu mai,
Parmi esser certo, che odïarmi almeno
Neppur potrai.

MIR.   Che parli tu? Deh! meglio
Mirra e te stesso in un conosci e apprezza.
Alle tante tue doti amor sì immenso

V'aggiungi tu, che di ben altro oggetto,
Ch'io nol son, ti fa degno. Amor sue fiamme
Porrammi in cor, tosto che sgombro ei l'abbia
Dal pianto appieno. Indubitabil prova
Abbine, ed ampia, oggi in veder ch'io scelgo
D'ogni mio mal, te sanator pietoso;
Ch'io stimo te, ch'io ad alta voce appello,
Perèo, te sol liberator mio vero.

PER.
D'alta gioia or m'infiammi: il tuo bel labro
Tanto mai non mi disse; entro al mio core
Stanno in note di fuoco omai scolpiti
Questi tuoi dolci accenti. — Ecco venirne
Già i sacerdoti, e la festosa turba
E i cari nostri genitori. O sposa,
Deh! questo istante a te davver sia fausto,
Come il più bello è a me del viver mio!

SCENA III.

Ciniro, Cecri, Popolo, **Mirra, Perèo** ed **Euriclèa**
Sacerdoti, Coro di fanciulli, donzelli e vecchi;

CIN.
Amati figli, augurio lieto io traggo
Dal vedervi precedere a noi tutti,
Al sacro rito. In sul tuo viso è sculta,
Perèo, la gioja; e della figlia io veggo
Fermo e sereno anco l'aspetto. I Numi
Certo abbiamo propizj. — In copia incensi
Fumino or dunque in su i recati altari;
E, per far vie più miti a noi gli Dei,
Schiudasi il canto; al ciel rimbombin grati
I devoti inni vostri alti-sonanti.

CORO.
(1) « O tu, che noi mortali egri conforte,
« Fratel d'Amor, dolce Imenèo, bel Nume;

---

(1) *Ove il coro non cantasse, precederà ad ogni stanza una breve sinfonia adattata alle parole, che stanno per recitarsi poi.*

« Deh! fausto scendi; — e del tuo puro lume
« Fra i lieti sposi accendi
« Fiamma, cui nulla estingua, altro che morte. —
FAN.
« Benigno a noi, lieto Imenèo, deh! vola
« Del tuo german su i vanni;
DON.
« E co' suoi stessi inganni
« A lui tu l'arco, — e la faretra invola:
VEC.
« Ma scendi scarco
« Di sue lunghe querele e tristi affanni: —
CORO.
« De' nodi tuoi, bello Imenèo giocondo,
« Stringi la degna coppia unica al mondo.
EUR.
Figlia, che fia? Tu tremi?... Oh cielo!...
MIR.   Taci:
Deh! taci....
EUR.   Eppur...
MIR.   No, non è ver; non tremo. —
CORO.
« O d'Imenèo e d'Amor madre sublime,
« O tra le Dive Diva,
« Alla cui possa nulla possa è viva;
« Venere, deh! fausta agli sposi arridi
« Dalle olimpiche cime.
« Se sacri mai ti fur di Ciprò i lidi.
FAN.
« Tutta è tuo don questa beltà sovrana,
« Onde Mirra è vestita, e non altera;
DON.
« Lasciarci in terra la tua immagin vera
« Piacciati, deh! col farla allegra e sana;
VEC.
« E madre in breve di sì nobil prole,
« Che il padre, e gli avi, e i regni lor, console. —
CORO.
« Alma Dea, per l'azzurre aure del cielo,
« Coi be' nitidi cigni al carro aurato,
« Raggiante scendi; abbi i due figli a lato;

« E del bel roseo velo
« Gli sposi all'ara tua prostrati ammanta;
« E in due corpi una sola alma traspianta.
CEC.
   Figlia, deh! sì; della possente nostra
   Diva, tu sempre umil... Ma che? Ti cangi
   Tutta d'aspetto?... Oimè! vacilli? E appena
   Su i piè tremanti?...
MIR.   Ah! per pietà, coi detti
   Non cimentar la mia costanza, o madre:
   Del sembiante non so;... ma il cor, la mente,
   Salda stommi, immutabile.
EUR.   Per essa
   Morir mi sento.
PER.   Oimè! vieppiù turbarsi
   La veggo in volto?... Oh qual tremor mi assale! —
CORO.
   « La pura Fe', l'eterna alma Concordia,
   « Abbian lor templo degli sposi in petto;
   « E indarno sempre la infernale Aletto,
   « Con le orribili suore,
   « Assalto muova di sue negre tede
   « Al forte intatto core
   « Dell'alta sposa, — che ogni laude eccede:
   « E, invan rabbiosa,
   « Se stessa roda la feral Discordia...
MIR.
   Che dite voi? Già nel mio cor, già tutte
   Le furie ho in me tremende. Eccole; intorno
   Col vipereo flagello e l'atre faci
   Stan le rabide Erinni: ecco quai merta
   Questo imenèo le faci....
CIN.   Oh ciel! che ascolto?
CEC.
   Figlia, oimè! tu vaneggi...
PER.   Oh infauste nozze!
   Non fia mai, no mai...
MIR.   — Ma che? Già taccion gl'inni?..
   Chi al sen mi stringe? Ove son io? Che dissi?
   Son io già sposa? Oimè...
PER.   Sposa non sei,
   Mirra; nè mai tu di Perèo, tel giuro,

Sposa sarai. Le agitatrici Erinni,
Minori no, ma dalle tue diverse,
Mi squarcian pure il cuore. Al mondo intero
Favola omai mi festi; ed a me stesso
Più insoffribil, che a te; non io pertanto
Farti voglio infelice. Appien tradita,
Mal tuo grado, ti sei: tutto traluce
L'invincibile tuo lungo ribrezzo,
Che per me nutri. Oh noi felici entrambi.
Chè ti tradisti in tempo! Omai disciolta
Sei dal richiesto ed abborrito giogo.
Salva, e libera, sei. Per sempre io tolgo
Dagli occhi tuoi quest'odioso aspetto...
Paga e lieta vo' farti... Infra brev'ora,
Qual resti scampo a chi te perde, udrai.

SCENA IV.

Ciniro, Mirra, Cecri, Euriclèa
Sacerdoti, Coro e Popolo.

CIN.
Contaminato è il rito; ogni solenne
Pompa omai cessi, e taccian gl'inni. Altrove
Itene intanto, o sacerdoti. Io voglio,
(Misero padre!) almen pianger non visto.

SCENA V.

Ciniro, Mirra, Cecri ed **Euriclèa.**

EUR.
Mirra più presso a morte assai, che a vita,
Stassi; il vedete, ch'io a stento la reggo?
Oh figlia!....
CIN.   Donne, a sè medesima in preda
Costei si lasci, e alle sue furie inique.
Duro, crudel, mal grado mio, mi ha fatto

Con gl'inauditi modi suoi: pietade
Più non ne sento. Ella, all'altar venirne,
Contra il voler dei genitori quasi,
Ella stessa il voleva: e sol, per trarci
A tal nostr'onta e sue?... Pietosa troppo,
Delusa madre, lasciala; se pria
Noi severi non fummo, è giunto il giorno
D'esserlo al fine.

MIR.   E' ver: Ciniro meco
Inesorabil sia; null'altro io bramo;
Null'altro io voglio. Ei terminar può solo
D'una infelice sua figlia non degna
I martir tutti. — Entro al mio petto vibra
Quella che al fianco cingi ultrice spada;
Tu questa vita misera, abborrita,
Davi a me già; tu me la togli: ed ecco
L'ultimo dono, ond'io ti prego... Ah! pensa;
Che se tu stesso, e di tua propria mano,
Me non uccidi, a morir della mia
Omai mi serbi, ed a null'altro.

CIN.   Oh! figlia!...
CEC.
Oh parole!... Oh dolor!... Deh! tu sei padre;
Padre tu sei;... perchè inasprirla?... Or forse
Non è abastanza misera?... Ben vedi,
Mal di sè stessa è donna; ad ogni istante
Fuor di sè stessa è dal dolore...

EUR.   O Mirra...
Figlia,.. e non m'odi?.. Parlar,.. pel gran pianto...
Non posso...

CIN.   Oh stato!... A sì terribil vista
Non reggo... Ah! sì, padre pur troppo io sono;
E di tutti il più misero... Mi sforza
Già, più che l'ira, or la pietà. Mi traggo
A pianger solo altrove. Ah! voi sovr'essa
Vegliate intanto. — In sè tornata, in breve,
Ella udrà poscia favellarle il padre.

SCENA VI.

Cecri, Mirra ed Euriclèa.

EUR.
Ecco, di nuovo ella i sensi ripiglia...
CEC.
Buona Euriclèa, con lei lasciami sola:
Parlarle voglio.

SCENA VII.

Cecri e Mirra.

MIR.   — Uscito è il padre?... Ei dunque
Ei di uccidermi niega?... Deh! pietosa
Dammi tu, madre, un ferro; ah! sì; se l'ombra
Pur ti riman per me d'amore, un ferro,
Senza indugiar, dammi tu stessa. Io sono
In senno appieno; e ciò ch'io dico, e chieggo,
So quanto importi: al senno mio, deh! credi;
N'è tempo ancor; ti pentirai, ma indarno,
Del non mi aver d'un ferro oggi soccorsa.
CEC.
Diletta figlia... oh ciel!... tu, pel dolore,
Certo vaneggi. Alla tua madre mai
Non chiederesti un ferro... — Or, più di nozze
Non si favelli: uno inaudito sforzo
Quasi pur troppo a compierle ti trasse;
Ma, più di te potea natura: i Numi
Io ne ringrazio assai. Tu fra le braccia
Della dolce tua madre starai sempre:
E se ad eterno pianto ti condanni,
Pianger io teco eternamente voglio,
Nè mai, nè d'un sol passo, mai lasciarti:
Sarem sol'una: e del dolor tuo stesso,
Poich'ei da te partir non vuolsi, anch'io
Vestirmi vo'. Più suora a te, che madre,
Spero mi avrai... Ma, oh ciel! che veggio? O figlia,
Meco adirata sei?... Me tu respingi?...
E di abbracciarmi nieghi? E gl'infuocati

Sguardi?... Oimè! figlia, anco alla madre?...
MIR.   Ah! troppo
Dolor mi accresce anco il vederti: il cuore,
Nell'abbracciarmi tu, vieppiù mi squarci... —
Ma... oimè!... che dico?... Ahi madre!... Ingrata
                                                iniqua,
Figlia indegna son io, che amor non merto.
Al mio destino orribile me lascia;....
O se di me vera pietà tu senti,
Io tel ridico, uccidimi.

CEC.   Ah! me stessa
Ucciderei, s'io perderti dovessi:
Ahi cruda! E poi tu dirmi, e replicarmi
Così acerbe parole? — Anzi, vo' sempre
D'ora in poi sul tuo viver vegliar io.

MIR.
Tu vegliare al mio vivere? Ch'io deggia,
Ad ogni istante, io rimirarti? Innanzi
Agli occhi miei tu sempre? Ah! pria sepolti
Voglio in tenebre eterne gli occhi miei:
Con queste man mie stesse, io stessa pria
Me li vo' sverre, io, dalla fronte...

CEC.   Oh cielo!
Che ascolto?... Oh ciel!... Rabbrividir mi fai.
Me dunque abborri?...

MIR.   Tu prima, tu sola.
Tu sempiterna cagione funesta
D'ogni miseria mia...

CEC.   Che parli?... Oh figlia!...
Io la cagion?... Ma già il tuo pianto a rivi....

MIR.
Deh! perdonami; deh!... Non io favello;
Una incognita forza in me favella....
Madre, ah! troppo tu m'ami; ed io...

CEC.   Me nomi
Cagion?...

MIR.   Tu, sì: de' mali miei cagione
Fosti, nel dar vita ad un'empia; e il sei,
Se or di tormela nieghi; or, ch'io ferventi
Prieghi ten porgo. Ancor n'è tempo; ancora
Sono innocente, quasi... — Ma,... non regge

A tante furie... il languente... mio... corpo...
Mancano i piè,... mancano.... i sensi...

CEC. Io voglio
Trarti alle stanze tue. D'alcun ristoro
D'uopo hai, son certa; dal digiun tuo lungo
Nasce in te il vaneggiare. Ah! vieni; e al tutto
In me ti affida: io vo' servirti, io sola.

ATTO QUINTO

SCENA I.

Ciniro.

Oh sventurato, oh misero Perèo!
Troppo verace amante!... Ah! s'io più ratto
Al giunger era, il crudo acciaro forse
Tu non vibravi entro al tuo petto. — Oh cielo! ·
Che dirà l'orbo padre? Ei lo attendeva
Sposo, e felice; ed or di propria mano
Estinto, esangue corpo, innanzi agli occhi
Ei recar sel vedrà. — Ma, sono io padre
Men di lui forse addolorato? E' vita
Quella, a cui resta, infra sue furie atroci,
La disperata Mirra? E' vita quella,
A cui l'orrido suo stato noi lascia? —
Ma, udirla voglio: e già di ferreo usbergo
Armato ho il core. Ella ben merta (e il vede)
Il mio sdegno; ed in prova, al venir lenta
Mostrasi: eppur, dal terzo messo ella ode
Già il paterno comando. — Orribil certo,
E rilevante arcano havvi nascoso
In questi suoi travagli. O il vero udirne
Dal di lei labro io voglio; o mai non voglio,
Mai più, vederlo al mio cospetto innante...
Ma, (oh ciel!) se forza di destino, ed ira
Di offesi Numi a un lagrimar perenne
La condanna innocente, aggiunger deggio
L'ira d'un padre a sue tante sventure?
E abbandonata, e disperata, a lunga
Morte lasciarla?... Ah! mi si spezza il core...
Pure, il mio immenso affetto, in parte almeno,
Ora è mestier, ch'io per la prova estrema,
Le asconda. In suon di sdegno ella finora
Mai non mi udìa parlarle: il cor sì saldo,
No, donzella non ha, che incontro basti
Al non usato minacciar del padre. —

Eccola al fine. — Oimè! come si avanza
A tardi passi, e sforzati! Par ch'ella
Al mio cospetto a morire sen venga

SCENA II.

Ciniro e Mirra

CIN.
— Mirra, che nulla tu il mio onor curassi,
Creduto io mai, no, non l'avrei; convinto
Me n'hai (pur troppo!) in questo dì fatale
A tutti noi: ma, che ai comandi espressi,
E replicati del tuo padre, or tarda
All'obbedir tu sii, più nuovo ancora
Questo a me giunge.

MIR.   Del mio viver sei
Signor, tu solo.... Io de' miei gravi... e tanti
Falli... la pena... a te chiedeva,.... io stessa,...
Or dianzi,.... qui... — Presente era la madre;...
Deh! perchè allor.... non mi uccidevi?...

CIN.   E' tempo,
Tempo ormai, sì, di cangiar modi, o Mirra.
Disperate parole indarno muovi;
E disperati, e in un tremanti sguardi
Al suolo affissi indarno. Assai ben chiara
In mezzo al dolor tua traluce l'onta;
Rea ti senti tu stessa. Il tuo più grave
Fallo, è il tacer col padre tuo: lo sdegno
Quindi appien tu ne merti; e che in me cessi
L'immenso amor, che all'unica mia figlia
Io già portai. — Ma che? Tu piangi? E tremi?
E inorridisci?... E taci? — A te fia dunque
L'ira del padre insopportabil pena?

MIR.
Ah!... peggior... d'ogni morte...

CIN.   Odimi. — Al mondo
Favola hai fatto i genitori tuoi
Quanto te stessa, con l'infausto fine

Che alle da te volute nozze hai posto.
Già l'oltraggio tuo crudo i giorni ha tronchi
Del misero Perèo.....
MIR.   Che ascolto? Oh cielo!
CIN.
Perèo, sì, muore; e tu lo uccidi. Uscito
Del nostro aspetto appena, alle sue stanze
Solo, e sepolto in un muto dolore,
Ei si ritrae; null'uomo osa seguirlo.
Io, (lasso me!) tardo pur troppo io giungo...
Dal proprio acciaro trafitto, ei giacea
Entro un mare di sangue: a me gli sguardi
Pregni di pianto e di morte innalzava:....
E, fra i singulti estremi, dal suo labbro
Usciva ancor di Mirra il nome. — Ingrata....
MIR.
Deh! più non dirmi... Io sola, io degna sono,
Di morte..... e ancor respiro?
CIN.   Il duolo orrendo
Dell'infelice padre di Perèo,
Io che son padre ed infelice, io solo
Sentir lo posso: io 'l so, quanto esser debba
Lo sdegno in lui, l'odio, il desio di farne
Aspra su noi giusta vendetta. — Io quindi,
Non dal terror dell'armi sue, ma mosso
Dalla pietà del giovinetto estinto,
Voglio, qual de' padre ingannato e offeso,
Da te sapere (e ad ogni costo io 'l voglio)
La cagion vera di sì orribil danno. —
Mirra, invan me l'ascondi: ah! ti tradisce
Ogni tuo menom'atto. — Il parlar rotto;
Lo impallidire, e l'arrossire; il muto
Sospirar grave; il consumarsi a lento
Fuoco il tuo corpo; e il sogguardar tremante;
E il confonderti incerta; e il vergognarti,
Che mai da te non si scompagna:..... ah! tutto,
Sì tutto in te mel dice, e invan tu il nieghi;....
Son figlie in te le furie tue... d'amore.
MIR.
Io?.... D'amor?... Deh! nol credere.... T'inganni.
CIN.
Più il nieghi tu, più ne son io convinto.
E certo in un son io (pur troppo!) omai,

Ch'esser non puote altro che oscura fiamma,
Quella cui tanto ascondi.
MIR. Oimè!... che pensi?...
Non vuoi col brando uccidermi,... e coi detti...
Mi uccidi intanto...
CIN. E dirmi pur non l'osi,
Che amor non senti? E dirmelo, e giurarlo
Anco ardiresti, io ti terrìa spergiura.
Ma, chi mai degno è del tuo cuor, se averlo
Non potea pur l'incomparabil, vero,
Caldo amartor, Perèo? — Ma, il turbamento
Cotanto è in te;... tale il tremor; sì fera
La vergogna; e in terribile vicenda,
Ti si scolpiscon sì forte sul volto;
Che indarno il labbro negherìa....
MIR. Vuoi dunque...
Farmi... al tuo aspetto... morir... di vergogna?...
E tu sei padre?
CIN. E avvelenar tu i giorni,
Troncarli vuoi, di un genitor che t'ama
Più che sè stesso, con l'inutil, crudo,
Ostinato silenzio? — Ancor son padre:
Scaccia il timor; qual ch'ella sia tua fiamma,
(Pur ch'io potessi vederti felice)
Capace io son d'ogni inaudito sforzo
Per te, se la mi sveli. Ho visto, e veggo
Tuttor, (misera figlia!) il generoso
Contrasto orribil, che ti strazia il core
Infra l'amore, e il dover tuo. Già troppo
Festi, immolando al tuo dover te stessa:
Ma, più di te possente, Amor nol volle.
La passion puossi escusare; ha forza
Più assai di noi; ma il non svelarla al padre,
Che tel comanda, e ten scongiura, indegna
D'ogni scusa ti rende.
MIR. — O Morte, Morte,
Cui tanto invoco, al mio dolor tu sorda
Sempre sarai?...
CIN. Deh! figlia, acqueta alquanto,
L'animo acqueta: se non vuoi sdegnato
Contro te più vedermi, io già nol sono
Più quasi omai; purchè tu a me favelli.
Parlami deh! come a fratello. Anch'io

Conobbi amor per prova: il nome...
MIR.   Oh cielo!...
Amo, sì, poichè a dirtelo mi sforzi;
Io disperatamente amo, ed indarno,
Ma, qual ne sia l'oggetto, nè tu mai,
Nè persona il saprà: lo ignora ei stesso...
Ed a me quasi io 'l niego.
CIN.   Ed io saperlo
E deggio e voglio. Nè a te stessa cruda
Esser tu puoi, che a un tempo assai nol sii
Più ai genitori che ti adoran sola.
Deh! parla; deh! — Già, di crucciato padre,
Vedi ch'io torno e supplice e piangente:
Morir non puoi, senza pur trarci in tomba.
Qual ch'ei sia colui ch'ami, io 'l vo' far tuo.
Stolto orgoglio di re strappar non puote
Il vero amor di padre dal mio petto.
Il tuo amor, la tua destra, il regno mio,
Cangiar ben ponno ogni persona umile
In alta e grande, e, ancor che umìl, son certo,
Che indegno al tutto esser non può l'uom ch'ami.
Te ne scongiuro, parla: io ti vo' salva,
Ad ogni costo mio.
MIR.   Salva?... Che pensi?...
Questo stesso tuo dir mia morte affretta..
Lascia, deh! lascia, per pietà, ch'io tosto
Da te... per sempre... il piè... ritragga....
CIN.   O figlia
Unica amata; oh! che di' tu? Deh! vieni
Fra le paterne braccia. — Oh cielo! in atto
Di forsennata or mi respingi? Il padre
Dunque abborrisci? E di sì vile fiamma
Ardi, che temi...
MIR.   Ah! non è vile;... è iniqua
La mia fiamma; nè mai...
CIN.   Che parli? Iniqua
Ove primiero il genitor tuo stesso
Non la condanna, ella non fia: la svela.
MIR.
Raccapricciar d'orror vedresti il padre,
Se la sapesse... Ciniro...
CIN.   Che ascolto!

MIR.
Che dico?... ah! lassa!... non so quel ch'io dica...
Non provo amor... Non creder; no... Deh! lascia,
Te ne scongiuro per l'ultima volta,
Lasciami il piè ritrarre.
CIN.   Ingrata: omai
Col disperarmi co' tuoi modi, e farti
Del mio dolore gioco, omai per sempre
Perduto hai tu l'amor del padre.
MIR.   Oh dura,
Fera, orribil minaccia!... Or, nel mio estremo
Sospir, che già si appressa, alle tante altre
Furie mie l'odio crudo aggiungerassi
Del genitor?... Da te morire io lungi?...
Oh madre mia felice!... almen concesso
A lei sarà... di morire... al tuo fianco...
CIN.
Che vuoi tu dirmi?... Oh! qual terribil lampo
Da questi accenti!... Empia, tu forse?...
MIR.   Oh cielo!
Che dissi io mai... Me misera!... Ove sono?
Ove mi ascondo?... Ove morir? — Ma il brando
Tuo mi varrà... (*Rapidissimamente avventatasi al brando del padre, se ne trafigge*).
CIN.   .Figlia... Oh! che festi? Il ferro...
MIR.
Ecco,.. or... tel rendo... Almen la destra io ratta
Ebbi al par che la lingua.
CIN.   ... Io... di spavento,...
E d'orror pieno, e d'ira,... e di pietade,...
Immobil resto.
MIR.   Oh Ciniro!... Mi vedi...
Presso al morire... Io vendicarti... seppi...
E punir me... Tu stesso, a viva forza,
L'orrido arcano... dal cor... mi strappasti...
Ma, poichè sol colla mia vita... egli esce...
Dal labro mio,... men rea... mi moro...
CIN.   Oh giorno;
Oh delitto!... Oh dolore! — A chi il mio pianto?...
MIR.
Deh! più non pianger;.. ch'io nol merto.. Ah! fuggi

Mia vista infame;... e a Cecri... ognor... nascondi..
CIN.
Padre infelice!... E ad ingoiarmi il suolo
Non si spalanca?... Alla morente iniqua
Donna appressarmi io non ardisco;... eppure,
Abbandonar la svenata mia figlia
Non posso...

SCENA III.

Cecri, Euriclèa, Ciniro e Mirra.

CEC. Al suon d'un mortal pianto...
CIN. Oh cielo!
(*Corre incontro a Cecri, e impedendola d'inoltrarsi, le toglie la vista di Mirra morente*).
Non t'inoltrar...
CEC. Presso alla figlia...
MIR. Oh voce!
EUR.
Ahi vista! Nel suo sangue a terra giace
Mirra?...
CEC. La figlia?...
CIN. Arrétrati...
CEC. Svenata!...
Come da chi?... Vederla vo'...
CIN. Ti arretra...
Inorridisci... Vieni... Ella... trafitta,
Di propria man, s'è col mio brando...
CEC. E lasci
Così tua figlia?... Ah! la vogl'io...
CIN. Più figlia
Non c'è costei. D'infame orrendo amore
Ardeva ella per... Ciniro....
CEC. Che ascolto? —
Oh delitto!...
CIN. Deh! vieni: andiam, ten priego,
A morir d'onta e di dolore altrove.

CEC.
Empia... Oh mia figlia!...
CIN. Ah vieni...
CEC. Ahi sventurata!...
Nè più abbracciarla io mai?... (*Viene trascinata fuori da Ciniro*).

SCENA IV.

Mirra ed Euriclèa.

MIR. Quand'io... tel... chiesi,...
Darmi... allora,... Euriclèa, dovevi il ferro...
Io moriva... innocente;.. empia... ora... muojo...

FINE DELLA TRAGEDIA.

Parere dell'Autore sulla Mirra

Benchè nello scrivere tragedie io mi compiaccia assai più dei temi già trattati da altri, e quindi a ognuno più noti; nondimeno, per tentare le proprie forze in ogni genere, siccome ho voluto in Rosmunda inventare interamente la favola, così in Mirra ho voluto sceglierne una, la quale, ancor che notissima, non fosse pure mai stata da altri trattata, per quanto io ne avessi notizia. Prima di scrivere questa tragedia io già benissimo sapea, doversi dire dai più (il che a dirsi è facilissimo, e forse assai più che non a provarlo), che un amore incestuoso, orribile, e contro natura, dee riuscire immorale e non sopportabile in parco. E certo, se Mirra facesse all'amore col padre, e cercasse, come Fedra fa col figliastro, di trarlo ad amarla, Mirra farebbe nausea e raccapriccio: ma, quanto sia la modestia, la innocenza di cuore, e la forza di carattere di questa Mirra, ciascuno potrà giudicarne per sè stesso, vedendola. Quindi, se lo spettatore vorrà pur concedere alquanto a quella imperiosa forza del Fato, a cui concedeano pur tanto gli antichi, io spero che egli perverrà a compatire, amare, ed appassionarsi non poco per Mirra. Avendone io letto la favola in Ovidio, dove Mirra introdotta dal poeta a parlare, narra il suo orribile amore alla propria nutrice, la vivissima descrizione ch'ella compassionevolmente le fa de' suoi feroci martiri, mi ha fatto caldissimamente piangere. Ciò solo m'indusse a credere, che una tale passione, modificata e adattata alla scena, e racchiusa nei confini dei nostri costumi, potrebbe negli spettatori produrre l'effetto medesimo che in me ed in altri avrà prodotto quella patetica descrizione di Ovidio. Non credo, finora, di essermi ingannato su questa tragedia, perchè ogni qualvolta io, non me ne ricordando più affatto, l'ho presa a rileggere, sempre ho tornato a provare quella commozione stessa che aveva provata nel concepirla e distenderla. Ma, forse in questo, io come autore mi accieco: non credo tuttavia d'esser io tenero più che altri, nè oltre il dovere. Posto adunque, che Mirra in questa tragedia appaia, come dee apparire, più innocente assai che colpevole, poichè quel che in essa è di reo, non è per così dir niente suo, in vece che tutta la virtù e la forza per nascondere, estirpare, e incrudelire contro la sua illecita passione anco a costo della propria vita, non può negarsi che ciò sia tutto ben suo; ciò posto, io dico, che non so trovare un personaggio più tragico di questo per noi, nè più continuamente atto a rattemprare sempre con la pietà l'orror ch'ella inspira.

Quelli che biasimar vorranno questo soggetto, dovrebbero per un istante supporre, che io (mutati i nomi, il che m'era facilissimo a fare) avessi trattato il rimanente affatto com'è; e ammessa questa supposizione, dovrebbe rendere imparziale e fedel conto a sè stessi, se veramente questa donzella, che non si chiamerebbe Mirra, verrebbe nel decorso della tragedia, a sembrar loro piuttosto innamorata del padre, che di un fratello assente, o di un altro prossimo congiunto, o anche d'uno non congiunto, ma di amore però condannabile sotto altro aspetto. Da nessuna parola della tragedia, fino all'ultime del quint'atto, non potranno certamente trar prova, che questa donzella sia rea di amare piuttosto il padre, che di qualunque altro illecito amore; ed essendo ella rea in una tal guisa sempre dubbiosa, più difficilmente ancora si dimostrerà ch'ella debba riuscire agli spettatori colpevole, scandalosa, ed odiosa. Ma avendola io voluta chiamar Mirra, tutti sanno tal favola, e tutti ne sparleranno, e rabbrividire vorranno d'orrore già prima di udirla.

Io, null'altro per l'autore domando, se non che si sospenda il giudizio fin dopo udite le parti; e ciò non è grazia, è mera giustizia. A parere mio, ogni più severa madre, nel paese il più costumato di Europa, potrà condurre alla rappresentazione di questa tragedia le proprie donzelle, senza che i loro teneri petti ne ricevano alcuna sinistra impressione. Il che non sempre forse avverrà, se le caste vergini verranno condotte a molte altre tragedie, le quali pure si fondano sopra lecitissimi amori.

Ma, comunque ciò sia, io senza accorgermene ho fin qui riempito assai più le parti d'autore, che non quella di censore. Il censore nondimeno, ove egli voglia esser giusto, e cercare i lumi ed il vero per lo miglioramento dell'arte, dee pure, ancor che lodare non voglia, assegnare le ragioni, il fine, ed i mezzi con cui un'opera qualunque è stata condotta.

Del carattere di Mirra ho abbastanza parlato fin qui, senza maggiormente individuarlo. Nel quart'atto c'è un punto, in cui strascinata dalla sua furiosa passione, e pienamente fuor di sè stessa, Mirra si induce ad oltraggiare la propria madre. Io sento benissimo che ella troppo parrà, e troppo è rea in quel punto: ma, data una passione in un ente tragico, bisogna pure, per quanto rattenuta ella sia, che alle volte vada scoppiando; chè se nol facesse, e debole e fredda sarebbe, e non tragica: e quanto più è raro questo scoppio, tanto maggiore dev'essere, e tanto più riuscirne terribile l'effetto. Da prima rimasi lungamente in dubbio, se io lascerei questo ferocissimo trasporto in bocca di Mirra; ma, osservatolo poi sotto tutti gli aspetti, e convinto in me stesso, ch'egli è naturalissimo in lei (benchè contro a natura sia, o lo paja), ve l'ho lasciato: e mi lusingo che sia nel vero; e che perciò potrà riuscire di sommo effetto quanto all'orror tragico, e molto accrescere ad un tempo la pubblica compassione ed affetto per Mirra. Ognuno, spero, vedrà e sentirà in quel punto, che una forza, più possente di lei, parla allora per bocca di Mirra; e che non è la figlia che parli alla madre, ma l'infelice disperatissima amante all'amata e preferita rivale. Con tutto ciò io forse avrò errato, al parere di molti, nell'inserirvi un tal tratto. A me basta di non avere offeso nè il vero nè il verisimile, nello sviluppare (discretamente però) questo nascosissimo, ma naturalissimo e terribile tasto del cuore umano.

Ciniro, è un perfetto padre, e un perfettissimo re. L'autore vi si è compiaciuto a dipingere in lui, o a provare di dipingere, un re buono, ideale, ma verisimile; quale vi potrebbe pur essere, e quale non v'è pur quasi mai.

Perèo, promette altresì di riuscire un ottimo principe. Ho cercato di appassionarlo quanto ho saputo; non so se mi sia venuto fatto. Io diffido assai di me stesso; e massimamente nella creazione di certi personaggi, che non debbono esser altro che teneri d'amore. Credo perciò, che tra i difetti di Mirra l'uno ne sarà forse costui; ma non lo posso asserire per convinzione: lo accenno, perchè ne temo.

Cecri, a me pare un'ottima madre; e così ella, come il marito, per gli affetti domestici, mi paiono piuttosto degni d'essere privati cittadini, che principi. La favola dell'ira di Venere cagionata dalla superbia materna di Cecri abbisognerà di spettatori benigni che alquanto si prestino a questa specie di mezzi, poco oramai efficaci tra noi. Confesso tuttavia, che questa madre riesce sul totale alquanto mamma, e ciarliera.

In Euriclèa l'autore ha preteso di ritrarre una persona ottima, semplicissima, e non sublime per niuna sua parte. Se ella è tale, perciò appunto piacerà forse, e commoverà. Mi pare che questa Euririlèa, bench'essa mi sappia un po' troppo di balia, si distingua alquanto dal genere comune dei personaggi secondarj, e ch'ella operi in questa tragedia alcuna cosa più che l'ascoltare. Costei nondimeno pecca, e come tutte le altre sue simili, nella propria creazione; cioè, ch'ella non è in nulla necessaria alla tessitura dell'azione, poichè si può proceder senz'essa. Ma se pure ella piace e commuove, non si potrà dire inutile affatto: e questo soggetto, più che nessun altro delle presenti tragedie, potea comportare un tal genere d'inutilità.

Nel farla confidentissima di Mirra osservo però, che l'autore ha avvertito di non farle mai confidare da Mirra il suo orribile amore, per salvare così la virtù di Euriclèa, e prolungare la innocenza di Mirra.

Questa tragedia sul totale potrà forse riuscire di un grand'effetto in teatro, perchè i personaggi tutti son ottimi; perchè mi par piena di semplicità, di dolci affetti paterni, materni e amatorj: e perchè insomma quel solo amore che inspirerebbe orrore, fa la sua parte nella tragedia così tacitamente, che io non lo credo bastante a turbare la purità delle altre passioni trattatevi: ma può bensì questo amore maravigliosamente servire a spandere sul soggetto quel continuo velo di terrore, che dee pur sempre distinguere la tragedia dalla pastorale. Io, troppo lungamente, e troppo **parzialmente forse**, ne ho parlato, per esser creduto: altri dunque la giudichi meglio da sè, e altri difetti rilevandome, mi faccia sovr'essa ricredere; chè io gliene sarò tenutissimo. Ma fino a quel **punto**, io la **reputo** una delle migliori fra queste, benchè pure sia quella, in cui l'autore ha potuto meno che in ogni altra cosa abbandonarsi al proprio carattere; ed in cui anzi ha dovuto, contra il suo solito, mostrarsi prolisso, garrulo e tenue.

BRUTO I.

BRUTO I.   Atto 1º - Scena IIª

ARGOMENTO

Dopo l'espulsione della famiglia dei Tarquinii, cangiatosi in Roma il governo di monarchico in repubblicano, n'ebbero la prima magistratura col titolo di Consoli Bruto e Collatino. Frattanto i Tarquinii si ripararono in Etruria; e mentre, favoriti da Porsenna, si preparavano alla guerra, pensarono di tentare se veniva lor giovamento dagli artifizii. Fidandosi adunque del partito non piccolo che avevano in Roma, vi spedirono ambasciatori col pretesto di trattare un accordo, ma realmente per ordire un tradimento. In tale congiura presero parte con molti nobili giovanetti gl'istessi figli di Bruto; ma scopertasi da uno schiavo la trama, furono tutti condannati a morte, come traditori della patria. E videsi Bruto, più repubblicano che padre, assistere con intrepido volto al supplizio de' rei.

BRUTO I.

PERSONAGGI

Bruto
Collatino
Tito

Tiberio
Mamilio
Valerio

Popolo - Senatori - Congiurati - Littori

Scena, il Foro in Roma.

ATTO PRIMO

SCENA I.

Bruto e Collatino.

COL.
 Dove, deh! dove, a forza trarmi, o Bruto,
 Teco vuoi tu! Rendimi, or via, mel rendi
 Quel mio pugnal, che dell'amato sangue
 Gronda pur anco... Entro al mio petto...
BRU.   Ah! pria
 Questo ferro, omai sacro, ad altri in petto
 Immergerassi, io 'l giuro. — Agli occhi intanto
 Di Roma intera, in questo foro, è d'uopo
 Che intero scoppi e il tuo dolore immenso,
 Ed il furor mio giusto.
COL.   Ah! no: sottrarmi
 Ad ogni vista io voglio. Al fero atroce
 Mio caso, è vano ogni sollievo: il ferro,
 Quel ferro sol, fia del mio pianger fine.

BRU.
Ampia vendetta, o Collatin, ti fora
Solievo pure: e tu l'avrai; tel giuro.
O casto sangue d'innocente e forte
Romana donna, alto principio a Roma
Oggi sarai.
COL.   Deh! tanto io pur potessi
Sperare ancora! Universal vendetta
Pria di morir...
BRU.   Sperare? Omai certezza
Abbine. Il giorno, il sospirato istante
Ecco al fin giunge: aver può corpo e vita
Oggi al fin l'alto mio disegno antico.
Tu, d'infelice offeso sposo, or farti
Puoi cittadin vendicator: tu stesso
Benedirai questo innocente sangue:
E, se allor dare il tuo vorrai, fia almeno
Non sparso indarno per la patria vera...
Patria, sì; cui creare oggi vuol teco,
O morir teco in tanta impresa Bruto.
COL.
Oh! qual pronunzi sacrosanto nome?
Sol per la patria vera, alla svenata
Moglie mia, sopravvivere potrei.
BRU.
Deh! vivi dunque; e in ciò con me ti adopra.
Un Dio m'inspira; ardir mi presta un Dio.
Che in cor mi grida: «A Collatino, e a Bruto.
«Spetta il dar vita e libertade a Roma.»
COL.
Degna di Bruto, alta è tua speme: io vile
Sarei, se la tradissi. O appien sottratta
La patria nostra dai Tarquinj iniqui,
Abbia or da noi vita novella; o noi
(Ma vendicati pria) cadiam con essa.
BRU.
Liberi, o no, noi vendicati e grandi
Cadremo omai. Tu, ben udito forse
Il giuramento orribil mio non hai;
Quel ch'io fea nell'estrar dal palpitante
Cor di Lucrezia il ferro, che ancor stringo.
Pel gran dolor tu sordo, mal l'udisti
In tua magion; qui rinnovarlo udrai

Più forte ancor, per bocca mia, di tutta
Roma al cospetto, e su l'estinto corpo
Della infelice moglie tua. — Già il foro,
Col sol nascente, riempiendo vassi
Di' cittadini attoniti; già corso
E' per via di Valerio ai molti il grido
Della orrenda catastrofe; ben altro
Sarà nei cor l'effetto, in veder morta
Di propria man la giovin bella e casta.
Nel lor furor, quanto nel mio, mi affido. —
Ma tu, più ch'uomo oggi esser dèi; la vista
Ritrar saprai dallo spettacol crudo;
Ciò si concede al dolor tuo; ma pure
Qui rimanerti dei: la immensa e muta
Doglia tua, più che il mio infiammato dire,
Atta a destar compassionevol rabbia
Fia nella plebe oppressa...

COL.   Oh Bruto! il Dio
Che parla in te, già il mio dolore in alta
Feroce ira cangiò. Gli estremi detti
Di Lucrezia magnanima, mi vanno
Ripercuotendo in più terribil suono
L'orecchio e il core. Esser poss'io men forte
Al vendicarla, ch'all'uccidersi ella?
Nel sangue solo dei Tarquinj infami
Lavar poss'io la macchia anco del nome,
Cui comune ho con essi.

BRU.   Ah! nasco io pure
Dell'impuro tirannico lor sangue:
Ma, il vedrà Roma, ch'io di lei son figlio,
Non della suora de' Tarquinj : e quanto
Di non romano sangue entro mie vene
Trascorre ancor, tutto cangiarlo io giuro,
Per la patria versandolo. — Ma, cresce
Già del popolo folla: eccone stuolo
Venir vêr noi: di favellare è il tempo.

SCENA II.

Bruto, Collatino e Popolo

BRU.
Romani, a me: Romani, assai gran cose
Narrar vi deggio; a me venite.

POP.   O Bruto,
E fia pur ver, quel che si udì?...
BRU.   Mirate:
Questo è il pugnal, caldo, fumante ancora
Dell'innocente sangue di pudica
Romana donna, di sua man svenata.
Ecco il marito suo; piange egli, e tace,
E freme. Ei vive ancor, ma di vendetta
Vive soltanto, infin che a brani ci vegga
Lacerato da voi quel Sesto infame,
Violator, sacrilego, tiranno.
E vivo io pur; ma fino al dì soltanto,
Che dei Tarquinj tutti appien disgombra
Roma libera io vegga.
POP.   Oh non più intesa
Dolorosa catastrofe!...
BRU.   Voi tutti,
Carchi di pianto, e di stupor le ciglia,
Su l'infelice sposo immoti io veggo!
Romani, sì miratelo; scolpita
Mirate in lui, padri, e fratelli, e sposi,
La infamia vostra. A tal ridotto, ei darsi
Morte or non debbe; e invendicato pure
Viver non può... Ma intempestivo, e vano,
Lo stupor cessi, e il pianto. — In me, Romani,
Volgete in me pien di ferocia il guardo:
Dagli occhi miei di libertade ardenti
Favilla alcuna, che di lei v'infiammi,
Forse (o ch'io spero) scintillar farovvi.
Giunio Bruto son io; quei, che gran tempo
Stolto credeste, perch'io tal m'infinsi:
E tal m'infinsi, infra i tiranni ognora
Servo vivendo, per sottrarre a un tratto
La patria, e me, dai lor feroci artigli.
Il giorno al fin, l'ora assegnata all'alto
Disegno mio dei Numi, eccola, è giunta.
Già dei servi (che il foste) uomini farvi,
Sta in voi, da questo punto. Io, per me, chieggo
Sol di morir per voi; pur ch'io primiero
Libero muoja, e cittadin di Roma.
POP.
Oh! che udiam noi? Qual maestà, qual forza
Hanno i suoi detti!... Oh ciel! ma inermi siamo;
Come affrontare i rei tiranni armati?...

BRU.
　Inermi voi? Che dite? E che? Voi dunque
　Sì mal voi stessi conoscete? In petto
　Stava a voi già l'odio verace e giusto
　Contro agli empj Tarquinj: or or l'acerbo
　Ultimo orribil doloroso esemplo
　Della lor cruda illimitata possa,
　Tratto verravvi innanzi agli occhi. Al vostro
　Alto furor fia sprone, e scorta, e capo
　Oggi il furor di Collatino, e il mio.
　Liberi farvi è il pensier vostro; e inermi
　Voi vi tenete? E riputate armati
　I tiranni? Qual forza hanno, qual armi?
　Romana forza, armi romane. Or, quale,
　Qual fia 'il Roman, che pria morir non voglia,
　Pria che in Roma o nel campo arme vestirsi
　Per gli oppressor di Roma? — Al campo è giunto,
　Tutto asperso del sangue della figlia,
　Lucrezio omai, per mio consiglio: in questo
　Punto istesso già visto e udito l'hanno
　Gli assediator d'Ardèa nemica: e al certo,
　In vederlo, in udirlo, o l'armi han volte
　No' rei tiranni, o abbandonate almeno
　Lor empie insegne, a noi difender ratti
　Volano già. Voi, cittadini, ad altri
　Ceder forse l'onor dell'armi prime
　Contra i tiranni, assentireste voi?
POP.
　Oh di qual giusto alto furor tu infiammi
　I nostri petti! — E che temiam, se tutti
　Vogliam lo stesso?
COL.　　　　　　Il nobil vostro sdegno
　L'impaziente fremer vostro, a vita
　Me richiamano appieno. Io, nulla dirvi
　Posso,... che il pianto... la voce... mi toglie...
　Ma, per me parli il mio romano brando;
　Lo snudo io primo; e la guaìna a terra
　Io ne scaglio per sempre. Ai re nel petto
　Giuro immergerti, o brando, o a me nel petto.
　Primi a seguirmi, o voi mariti e padri...
　Ma, qual spettacol veggio!.. (*Nel fondo della scena si vede il corpo di Lucrezia portato e seguito da una gran moltitudine.*)
POP.　　　　　　　　　　Oh vista atroce!

Della svenata donna, ecco nel foro...
BRU.
  Sì, Romani; affissate, (ove pur forza
Sia tanta in voi) nella svenata donna
Gli occhi affissate. Il muto egregio corpo,
La generosa orribil piaga, il puro
Sacro suo sangue, ah! tutto grida a noi:
« Oggi o tornarvi in libertade, o morti
« Cader dovrete. Altro non resta. »
POP.   Ah! tutti
Liberi, sì, sarem noi tutti, o morti.
BRU.
  Bruto udite voi dunque. — In su l'esangue
Alta innocente donna, il ferro stesso,
Cui trasse ei già dal morente suo fianco,
Innalza or Bruto; e a Roma tutta ei giura
Ciò ch'ei giurò già pria sul moribondo
Suo corpo stesso. — Infin che spada io cingo,
Finchè respiro io l'aure, in Roma il piede
Mai non porrà Tarquinio nullo; io 'l giuro;
Nè di re mai l'abbominevol nome
Null'uom più avrà, nè la possanza. — I Numi
Lo inceneriscan qui, s'alto e verace
Non è di Bruto il cuore. — Io giuro inoltre,
Di far liberi, uguali, e cittadini,
Quanti son or gli abitatori in Roma;
Io cittadino, e nulla più: le leggi
Sole avran, regno, e obbedirolle io primo.
POP.
  Le leggi, sì; le sole leggi: ad una
Voce noi tutti anco il giuriamo. E peggio
Ne avvenga a noi, che a Collatin, se siamo
Spergiuri mai.
BRU.   Veri romani accenti
Questi son, questi. Al sol concorde e intero
Vostro voler, tirannide e tiranni,
Tutto cessò. Nulla, per ora, è d'uopo,
Che chiuder lor della città le porte;
Poichè fortuna a noi propizia esclusi
Gli ebbe da Roma pria.
POP.   Ma intanto, voi
Consoli e padri ne sarete a un tempo.
Il senno voi, noi presteremvi il braccio,

Il ferro, il core..
BRU... Al vostro augusto e sacro
Cospetto, noi d'ogni alta causa sempre
Deliberar vogliamo: esser non puovvi
Nulla di ascoso a un popol re. Ma, è giusto,
Che d'ogni cosa a parte entrin pur anco
E il senato, e i patrizj. Al nuovo grido
Non son qui accorsi tutti: assai(pur troppo!)
Il ferreo scettro ha infuso in lor terrore:
Or di bell'opre, alla sublime gara,
Gli appellerete voi. Qui dunque, in breve.
Plebe e patrizj aduneremci: e data
Fia stabil base a libertà per noi.
POP.
Il primo dì che vivrem noi, fia questo.

ATTO SECONDO

SCENA I.

Bruto e **Tito.**

TITO.
  Come imponevi, ebber l'invito, o padre,
  Tutti i patrizj pel consesso augusto.
  Già l'ora quarta appressa; intera Roma
  Tosto a' tuoi cenni avrai. Mi cape appena
  Entro la mente attonita il vederti
  Signor di Roma quasi...
BRU.   Di me stesso
  Signor me vedi, e non di Roma, o Tito
  Nè alcun signor mai più saravvi in Roma.
  Io lo giurai per essa: io, che finora
  Vil servo fui. Tal mi vedeste, o figli,
  Mentre coi figli del tiranno in corte
  Io v'educava a servitù. Tremante
  Padre avvilito, a libertà nudrirvi
  Io nol potea: cagione indi voi siete,
  Voi la cagion più cara, ond'io mi abbelli
  Dell'acquistata libertà. Gli esempli
  Liberi e forti miei, scorta a virtude
  Saranvi omai, più che il servir mio prisco
  Non vel fosse a viltà. Contento io muojo
  Per la patria quel dì che in Roma io lascio,
  Fra cittadini liberi, i miei figli.
TITO.
  Padre, all'alto tuo cor, che a noi pur sempre
  Tralucea, non minor campo era d'uopo
  Di quel che immenso la fortuna or t'apre.
  Deh, possiam noi nella tua forte impresa
  Giovarti! Ma gli ostacoli son molti,
  E terribili sono. E per sè stessa
  Mobil cosa la plebe: oh quanti ajuti
  Ai Tarquinj ancor restano!...

BRU.   Se nullo
Ostacol più non rimanesse, impresa
Lieve fora, e di Bruto indi non degna:
Ma, se Bruto gli ostacoli temesse,
Degno non fora ei di compirla. — Al fero
Immutabil del padre alto proposto,
Tu il giovenile tuo bollore accoppia;
Così di Bruto, e in un di Roma figlio,
Tito, sarai. — Ma il tuo german si affretta...
Udiam qual nuove ei reca.

SCENA II.

Tiberio, Bruto e Tito.

TIB.   Amato padre,
Mai non potea nel foro in miglior punto
Incontrarti. Di gioja ebbro mi vedi:
Te ricercava. — Ansante io son, pel troppo
Ratto venir; da non mai pria sentiti
Moti agitato, palpitante, io sono.
Visti ho dappresso i rei Tarquinj or ora;
E non tremai...
TITO.   Che fu?
BRU.   Dove?....
TIB.   Convinto
Con gli occhi miei mi son, ch'egli è il tiranno
L'uom fra tutti il minore. Il re superbo,
Coll'infame suo Sesto, udita appena
Roma sommossa, abbandonava il campo:
E a sciolto fren vêr la città correa
Con stuolo eletto; e giunti eran già quivi
Presso alla porta Carmentale...
TITO.   Appunto
V'eri tu a guardia.
TIB.   Oh me felice! io 'l brando
Contro ai tiranni, io lo snudai primiero. —
Munita e chiusa la ferrata porta
Sta: per difesa, alla esterior sua parte,
Io, con venti Romani, in sella tutti,
Ci aggiriamo vegliando. Ecco il drappello,

Doppio del nostro almen, vêr noi si addrizza,
Con grida, urli e minacce. Udir, vederli,
Ravvisargli, e co' ferri a loro addosso
Scagliarci, è un solo istante. Altro è l'ardire,
Altra è la rabbia in noi: tiranni a schiavi
Credean venir; ma libertade e morte
Ritrovan ei de' nostri brandi in punta.
Dieci e più già, morti ne abbiamo; il tergo
Dan gli altri in fuga, ed è il tiranno il primo.
Gl'incalziamo gran tempo; invano; han l'ali.
Io riedo allora all'affidata porta;
E, caldo ancor della vittoria, ratto
A narrartela vengo.

BRU.   Ancor che lieve,
Esser de' pur di lieto augurio a Roma
Tal principio di guerra. Avervi io parte
Voluto avrei; che nulla al pari io bramo,
Che di star loro a fronte. Oh! che non posso
E in foro, e in campo, e lingua, e senno, e brando,
Tutto adoprare a un tempo? Ma, ben posso,
Con tai figli, adempir più parti in una.

TIB.
Altro a dirti mi resta. Allor che in fuga
Ebbi posti quei vili, io, nel tornarne
Verso le mura, il suon da tergo udiva
Di destrier che correa, su l'orme nostre;
Volgomi addietro, ed ecco a noi venirne
Del tirannico stuolo un uom soletto:
Nuda ei la destra innalza; inerme ha il fianco;
Tien con la manca un ramoscel d'olivo,
E grida, e accenna: io mi soffermo, ei giunge;
E in umil suon, messo di pace ei chiede
L'ingresso in Roma. A propor patti e scuse
Viene a Bruto, e al Senato:...

BRU.   Al popol, dici:
Chè, o nulla è Bruto, o egli è del popolo parte.
Ed era il messo?...

TIB.   Egli è Mamilio: io 'l fea
Ben da' miei custodir fuor della porta;
Quindi a saper che far sen debba io venni.

BRU.
Giunge in punto costui. Non più opportuno,
Nè più solenne il dì potea mai scerre

Per presentarsi de' tiranni il messo.
Vanne: riedi alla porta, il cerca, e teco
Tosto lo adduci. Ei parlerà, se l'osa,
A Roma tutta in faccia: e udrà risposta
Degna di Roma, io spero.
TIB.   A lui men volo.

SCENA III.

Bruto e **Tito.**

BRU.
Tu, vanne intanto ai senatori incontro;
Fa' che nel foro il più eminente loco
A lor dia seggio. Ecco, già cresce in folla
La plebe; e assai de' senator pur veggo;
Vanne; affrèttati. o Tito.

SCENA IV.

Bruto, Popolo, Senatori e Patrizi.
che si van collocando nel foro.

BRU.   — O tu, sovrano
Scutator dei più ascosi umani affetti;
Tu che il mio cor vedi ed infiammi; o Giove,
Massimo, eterno protettor di Roma;
Prestami, or deh! mente e linguaggio e spirti
Alla gran causa eguali.... Ah! sì, il farai;
S'egli è pur ver, che me stromento hai scelto
A libertà, vero e primier tuo dono.

SCENA V.

Bruto, salito in ringhiera, **Valerio,** Tito,
Popolo. Senatori e Patrizi.

BRU.
A tutti voi, concittadini, io vengo
A dar dell'opre mie conto severo.
Ad una voce mi assumeste or dianzi

Con Collatino a dignità novella
Del tutto in Roma: ed i littori, e i fasci,
E le scuri (fra voi già regie insegne)
All'annüal nostro elettivo incarco
Attribuir vi piacque. In me non entra
Per ciò di stolta ambizïone il tarlo:
D'onori, no, (benchè sien veri i vostri)
Ebbro non son: di libertate io 'l sono:
Di amor per Roma; e d'implacabil fero
Abborrimento pe' Tarquinii eterno.
Sol mio pregio fia questo: e ognun di voi
Me pur soverchii in tale gara eccelsa;
Ch'altro non bramo.

POL.   Il dignitoso e forte
Tuo aspetto, o Bruto, e il favellar tuo franco,
Tutto, sì, tutto in te ci annunzia il padre
Dei Romani, e di Roma.

BRU.   O figli, dunque:
Veri miei figli, (poichè a voi pur piace
Onorar me di un tanto nome) io spero
Mostrarvi in breve, ed a non dubbie prove,
Ch'oltre ogni cosa, oltre a me stesso, io v'amo. —
Con molti prodi il mio collega in armi
Uscito è già della cittade a campo,
Per incontrar, e in securtà raccorre
Quei che a ragion diserte han le bandiere
Degli oppressori inique. Io tutti voi,
Plebe, e Patrizi, e cavalieri, e padri,
Nel foro aduno; perchè a tutti innanzi
Trattar di tutti la gran causa io stimo.
Tanta è parte di Roma ogni uom romano,
Che nulla escluder dal consesso il puote,
Se non l'oprar suo reo. — Patrizi illustri,
Voi, pochi omai del fero brando illesi
Del re tiranno; e voi, di loro il fiore,
Senatori; adunarvi infra una plebe
Libera e giusta sdegnereste or forse?
Ah! no: troppo alti siete. Intorno intorno,
Per quanto io giri intenti gli occhi, io veggo
Romani tutti; e nulla havvene indegno,
Poichè fra noi re più non havvi — Il labro
A noi tremanti e mal sicuri han chiuso
Finora i re: nè rimaneaci scampo:
O infami farci, assenso dando infame

Alle inique lor leggi; o noi primieri
Cader dell'ira lor vittime infauste,
Se in noi l'ardir di opporci invan, sorgea.

VAL.
Bruto, il vero tu narri. — A Roma io parlo
Dei senatori in nome. — E' ver, pur troppo!
Noi da gran tempo a invidïar ridotti
Ogni più oscuro cittadino; astretti
A dispregiar, più ch'ogni reo, noi stessi;
Che più? Sforzati, oltre il comune incarco
Di servitù gravissimo, a tor parte
Della infamia tirannica; ci femmo
Minori assai noi della plebe; e il fummo:
Nè innocente parere al popol debbe
Alcun di noi, tranne gli uccisi tanti
Dalla regia empia scure. Altro non resta
Oggi a noi dunque, che alla nobil plebe
Riunir fidi il voler nostro intero;
Nè omai tentar di soverchiarla in altro,
Che nell'odio dei re. Sublime, eterna
Base di Roma fia quest'odio sacro.
Noi dunque, noi, per gl'infernali Numi,
Sul sangue nostro e quel dei figli nostri,
Tutti il giuriam ferocemente, a un grido.

POP.
Oh grandi! Oh forti! Oh degni voi soltanto
Di soverchiarci omai! La nobil gara
Accettiam di virtù. Non che gl'iniqui
Espulsi re, (da lor viltà già vinti)
Qual popol, quale, imprenderia far fronte
A noi Romani e cittadini a prova?

BRU.
Divina gara! sovrumani accenti!.....
Contento io moro: io, qual Romano il debbe,
Ho parlato una volta; ed ho, con questi
Orecchi miei, pure una volta udito
Romani sensi. — Or poichè Roma in noi
Per la difesa sua tutta si affida,
Fuor delle mura esco a momenti io pure;
E a voi giorno per giorno darem conto
D'ogni nostr'opra, o il mio collega, od io:
Finchè deposte l'armi, in piena pace
Darete voi stabil governo a Roma.

POP.
  Romper, disfar, spegner del tutto in pria
  I tiranni fa d'uopo.
BRU.   A ciò sarovvi,
  Ed a null'altro io capo. — Udir vi piaccia
  Un loro messo brevemente intanto:
  In nome lor di favellarvi ei chiede.
  Il credereste voi? Tarquinio, e seco
  L'infame Sesto, ed altri pochi or dianzi
  Fin presso a Roma a spron batttuto ardiro
  Spingersi; quasi a un gregge vil venirne
  Stimando; ahi stolti! Ma, delusi assai
  Ne furo; a me l'onor dell'armi prime
  Furò Tiberio, il figliuol mio. Ne andaro
  Gl'iniqui a volo in fuga: all'arte quindi
  Dalla forza scendendo, osan mandarvi
  Ambasciator Mamilio. I patti indegni
  Piacervi udir quai sieno?
POP.   Altro non havvi
  Patto fra noi, che il morir loro, o il nostro.
BRU.
  Ciò dunque egli oda, e il riferisca.
POP.   A noi
  Venga su dunque il servo nunzio; i sensi
  Oda ei di Roma, e a chi l'invia li narri.

SCENA VI.

Bruto, Tito, Tiberio, Mamilio, Valerio,
Popolo, Senatori e Patrizi.

BRU.
  Vieni, Mamilio, inòltrati; rimira
  Quanto intorno ti sta. Cresciuto in corte
  De' Tarquinj, tu Roma non hai visto:
  Mirala; è questa. Eccola intera, e in atto
  Di ascoltarti. Favella.
MAM.   ...... Assai gran cose
  Dirti, o Bruto, dovrei, ma, in questo immenso
  Consesso... esporre... all'improvviso...

BRU.   Ad alta
  Voce favella; e non a me. Sublime
  Annunziator di regj cenni, ai padri,
  Alla plebe gli esponi: in un con gli altri,
  Bruto anch'egli ti ascolta.
POP.   A tutti parla;
  E udrai di tutti la risposta in brevi
  Detti, per bocca del gran consol Bruto.
  Vero interprete nostro egli è, sol degno
  Di appalesar nostr'alme. Or via favella:
  E sia breve il tuo dire: aperto e intero
  Sarà il risponder nostro.
BRU.   Udisti?
MAM.   Io tremo.
  — Tarquinio re....
POP.   Di Roma no.
MAM.   Di Roma
  Tarquinio amico, e padre....
POP.   Egli è di Sesto
  L'infame padre, e non di noi.....
BRU.   Vi piaccia,
  Quai che sian i suoi detti, udirlo in pieno
  Dignitoso silenzio.
MAM.   A voi pur dianzi
  Venia Tarquinio, al primo udir che Roma
  Tumultuava; e inerme, e solo ei quasi,
  Securo appien della innocenza sua,
  E nella vostra lealtà veniva;
  Ma il respingeano l'armi. Indi ei m'invia
  Messaggiero di pace; e per me chiede,
  Qual è il delitto, onde appo voi sì reo,
  A perder abbia oggi di Roma il trono
  A lui da voi concesso.....
POP.   Oh rabbia! Oh ardire!
  Spenta è Lucrezia, e del delitto ei chiede?...
MAM.
  Fu Sesto il reo, non egli.....
TIB.   E Sesto al fianco
  Del padre, anch'ei veniva or dianzi in Roma:
  E se con lui volto non era in fuga,
  Voi qui il vedreste.

POP.   Ah! perchè in Roma il passo
  Lor si vietò? Già in mille brani e in mille,
  Fatti entrambi gli avremmo.
MAM.   E' ver, col padre
  Sesto anco v'era: ma Tarquinio stesso,
  Più re che padre, il suo figliuol traea,
  Per sottoporlo alla dovuta pena.
BRU.
  Menzogna è questa, e temeraria, e vile,
  E me pur, mal mio grado, a furor tragge.
  Se, per serbarsi il seggio, il padre iniquo
  Svenar lasciasse anco il suo proprio figlio,
  Forse il vorremmo noi? La uccisa donna
  Ha posto, è ver, al soffrir nostro il colmo:
  Ma, senz'essa, delitti altri a migliaja
  Mancano al padre, ad alla madre, e a tutta
  La impura schiatta di quel Sesto infame?
  Servio, l'ottimo re, suocero e padre,
  Dal scellerato genero è trafitto:
  Tullia, orribile mostro, al soglio ascende
  Calpestando il cadavere recente
  Dell'ucciso suo padre: il regnar loro
  Intesto è poi di oppressioni e sangue;
  I senatori e i cittadin svenati;
  Spogliati appieno i non uccisi; tratto
  Dai servigi di Marte generosi,
  (A cui sol nasce il roman popol prode)
  Tratto a cavar vilmente e ad erger sassi,
  Che rimarranno monumento eterno
  Del regio orgoglio e del di lui servaggio.
  Ed altre, ed altre, iniquità lor tante:....
  Quando mai fin, quando al mio dir porrei,
  Se ad uno ad uno annoverar volessi
  De' Tarquinj i misfatti? Ultimo egli era.
  Lucrezia uccisa, e oltr'esso omai non varca,
  Nè la loro empietà, nè il soffrir nostro.
POP.
  L'ultimo è questo; ah! Roma tutta il giura..
VAL.
  Il giuriam tutti: morti cadrem tutti,
  Pria che in Roma Tarquinio empio mai rieda.
BRU.
  Mamilio, e che? Muto, e confuso stai?

Ben la risposta antiveder potevi.
Vanne; recala or dunque al signor tuo.
Poich'esser servo all'esser uom preponi.

MAM.
— Ragioni molte addur potrei;.... ma niuna....

POP.
No; fra un popolo oppresso e un re tiranno,
Ragion non havvi, altra che l'armi. In trono,
Pregno ei d'orgoglio e crudeltade, udiva,
Udiva ei forse allor ragioni, o preghi?
Non rideva egli allor del pianger nostro?

MAM
— Dunque, ormai più felici altri vi faccia
Con miglior regno. — Ogni mio dire in una
Sola domanda io stringo. — Assai tesori
Tarquinio ha in Roma; e son ben suoi: fia giusto,
Ch'oltre l'onore, oltre la patria e il seggio,
Gli si tolgan gli averi?

POP. — A ciò risponda
Bruto per noi.

BRU. Non vien la patria tolta
Dai Romani a Tarquinio: i re non hanno
Patria mai; nè la mertano: e costoro
Di roman sangue non fur mai, nè il sono.
L'onor loro a se stessi han da gran tempo
Tolto essi già. Spento è per sempre in Roma
E' il regno, e il re, dal voler nostro; il seggio
Preda alle fiamme, e in cener vil ridotto;
Nè di lui traccia pure omai più resta.
In parte è ver, che i loro avi stranieri
Seco in Roma arrecàr tesori infami,
Che sparsi ad arte, ammorbatori in pria
Fur dei semplici almi costumi;
Tolti eran poscia, e si accrescean col nostro
Sudore e sangue: onde i Romani a dritto
Ben potrian ripigliarseli. — Ma, Roma
Degni ne stima oggi i Tarquinii soli;
E a lor li dona interi.

POP. Oh cor sublime!
Un Nume, il genio tutelar di Roma
Favella in Bruto. Il suo voler si adempia....
Abbia Tarquinio i rei tesori....

BRU. Ed esca

Coll'oro il vizio, e ogni regal lordura. —
Vanne, Mamilio; i loro averi aduna,
Quanto più a fretta il puoi: custodi e scorta
A ciò ti fian miei figli. Ite voi seco.

SCENA VII.

Bruto, Valerio, Popolo, Senatori e Patrizi.

BRU.
Abbandonare, o cittadini, il foro
Dovriasi, parmi; e uscire in armi a campo.
Vediam, vediam, s'altra risposta forse
Chiederci ardisce or di Tarquinio il brando.
POP.
Ecco i tuoi scelti, a tutto presti, o Bruto.
BRU.
Andiam, su dunque, alla vittoria, o a morte.

ATTO TERZO

SCENA I.

Tiberio e Mamilio.

TIB.
Vieni, Mamilio, obbedir deggio al padre:
Espressamente or or mandommi un messo,
Che ciò m'impone: al tramontar del sole
Fuori esser dèi di Roma.

MAM.   Oh! come ardisce
Ei rivocar ciò che con Roma intera
Mi concedea stamane ei stesso?...

TIB.   Il solo
Qui rimanerti a te si toglie: in breve
Ti seguiran fuor delle porte i chiesti
E accordati tesori. Andiam....

MAM.   Che deggio
Dunque recare all'infelice Aronte
In nome tuo?

TIB.   Dirai,... ch'ei sol non merta
Di nascer figlio di Tarquinio; e ch'io,
Memore ancor dell'amistade nostra,
Sento del suo destin pietà non poca.
Nulla per lui poss'io...

MAM.   Per te puoi molto.

TIB.
Che dir vuoi tu?

MAM.   Che, se pietade ancora
L'ingresso ottiene entro il tuo giovin petto,
Dèi di te stesso, e in un de' tuoi, sentirla.

TIB.
Che parli?

MAM.   A te può la pietà d'Aronte

Giovare, (e in breve) più che a lui la tua.
Bollente or tu di libertà, non vedi
Nè perigli, nè ostacoli: ma puoi
Creder tu forse, che a sussister abbia
Questo novello, e neppur nato appieno,
Mero ideale popolar governo?
TIB.
Che libertade a te impossibil paja,
Poichè tu servi, io 'l credo. Ma, di Roma
Il concorde voler...
MAM.   Di un'altra Roma
Ho il voler poscia udito: io te compiango,
Te, che col padre al precipizio corri. —
Ma, Tito vien su l'orme nostre. Ah! forse,
Meglio di me, potrà il fratel tuo stesso
Il dubbio stato delle cose esporti.

SCENA II.

Tito, Mamilio e Tiberio.

TITO.
Te rintracciando andava; io favellarti...
TIB.
Per or nol posso
MAM.   Immantinente trarmi
Ei fuori di Roma debbe: uno assoluto
Comando il vuol del vostro padre. — O quanto
Di voi mi duole, giovinetti!...
TIB.   Andiamo,
Andiam frattanto. — Ad ascoltarti, o Tito,
Or ora io riedo.
TITO.   E che vuol dir costui?
MAM.
Andiam: narrarti io potrò forse in via
Quanto il fratel dirti or volea.
TITO.   T'arresta.
Saper da te...
MAM.   Più che non sai, dirotti.
Tutto sta in me: da gran perigli io posso

Scamparvi, io solo...
TIB.   Artificiosi detti
Tu muovi....
TITO.   E che sta in te?
MAM.   Tiberio, e Tito,
E Bruto vostro, e Collatino, e Roma.
TIB.
Folle, che parli?
TITO.   Io so la iniqua speme...
MAM.
Speme! Certezza ell'è. Già ferma e piena
A favor dei Tarquinj arde congiura:
Nè son gli Aquilj a congiurare i soli,
Come tu il pensi, o Tito: Ottavj e Marzj,
E cento e cento altri patrizj; e molti,
E i più valenti, infra la plebe istessa...
TIB.
Oh ciel! che ascolto?...
TITO.   E ver, pur troppo, in parte:
Fero un bollor v'ha in Roma. A lungo, or dianzi,
Presso agli Aquilj si adunò gran gente:
Come amico e congiunto, alle lor case
Mi appresentava io pure, e solo escluso
Ne rimanea pur io. Grave sospetto
Quindi in me nacque....
MAM.   Appo gli Aquilj io stava,
Mentre escluso tu n'eri; è certa, è tale
La congiura, e sì forte, ch'io non temo
Di svelarvela.
TIB.   Perfido...
TITO.   Le vili
Arti tue v'adoprasti..
MAM.   Udite, udite,
Figli di Bruto, ciò che dirvi io voglio.
S'arte mia fosse stata, ordir sì tosto
Sì gran congiura, io non sarei per tanto
Perfido mai. Per l'alta causa e giusta
Di un legittimo re, tentati, e volti
A pentimento e ad equitate avrei
Questi suddditi suoi da error compresi,
Traviati dal ver; nè mai sarebbe

Perfidia ciò. Ma, nè usurpar mi deggio,
Nè vo', l'onor di cosa che arte nulla,
Nè fatica costavami. Disciolto
Dianzi era appena il popolar consesso,
Ch'io di nascosto ricevea l'invito
Al segreto consiglio. Ivi stupore
Prendea me stesso, in veder tanti, e tali,
E sì bollenti difensori unirsi
Degli espulsi Tarquinj: e a gara tutti
Mi promettean più assai, ch'io chieder loro
Non mi fora attentato. Il solo Sesto
Chiamavan tutti alla dovuta pena.
Ed è colpevol Sesto; e irato il padre
Contr'esso è più, che nol sia Roma; e intera
Ne giurava ei vendetta. Io lor fea noto
Questo pensier del re: gridano allora
Tutti a una voce: « A lui riporre in trono
« Darem la vita noi. » Fu questo il grido
Della miglior, della più nobil parte
Di Roma — Or voi, ben dal mio dir scorgete,
Ch'arte in me non si annida: il tutto io svelo,
Per voi salvar; e per salvare a un tempo,
Ov'ei pur voglia, il vostro padre istesso.

TIB.
— Poichè già tanto sai, serbarti in Roma
Stimo il miglior, fino al tornar del padre.
Veggo or perchè Bruto inviò sì ratto
Il comando di espellerti: ma tardo
Pur mi giungea...

TITO.   Ben pensi: e ognor tu intanto
Sovr'esso veglia. Il più sicuro asilo
Per custodir costui, la magion parmi
De' Vitellj cugini: io fuor di Roma
Volo, il ritorno ad affrettar del padre.

MAM.
Franco parlai, perchè di cor gentile
Io vi tenni; tradirmi ora vi piace?
Fatelo: e s'anco a Bruto piace il sacro
Diritto infranger delle genti, il faccia
Nella persona mia: ma già tant'oltre
La cosa è omai, che, per nessun mio danno,
Util toccarne a voi non può, nè a Bruto.
Già più inoltrata è la congiura assai,
Che nol pensate or voi. Bruto, e il collega,

E dell'infima plebe la vil feccia,
Sono il sol nerbo che al ribelle ardire
Omai rimane. Al genitor tu vanne,
Tito, se il vuoi; più di tornar lo affretti,
Più il suo destin tu affretti. — E tu, me tosto
Appo i Vitellj traggi: ivi securo,
Più assai che tu, fra lor starommi.

TIB.   Or quale
Empio sospetto?...

MAM.   Di evidenza io parlo;
Non di sospetto. Anco i Vitelli i fidi
Quattro germani della madre vostra;
Essi; che a Bruto di amistade astretti
Eran quanto di sangue, anch'essi or vonno
Ripor Tarquinio in seggio.

TITO.   Oh ciel!...

TIB.   Menzogna
Fia questa...

MAM.   Il foglio, ove i più illustri nomi
Di propria man dei congiurati stanno,
Convincer puovvi? Eccolo: ad uno ad uno
Leggete or voi, sotto agli Aquilj appunto,
Scritti i quattro lor nomi.

TIB.   Ahi vista!

TITO.   Oh cielo!
Che mai sarà del padre?...

TIB.   Oh giorno! Oh Roma!...

MAM.
— Nè, perch'io meco or questo foglio arrechi,
Crediate voi che al mio partir sia annesso
Della congiura l'esito. Un mio fido
Nascoso messo è già di Roma uscito;
Già il tutto è ormai noto a Tarquinio appieno.
Dalla vicina Etruria a lui già molti
Corrono in armi ad ajutarlo; il forte
Re di Chiusi è per lui; Tarquinia, Veja,
Etruria tutta in somma, e Roma tutta;
Tranne i consoli, e voi. Questo mio foglio
Null'altro importa, che in favor dei nomi
La clemenza del re. Col foglio a un tempo
Me date in man del genitore: a rivi
Scorrer farete dei congiunti vostri

Forse il sangue per or; ma tosto, o tardi,
A certa morte il genitor trarrete:
E il re fia ognor Tarquinio poscia in Roma.
TITO.
Ah! ch'io pur troppo antivedea per tempo
Quant'ora ascolto. Al padre io 'l dissi.
TIB. A scabro
Passo siam noi. Che far si dee? Deh! parla...
TITO.
Grave periglio al genitor sovrasta...
TIB.
E assai più grave a Roma....
MAM. Or via, che vale
Il favellar segreto? O fuor di Roma
Trar mi vogliate, o di catene avvinto
Ritenermivi preso, a tutto io sono
Presto omai: ma, se amor vero del padre,
E di Roma vi punge, e di voi stessi;
Voi stessi, e il padre in un salvate, e Roma
Ciò tutto è in voi.
TITO. Come?
TIB. Che speri?
MAM. Aggiunti
Di propria mano i nomi vostri a questi,
Fia salvo il tutto.
TIB. Oh ciel, la patria, il padre
Noi tradirem?...
MAM. Tradiste e patria e padre,
E l'onor vostro, e i tutelari Numi,
Allor che al re legittimo vi osaste
Ribellar. Ma, se l'impresa a fine
Vi avvenìa di condurre, un frutto almeno
Dal tradimento era per voi raccolto:
Or che svanita è affatto, (ancor vel dico)
Col più persister voi trarrete, e invano,
La patria e il padre a fere stragi, e voi.
TITO.
Ma dimmi; aggiunto ai tanti nomi il nostro,
A che ci mena? A che s'impegnan gli altri?
MAM.
A giuste cose. Ad ascoltar di bocca

Propria del re le sue discolpe; a farvi
Giudici voi, presente il re, del nuovo
Misfatto orribil del suo figlio infame;
A vederlo punito; a ricomporre
Sotto men furo freno in lustro e in pace
La patria vostra... Ah! sovra gli altri tutti,
Liberatori della patria veri
Nomar vi udrete; ove stromenti siate
Voi d'amistade in fra Tarquinio e Bruto;
Nodo che sol porre or può in salvo Roma

TITO.
Certo, a ciò far noi pur potremmo...

TIB.   Ah! pensa...
Chi sa?... Forse altro...

TITO.   E ch'altro a far ci resta?
Possente troppo è la congiura...

TIB.   Io d'anni
Minor ti sono; in sì importante cosa
Da te partirmi io non vorrei, nè il posso:
Troppo ognora ti amai: ma orribil sento
Presagio al core...

TITO.   Eppur, già già si appressa
La notte, e ancor coi loro prodi in Roma
Nè Collatin, nè il padre, tornar veggio:
Ito ai Tarquinj è di costui già il messo:
Stretti noi siam per ogni parte: almeno
Per or ci è forza il re placare...

MAM.   E' tarda
L'ora omai; risolvete: è vano il trarvi
Da me in disparte. Ove in mio pro vogliate,
O (per più vero dire) in util vostro
Ove adoprarvi ora vogliate, il meglio
Fia il più tosto. Firmate; eccovi il foglio.
Me, di tai nomi ricco, uscir di Roma
Tosto farete, affin che tosto in Roma
Rieda la pace.

TITO.   Il ciel ne attesto: ei legge
Nel cuor mio puro; ei sa, che a ciò mi sforza
Solo il bene di tutti.

TIB.   Oh ciel! che fai?...

TITO.
Ecco il mio nome.

TIB. — E sia, se il vuoi. — Firmato,
Ecco, o Mamilio, il mio.
MAM. Contento io parto.
TITO.
Scordalo dunque tu; mentr'io..

SCENA III.

Littori, **Collatino**, con numerosi Soldati, **Tito,
Mamilio** e **Tiberio**

COL. Che veggo?
Ancor Mamilio in Roma?
TIB. Oh cielo!...
TITO. Oh vista!
Oh fero inciampo!
COL. E voi così servaste
L'assoluto incalzante ordin del padre? —
Ma, donde tanto il turbamento in voi?
Perchè ammutite? — Al ciel sia lode; in tempo
Io giungo forse ancora. — Olà, littori,
Tito e Tiberio infra catene avvinti
Sian tosto...
TITO. Deh! ci ascolta...
COL. In breve udravvi
Roma, e il console Bruto. Alla paterna
Magion traete i due fratelli; e quivi
Su lor vegliate.
TIB. Ah Tito!

SCENA IV.

Collatino, Mamilio e Soldati.

COL. E voi, costui
Fuor delle porte accompagnate...
MAM. Io venni
Sotto pubblica fede...

COL.   E invïolato,
  Sotto pubblica fe', che pur non merti,
  Ne andrai. — Quinto mi ascolta. —

                    SCENA V.

                    Collatino.

                              Oh ciel! qual fia
Il fin di tante orribili sventure?... —
Ma, pria che giunga Bruto, a tutto intanto
Qui provveder, con ferreo cor m'è forza.

ATTO QUARTO

SCENA I.
Littori, **Bruto** e Soldati

BRU.
Prodi Romani, assai per oggi abbiamo
Combattuto per Roma. Ognun fra i suoi,
Quanto riman della inoltrata notte,
Può ricovrarsi placido. Se ardire
Avrà il nemico di rivolger fronte
Ver Roma ancor, ci adunerem di nuovo
A respingerlo noi.

SCENA II.
Collatino, **Bruto,** Littori e Soldati

COL.   Ben giungi, o Bruto.
Già del tuo non tornare ansio, veniva
Io fuor di Roma ad incontrarti.
BRU.   Io tardi
Riedo, ma pieno di speranza e gioja.
I miei forti a gran pena entro alle mura
Potea ritrarre: in aspra zuffa ardenti
Stringeansi addosso ad un regal drappello.
Che al primo aspetto, di valor fea mostra.
Su le regie orme eran d'Ardèa venuti,
Nè il re sapean respinto: al fuggir forse
Altra strada ei teneva. A noi fra mani
Cadean costoro; e sbaragliati e rotti
Eran già tutti, uccisi in copia, e in fuga
Cacciati gli altri, anzi che il sol cadesse.
Dal più incalzarli poscia i miei rattenni,
Per le già sorte tenebre, a gran stento.

COL.
  Nella mia uscita avventurato anch'io
  Non poco fui. Per altra porta al piano,
  Il sai, scendeva io primo: a torme a torme,
  Pressochè tutto lo sbandato nostro
  Prode esercito, in sorte a me fu dato
  D'incontrare; deserte avean le insegne
  In Ardèa del tiranno. Oh! quai di pura
  Gioja sublime alte feroci grida
  Mandano al ciel, nell'incontrarsi i forti
  Cittadini e soldati!... Entro sue mura,
  Da me scortati, or gli ha raccolti Roma;
  E veglian tutti in sua difesa a gara.
BRU.
  Scacciato, al certo, come al figlio imposi,
  Fu il traditor Mamilio. Andiam noi dunque
  Tutti a breve riposo; assai ben, parmi,
  Noi cel mercammo. Al sol novello, il foro
  Ci rivedrà; che d'alte cose a lungo
  Trattar col popol dessi.
COL.   — Oh Bruto!.. Alquanto
  Sospendi ancora. Or fa' in disparte trarsi,
  Ma in armi, stare i tuoi soldati: io deggio
  A solo a sol qui favellarti.
BRU.   E quale?...
COL.
  L'util di Roma il vuol, ten prego...
BRU.   In armi
  All'ingresso del foro, in doppia schiera,
  Voi, soldati, aspettatemi. — Littori,
  Scostatevi d'alquanto.
COL.   — Ah Bruto!... Il sonno,
  Ancorchè breve, infra i tuoi Lari, in questa
  Orribil notte il cercheresti indarno.
BRU.
  Che mai mi annunzj?... Oh cielo! onde turbato,
  Inquïeto, sollecito... tremante?..
COL.
  Tremante, sì, per Bruto io sto; per Roma;
  Per tutti noi. — Tu questa mane, o Bruto,
  Alla recente profonda mia piaga,
  Pietoso tu, porgevi almen ristoro
  Di speranza e vendetta: ed io (me lasso!)

Debbo in premio a te fare, oh ciel!... ben altra
Piaga nel core or farti debbo io stesso.
Deh! perchè vissi io tanto?... Ahi sventurato
Misero padre! or dèi da un infelice
Orbo marito udirti narrar cosa,
Che punta mortalissima nel petto
Saratti!... Eppur: nè a te tacerla io deggio;...
Nè indugiartela posso.

BRU. Oimè!.. mi fanno
Rabbrividire i detti tuoi... Ma pure
Peggior del danno è l'aspettarlo. Narra.
Finora io sempre in servitù vissuto,
Per le più care cose mie son uso
A tremar sempre. Ogni sventura mia,
Purchè Roma sia libera del tutto,
Udir poss'io: favella.

COL. In te (pur troppo!)
In te sta il far libera Roma appieno;
Ma a tal costo, che quasi... Oh giorno! Io primo,
A duro prezzo occassïone io diedi
All'alta impresa; a trarla a fine, oh cielo!...
Forza è che Bruto a Roma tutta appresti
Un inaudito, crudo, orrido esempio
Di spietata fortezza. — Infra i tuoi Lari,
(Il crederesti?) in securtà non stai.
Fera, possente, numerosa, bolle
Una congiura in Roma.

BRU. Io già 'l sospetto
Nebbi, in udir del rio Mamilio i caldi
Raggiri; e quindi ordine espresso a fretta
Pria di nona, a Tiberio ebbi spedito,
Di farlo uscir tosto di Roma.

COL. Il sole
Giungea già quasi d'occidente al balzo,
Quand'io qui ancor con i tuoi figli entrambi
Ritrovava Mamilio. — Il dirtel duolmi;
Ma vero è pur; male obbedito fosti.

BRU.
Oh! qual desti in me sdegno a terror misto?...

COL.
Misero Bruto!... Or che sarà, quand'io
Ti esporrò la congiura... E quando il nome
Dei congiurati udrai?... Primi, fra molti

De' più stretti congiunti e amici tuoi,
Anima son del tradimento, e parte,
Primi i Vitellj stessi...

BRU.   Oimè! i germani
Della consorte mia?

COL.   Chi sa, se anch'essa
Da lor sedotta or contro te non sia?
E,... gli stessi... tuoi... figli?...

BRU.   Oh ciel! Che ascolto?
Mi agghiacci il sangue entro ogni vena... i figli
Miei, traditori?... Ah! no, nol credo...

COL.   Oh Bruto!..
Così non fosse! — Ed io neppur il volli
Creder da prima; agli occhi miei fu poscia
Forza (oimè!) ch'io 'l credessi. — E' questo un foglio
Fatal per noi: leggilo.

BRU.   Il cor mi trema.
Che miro io qui? Di propria man vergati
Nomi su nomi: e son gli Aquilj i primi,
Indi i Vitellj tutti: e i Marzi; ed altri;
Ed altri; e in fin,... Tito! Tiberio!... Ah! basta...
Non più;... troppo vid'io. — Misero Bruto!...
Padre omai più non sei... — Ma, ancor di Roma
Consol non men che cittadin, tu sei. —
Littori, olà, Tito e Tiberio tosto
Guidinsi avanti al mio cospetto.

COL.   Ah! meglio,
Meglio era, o Bruto, che morir me solo
Lasciassi tu...

BRU.   Ma come in man ti cadde
Questo terribil foglio?

COL.   Io stesso il vidi
Bench'ei ratto il celasse, in mano io 'l vidi
Del traditor Mamilio: il feci io quindi
Tôrre a lui nell'espellerlo di Roma.
A fida guardia in tua magion commessi
Ebbi intanto i tuoi figli; a ogni altra cosa
Ebbi a un tratto provvisto: a vuoto, io spero,
Tutti cadranno i tradimenti. In tempo
N'ebb'io l'avviso: e fu pietade al certo
Di Giove somma, che scoperto volle

Un sì orribile arcano a me non padre.
Io, palpitando, e piangendo, a te il narro·
Ma forza è pur, che te lo sveli io pria,
Che in tua magion tu il piede...
BRU. Altra magione
Più non rimane all'infelice Bruto,
Fuorchè il foro, e la tomba. — E' dover mio,
Dar vita a Roma, anzi che a Bruto morte.
COL.
Mi squarci il core. Il tuo dolor mi toglie
Quasi il senso del mio... Ma, chi sa?... Forse,
Scolpar si ponno i figli tuoi... Gli udrai...
Io, fuorchè a te, nè pur parola ho fatto
Finor della congiura: ogni più saldo
Mezzo adoprai, per impedir soltanto
Ch'uom non si muova in questa notte: all'alba
Convocato ho nel foro il popol tutto........
BRU.
E il popol tutto, alla sorgente aurora,
Il vero appien, qual ch'esser possa, e il solo
Vero saprà, per bocca mia.
COL. Già i passi
Dei giovinetti miseri......
BRU. I miei figli!........
Tali stamane io li credea; nemici
Or mi son fatti, e traditori a Roma?.....

SCENA III.

Tito e **Tiberio** fra Littori, **Bruto** e **Collatino.**

BRU.
In disparte ognun traggasi: voi soli
Inoltratevi.
TITO. Ah padre!........
BRU. Il consol io
Di Roma sono. — Io chieggo a voi, se siete
Cittadini di Roma.
TIB. Il siamo; e figli
Ancor di Bruto....

TITO.   E il proverem, se udirci
  Il consol degna.
COL.   Ai loro detti, agli atti,
  Sento il cor lacerarmi.
BRU.   Un foglio è questo,
  Che ai proscritti Tarquinj riportava
  Il reo Mamilio. Oltre molti altri, i vostri
  Nomi vi stan, di vostro proprio pugno.
  Voi, traditori della patria dunque
  Siete, non più di Bruto figli omai;
  Figli voi de' tiranni infami siete.
TITO.
  Vero è (pur troppo!), ivi sott'altri molti
  Illustri nomi, il mio v'aggiunsi io primo;
  E, trascinato dal mio esempio poscia,
  Firmò il fratello. Ei non è reo: la pena,
  Sia qual si vuol, soltanto a me si debbe.
  Mi sconsigliava ei sempre...
TIB.   Eppur, non seppi
  Io mai proporti altro consiglio: e d'uopo
  Salvar pur n'era il già tradito padre,
  Ad ogni costo. Al falso il ver commisto
  Avea sì ben Mamilio, che noi presi
  Dall'arti sue, da tutti abbandonato
  Credendo il padre, a lui tradir noi stessi
  Sforzati, noi, dal troppo amarlo fummo.
  Ah! se delitto è il nostro, al par siam degni
  Noi d'ogni grave pena: ma la sola
  Che noi temiamo, e che insoffribil fora,
  (L'odio paterno) il ciel ne attesto, e giuro,
  Che niun di noi lo merta.
BRU.   Oh rabbia! e in seggio
  Riporre il re, voi, con quest'altri infami,
  Pur prometteste?
TITO.   Io, col firmar, sperava
  Render Tarquinio a te più mite.....
BRU.   A Bruto?
  Mite a Bruto Tarquinio? — E s'anco il fosse;
  Perfido tu, tradir la patria mai
  Dovevi tu per me? Voi forse, or dianzi,
  Voi non giuraste morir meco entrambi,
  Pria ch'a niun re mai più sopporci noi?

TITO.
Nol niego io, no....
BRU.   Spergiuri sete or dunque,
E traditori.... In questo foglio a un tempo
Firmato avete il morir vostro;.... e il mio!...
TIB.
Tu piangi, o padre?... Ah! se del padre il pianto
Sovra il ciglio del giudice severo,
Attesta almen, che noi del tutto indegni
Di tua pietà non siam, per Roma, lieti
Morremo noi.
TITO.   Ma, benchè reo, non era
Nè vil, nè iniquo Tito...
BRU.   Oh figli! oh filgi!...
— Che dico io figli? Il disonor mio primo
Voi siete, e il solo. Una sprezzabil vita,
Voi, voi serbarla al padre vostro, a costo
Della sua gloria e libertà? Ridurmi
A doppiamente viver con voi servo,
Allor che stava in vostra man di andarne
Liberi meco a generosa morte?
E, a trarre a fin sì sozza impresa, farvi
Della patria nascente traditori?
Sordi all'onor? Spergiuri ai numi? — E s'anco
Foss'io pur stato oggi da Roma intera
Tradito; e s'anco, a esempio vostro, io sceso
Fossi a implorar clemenza dal tiranno;
Ahi stolti voi! più ancor che iniqui, stolti!
Creder poteste mai, che in cor d'espulso
Vile tiranno, altro allignar potesse,
Che fera sete di vendetta e sangue?
A morte certa, e lunga, e obbrobrïosa,
Voi, per salvarlo, or serbavate il padre.
TITO.
Timor, nol niego, in legger tanti e tanti
Possenti nomi entro quel foglio, il petto
Invaso mi ebbe, ed impossibil femmi
L'alta impresa parere. Io già, non lieve
E per sè dubbia, e perigliosa (il sai)
La credea; benchè in cor brama ne avessi.
Quindi, in veder cangiarsi affatto poscia
In sì brev'ora il tutto, e al re tornarne
I cittadini, ed i più illustri, in folla;

Tremai per Roma, ove gran sangue, e invano,
Scorrer dovrebbe, e il tuo primiero. Aggiunti
I nomi nostri a quei tanti altri, in cuore
Nasceami speme, che per noi sottratto
Dalla regia vendetta così fora
Il padre almeno: e in larghi detti, astuto
Mamilio, a noi ciò promettea.

BRU.   Che festi?
Che festi? Oh cielo! — Ah! cittadini di Roma
Non eri tu in quel punto; poichè Roma
Per me tradivi... Nè figliuol di Bruto
Eri tu allor, poichè il suo onor vendevi
Al prezzo infame dei comuni ceppi.

TIB.
Il tuo giusto furor, deh padre, in lui
Non volger solo; al par lo merto anch'io.
Per te, il confesso, anch'io tremai; più amato
Da noi fu il padre, che la patria nostra:
Sì, padre, il nostro unico error fu questo.

COL.
Ahi giovinetti miseri!... Oh infelice
Padre!.....

BRU.   Ah! pur troppo voi di Bruto foste,
Più che di Roma, figli! In rio servaggio
Voi nati, ad ingannarvi io pur costretto
Dai duri nostri tempi, a forti ed alti
Liberi sensi io non potea nutrirvi,
Qual debbe un padre e cittadino... O figli,
Del vostro errar cagion non altra io cerco.
Me, me, ne incolpo, ed il servir mio prisco,
E il mio tacere; e, ancorchè finto, il mio
Stesso tremar, che a tremare insegnovvi.
Ah! non è muta entro al mio cor pietade,.....
Ma, in suon più fero, mi grida tremenda
Giustizia; e a dritto or la pretende Roma.
Figli miei, figli amati, io son più assai
Infelice di voi.... Deh! poichè a vostra
Scelta era pure o il tradir Roma, o a morte
Sottrarre il padre, oh ciel! perchè scordarvi,
Che a sottrar Bruto dall'infamia (sola,
Vera sua morte) a lui bastava un ferro?
Ed ei lo aveva; ed il sapean suoi figli:
Tremar potean mai quindi essi pel padre?

COL.
Deh! per ora il dolore e l'ira alquanto
 Acqueta, o Bruto: ancor, chi sa?... Salvarli
 Forse...
TITO.   Ah! salvarmi or si vorrebbe indarno:
 Non io più omai viver potrei; perduta
 Ho dell'amato genitor la stima,
 E l'amor, forse.... Ah! non fia mai, ch'io viva.
 Ma il tristo esemplo mio bensì discolpi
 L'innocente minor fratello; ei salvo...
TIB.
 Orrido è molto il nostro fallo, o padre;
 Ma pari egli è; giusto non sei, se pari
 Non ne dai pena. Il tutelar celeste
 Genio di Roma espressamente or forse
 Volea, che base a libertà perenne
 Fosse il severo esempio nostro.
BRU.   Oh figli!....
 Deh! per or basti... Il vostro egregio e vero
 Pentimento sublime, a brani a brani
 Lo cuor mio squarcia... Ancor, pur troppo! io sono,
 Più che console, padre.... Entro ogni vena
 Scorrer mi sento orrido un gelo.... Ah! tutto,
 Tutto il mio sangue per la patria sparso
 Sarà fra poco... A far rinascer Roma,
 L'ultimo sangue or necessario, è il mio:
 Pur ch'io liberi Roma, a voi, nè un solo
 Giorno, o miei figli, io sopravviver giuro. —
 Ch'io per l'ultima volta al sen vi stringa,
 Amati figli;.... ancora il posso.... Il pianto...
 Dir più omai... non mi lascia... Addio,... miei figli.
 Consol di Roma, ecco a te rendo io 'l foglio
 Sacro dover al dì novel t'impone
 Di appresentarlo a Roma tutta. I rei
 Stanno affidati alla tua guardia intanto,
 Teco nel foro al sorger dell'aurora
 Anch'io verrenne. — Or, sostener più a lungo,
 No, più non posso così fera vista.

SCENA IV.

Collatino, Tito, Tiberio e littori

COL.
 Necessità fatal.
TITO. Misero padre!.....
TIB.
 Purchè salva sia Roma!...
 COL. Ognun me segua

ATTO QUINTO

SCENA I.

Popolo, **Valerio,** Senatori, Patrizi, tutti collocati. **Collatino** e **Bruto** in ringhiera.

COL.
  Romani, a voi lieto e raggiante il sole
  Jer sorgea: quando appunto in simil ora
  Di libertà le prime voci all'aura
  Eccheggiavan per voi: nel dolor mio
  Sepolto intanto, io muto stava. In questo
  Orribil dì, parte tutt'altra (ahi lasso!)
  Toccami in sorte, poichè a voi pur piacque
  Consol gridarmi, col gran Bruto, ad una. —
  Giurava ognun, (ben vel rimembra, io spero)
  Giurava ognun, jeri, nel foro, ai Numi,
  Di pria morir che mai tornarne al vile
  Giogo dei re. Nè soli i rei Tarquinj,
  Ma ogni uom, che farsi delle leggi osasse
  Maggior, da voi, dal giuramento vostro
  Venia proscritto. — Il credereste or voi?
  Alla presenza vostra, io debbo, io primo,
  Molti accusar tra i più potenti e chiari
  Cittadini; che infami, empj spergiuri,
  Han contra Roma, e contro a sè (pur troppo!)
  Congiurato pel re.
POP.   Pel re? Quai sono?
  Quai son gl'iniqui traditori, indegni
  D'esser Romani? Or via; nomali; spenti
  Li vogliam tutti....
COL.   Ah!... nell'udirne i nomi,
  Forse... chi sa?.... Nel pronunziargli io fremo....
  Più la clemenza assai, che la severa
  Giustizia vostra implorerò. Son questi
  Pressochè tutti giovinetti: i mali

Tanti, e sì feri, del civil servaggio
Provato ancor, per poca età, non hanno:
E i più, cresciuti alla pestifer'ombra
Della corrotta corte, in ozio molle,
Di tirannia gustato han l'esca dolce,
Ignari appien dell'atroce suo fiele.
POP.
Quai che pur sien, son traditor, spergiuri;
Pietà non mertan; perano; corrotti
Putridi membri di città novella;
Vuol libertà che tronchi sieno i primi.
Nomali. Udiamo.....

VAL.   E noi, benchè convinti
Purtroppo omai, che alla patrizia gente
Questo delitto rio (disnor perenne!)
Si aspetta, or pure i loro nomi a prova
Noi col popol chiediamo. — Oh nobil plebe
Ad alte cose nata! oh te felice!
Tu almen della tirannide portavi
Soltanto il peso; ma la infamia e l'onta
N'erano in noi vili patrizj aggiunte
Al pondo ambito dei mertati ferri.
Noi, più presso al tiranno; assai più schiavi.
E men dolenti d'esserlo, che voi;
Noi quindi al certo di servir più degni.
Io n'ho il presagio; a spergiurarsi i primi
Erano i nostri. — O Collatin, tel chieggo
E del Senato, e de' patrizj in nome,
Svela i rei, quai ch'ei sieno. Oggi de' Roma
Ad alta prova ravvisar, qual fera
Brama ardente d'onor • noi tutti invada.
POP.
Oh degni voi di miglior sorte!... Ah! voglia
Il ciel, che i pochi dal servir sedotti,
Nè di plebei, nè di patrizj il nome
Abbian da noi! Chi è traditor spergiuro,
Cessò d'esser Romano.
COL.   I rei son molti:
Ma, nol son tutti a un modo. Havvene, a cui
Spiace il servaggio; e han cor gentile ed alto:
Ma da Mamilio iniquo in guise mille
Raggirati, ingannati.....
POP.   Ov'è l'infame?
Oh rabbia! ov'è?....

COL. Pria che sorgesser l'ombre,
Fuor delle porte io trarre il fea: che salvo
Il sacro dritto delle genti il volle,
Bench'ei colpevol fosse. Il popol giusto
Di Roma, osserva ogni diritto: è base
Di nostra sacra libertà, la fede.
POP.
Ben festi, in vero, di sottrarre al nostro
Primo furor colui: così macchiata
Non è da noi giustizia. I Numi avremo
Con noi schierati, e la virtude· avranno
I rei tiranno a lor bandiere intorno
Il tradimento, la viltade, e l'ira
Giusta del ciel....
VAL. Ma i lor tesori infami
Darem noi loro, affin che a danno espresso
Se ne vaglian di Roma? Assai più l'oro
Fia da temersi or dei tiranni in mano
Che non il ferro
POP. E' ver: prestar non vuolsi
Tal arme a lor viltà; ma far vorremmo
Nostro perciò l'altrui? Che cal dell'oro
A noi, che al fianco brando, e al petto usbergo
Di libertade abbiamo?
VAL. Arsi sien, arsi
Tutti i tesori dei tiranni; o assorti
Sien del Tebro fra l'onde...
POP. E in un perisca
Ogni memoria dei tiranni...
VAL. E pera
Del servir nostro ogni memoria a un tempo.
COL.
— Degno di voi, magnanimo, è il partito;
Eseguirassi il voler vostro, in breve.
POP.
Sì: ma frattanto, e la congiura, e i nomi
Dei congiurati esponi.
COL. ....Oh cielo!... Io tremo
Nel dar principio a sì cruda opra...
POP. E Bruto,
Tacito, immobil, sta?... Di pianto pregni
Par che abbia gli occhi; ancor che asciutto e fero

Lo sguardo in terra affisso ei tenga. — Or via,
Parla, tu dunque, o Collatino.

COL.   .... Oh cielo!...

VAL.
Ma che fia mai? Liberator di Roma,
Di Lucrezia marito, e consol nostro
Non sei tu, Collatino? Amico forse
Dei traditor saresti? In te pietade,
Per chi non l'ebbe della patria, senti?

COL.
— Quando parlar mi udrete, il dolor stesso
Che il cuor mi squarcia e la mia lingua allaccia,
Diffuso in voi fia tosto: io già vi veggio,
D'orror compresi e di pietate, attoniti,
Piangenti, muti. — Apportator ne andava
Mamilio al re di questo foglio; a lui,
Pria ch'ei di Roma uscisse, io tôrre il fea:
E confessava il perfido atterrito,
Che avean giurato i cittadin qui inscritti
Di aprire al re, nella futura notte,
Della città le porte...

POP.   Oh tradimento!
Muojano i rei, muojano.....

VAL.   Al rio misfatto
Lieve pena è la morte.

COL.   Il fatal foglio
Da Valerio a voi tutti ormai si legga.
Eccolo; il prendi: io profferir non posso
Questi nomi.

VAL.   Che veggio?... Oh fera lista!....
Di propria man scritto ha ciascun suo nome... —
Romani, udite. — Aquilio il padre, e i sei
Figli suoi, son della congiura i capi :
Scritti son primi. Oh cielo!...

COL.   .... A ognun di loro
Mostrato il foglio, il confessavan tutti:
Già in ceppi stanno; e a voi davanti, or ora,
Trar li vedrete.

VAL.   Oimè... Seguon...

POP.   Chi segue?
Favella.

VAL.   Oimè!... Creder nol posso... Io leggo...

Quattro nomi...
POP.   Quai son? Su via....
VAL.   Fratelli
Della consorte eran di Bruto....
POP.   Oh cielo:
I Vitellj?
COL.   Ah!.... ben altri or or ne udrete.
Ad uno ad uno, a voi davante, or ora....
Che val, ch'io dunque ad un ad un li nomi?
E Marzj, e Ottavj, e Fabj, e tanti e tanti
Ne leggo; oimè!.... ma gli ultimi mi fanno
Raccapricciar d'orror... .Di mano.... Il foglio....
A tal vista.... mi cade....
POP.   Oh! chi mai fieno?
VAL.
Oh ciel!.... No... mai, nol credereste.....
           Silenzio universale.
BRU.   — I nomi
Ultimi inscritti, eran Tiberio e Tito.
POP.
I figli tuoi?... Misero padre! Oh giorno
Infausto!......
BRU.   Oh giorno avventurato, a voi!
Bruto altri figli or non conosce in Roma,
Che i cittadini; e più nol son costoro.
Di versar tutto il sangue mio per Roma
Jeri giurai; presto a ciò far son oggi:
E ad ogni costo...
POP.   Ahi sventurato padre!...
           Silenzio universale.
BRU.
— Ma che? D'orror veggio agghiacciata, e muta
Roma intera? — Per Bruto ognun tremante
Si sta? — Ma a chi più fero oggi il periglio
Sovrasta? Il dite: a Bruto, o a Roma? Ognuno
Qui vuol pria d'ogni cosa, o voler debbe,
Secura far, libera, e grande Roma;
E ad ogni patto il de'. Sovrastan ceppi,
E stragi rie; per Roma il consol trema:
Quindi or tremar suoi cittadin non ponno
Per un privato padre. I molli affetti,

Ed il piânto, (che uscir da roman ciglio
Mai nel foro non puote, ove per Roma
Non si versi) racchiusi or nel profondo
Del cor si stiano i molli affetti, e il pianto. —
Io primo a voi (così il destino impera)
Dovrò mostrar, qual salda base ed alta
A perpetua città dar si convenga. —
Littori, olà; traggansi tosto avvinti
I rei nel foro. — Omai tu il sol, tu il vero
Di Roma re, popol di Marte, sei.
Fu da costor la maestà tua lesa,
Severa pena a lor si debbe; e spetta
Il vendicarti, ai consoli... (*Bruto ammutolisce nel veder ritornare i Littori coi Congiurati*).

SCENA II.

Bruto e **Collatino**, in ringhiera. **Valerio**, Popolo, Senatori e Patrizi. I congiurati tutti in catene fra Littori; ultimi d'essi **Tito** e **Tiberio**.

POP.   Deh! quanti,
Quanti mai fieno i traditori?.... Oh cielo!
Ecco i figli di Bruto.
COL.   Oimè!.... non posso
Rattener più le mie lagrime.....
BRU.   — Gran giorno,
Gran giorno è questo; e memorando sempre
Sarà per Roma. — O voi che, nata appena
La patria vera, iniquamente vili,
Tradirla osaste; a Roma tutta innanzi
Eccovi or tutti. Ognun di voi, se il puote,
Si scolpi al suo cospetto. — Ognun si tace? —
Roma, e i consoli chieggono a voi stessi,
Se a voi, convinti traditor, dovuta
Sia la pena di morte? —
         Silenzio universale.
BRU.   — Or dunque a dritto,
A tutti voi morte si dà. Sentenza
Irrevocabil pronunzionne, a un grido,
Il popol re. Che più s'indugia? —

Silenzio universale.

BRU. Oh! muto
Piange il collega mio?... Tace il Senato?....
Il popol tace?

POP. Oh fatal punto!... Eppure
E necessaria è la lor morte, e giusta.

TITO.
Sol, fra noi tutti, uno innocente or muore:
Ed è questi.

POP. Oh pietà! Del fratel suo,
Mirate, ei parla.

TIB. Ah! nol crediate: o entrambi
Siam del pari innocenti, e rei del pari:
Scritto è nel foglio, appo il suo nome, il mio.

BRU.
Niun degli inscritti in quel funesto foglio,
Innocente può dirsi. Alcun può, forse,
In suo pensiero esser men reo; ma è noto
Soltanto ai Numi il pensier nostro; e fora
Arbitrario giudizio, e ingiusto quindi,
Lo assolver rei, come il saria il dannarli,
Su l'intenzion dell'opre. Iniquo e falso
Giudizio fora; e quale a re si aspetta:
Non qual da un giusto popolo si vuole.
Popol, che solo alle tremende e sante
Leggi soggiace, al giudicar, non d'altro
Mai si preval, che della ignuda legge.

COL.
... Romani, è ver, fra i congiurati stanno
Questi infelici giovani; ma furo
Dal traditor Mamilio raggirati,
Delusi, avviluppati, e in error grave
Indotti. Ei lor fea credere, che il tutto
Dei Tarquinj era in preda: i loro nomi
Quindi aggiunsero anch'essi (il credereste?)
Sol per sottrar da morte il padre...

POP. O cielo!
E fia vero? Salvar dobbiam noi dunque
Questi duo solo...

BRU. Oimè! che ascolto?... Ah! voce
Di cittadin fia questa? Al farvi or voi
Giusti, liberi, forti, e che? Per base

Una ingiustizia orribile di sangue
Porreste voi? Perchè non pianga io padre,
Pianger tanti altri cittadini padri,
Figli, o fratel fareste? Alla mannaja
Da lor mertata or porgeriano il collo
Tanti e tanti altri; e n'anderiano esenti
Due soli rei, perchè nol pajon tanto?
S'anco in fatti nol fossero, eran figli
Del consol: scritti eran di proprio pugno
Fra i congiurati: o morir tutti ei denno,
O niuno. Assolver tutti, è un perder Roma;
Salvar due soli, iniquo fia, se il pare.
Più assai che giusto, or Collatin pietoso,
Questi due discolpò, col dir che il padre
Volean salvar: forse era ver; ma gli altri
Salvar, chi il padre, chi 'l fratel, chi i figli,
Volean pur forse; e non perciò men rei
Sono, poichè perder la patria, innanzi
Che i lor congiunti, vollero. — Può il padre
Piangerne il core; ma secura debbe
Far la cittade il vero consol pria:...
Ei poscia può, dal suo immenso dolore
Vinto, cader sovra i suoi figli esangue. —
Fra poche ore il vedrete, a qual periglio
Tratti v'abbian costoro: a farci appieno
L'un l'altro forti, e in libertade immoti,
E' necessario un memorando esemplo;
Crudel, ma giusto. — Ite, o littori; e avvinti
Sieno i rei tutti alle colonne: e cada
La mannaia sovr'essi. — Alma di ferro
Non ho... *(Bruto cade seduto, e rivolge gli occhi dallo spettacolo)* Deh! Collatino, è questo il tempo
Di tua pietà: per me tu il resto adempi. *(Collatino fa disporre in ordine e legare i Congiurati ai pali).*

POP.
Oh fera vista!... Rimirar non gli osa,
Misero! il padre... Eppur; lor morte è giusta.

BRU.
Già il supplizio si appresta. — Udito i sensi
Han del console i rei. L'orrido stato
Mirate or voi, del padre... Ma, già in alto
Stan le taglienti scuri... Oh ciel! partirmi
Già sento il cor... Farmi del manto è forza
Agli occhi un velo... Ah! ciò si doni al padre...

Ma voi, fissate in lor lo sguardo: eterna,
Libera sorge or da quel sangue Roma.
COL.
Oh sovrumana forza!...
VAL. Il padre, il Dio
Di Roma, è Bruto...
POP. E' il Dio di Roma....
BRU. Io sono
L'uom più infelice, che sia nato mai
(Cade il sipario stando i Littori in procinto di ferire i Congiurati).

FINE DELLA TRAGEDIA

Parere dell'Autore sul Bruto Primo

Le due seguenti ultime tragedie sono state concepite insieme, e nate, direi, ad un parto. Elle portano lo stesso nome, hanno per loro unica base la stessa passione di libertà, e ancorchè assai diverse negli accidenti loro, nel costume, e nei mezzi nondimeno essendo ambedue romane, tutte e due senza donne; e contenendo l'una (per così dire) la nascita di Roma, l'altra la morte, in molte cose doveano necessariamente rassomigliarsi; e quindi l'autore in esse ha forse potuto e dovuto ripetersi. Per questo appunto elle vengono separate nello stamparle; e si farà benissimo di sempre disgiungerle: sì nel recitarle, come anche nel leggerle, tramezzandole come esse sono, con Mirra: e questa essendo tragedia di indole opposta affatto, potrà facilmente servire di tornagusto all'intelletto di chi al primo Bruto si trovasse già sazio di sentir sempre parlare di libertà e di Roma.
Esaminando per ora la prima, dico: che il Giunio Bruto mi pare un soggetto tragico di prima forza, e di prima sublimità; perchè la più nobile ed alta passione dell'uomo, l'amore di libertà, vi si trova contrastante con la più forte e tenera di padre. Da un tal sublime contrasto ne debbono nascere per forza dei grandiosissimi effetti. Se io ve gli abbia saputi far nascere, è da vedersi.
Questa tragedia, a parer mio, pecca, e non poco, in uno degli incidenti principalissimi, che ne fanno pure la base. Ed è, che i figli di Bruto, per ave-

re, sedotti da Mamilio, soscritto il foglio dei congiurati, non pajono, nè sono abbastanza colpevoli agli occhi degli spettatori, nè a quelli del popolo, nè a quelli di Bruto stesso, onde meritino di essere fatti uccidere dal padre. Si dirà dunque, (e ciascuno sa dirlo) che un padre, il quale commette un'atrocità quasi ingiusta contra i proprj figliuoli, riesce piuttosto un'impostore di libertà, che non un vero magnanimo cittadino. Ci sarebbe da rispondere, che agli occhi di Bruto novello consolo i figli possono con certa ragione apparire più rei che nol sono; ma che se pur anco tali non gli appajono ed ancorchè egli creda di commettere una qualche ingiustizia nel condannarli al paro cogli altri congiurati, si può arditamente asserire ch'egli doveva pure commetterla e rimanerne con immenso dolore conscio a sè stesso soltanto, affine di non venir egli poi giustamente tacciato da Roma tutta, e massimamente dai tanti orbi parenti degli altri congiurati, di avere commessa un'altra ingiustizia politicamente peggiore; cioè, d'aver egli eccettuati, o lasciati eccettuare dall'universale supplizio, i soli suoi figli.

Io per me, crederei al contrario, che Bruto, convinto quasi in suo cuore che i proprj figli non sono che leggermente rei, credendosi non di meno costretto a lasciarli uccider con gli altri, tanto più riescano e tragiche e forti e terribili, e ad un tempo stesso compassionevoli, tenere, e disperate le vicende di Bruto: è quindi tanto maggior maraviglia io crederei ch'egli dovesse destare in altri. Nè stimo che si debba prescindere mai da questo assioma, pur troppo verissimo nella esperienza del cuore dell'uomo: che la maraviglia di sè è la prima e la principal commozione che un grande uomo dee cagionare in una qualunque moltitudine, per poterla indurre a tentare e ad eseguir nuove cose. Bruto dunque, ancorchè ottimo padre e miglior cittadino, sente in sè stesso l'assoluta necessità di commettere, con proprio privato danno, questa semi-ingiustizia, da cui ne dee ridondare un terribile esempio ai tanti altri non cittadini abbastanza, e quindi la vera vita della comune patria.

Egli perciò nel commetterla diviene agli occhi di Roma il più sublime esempio della umana fermezza. Quale altro soggetto può mai riunire ad un tempo più terrore, più maraviglia, e più compassione?

Ciò ammesso, io credo che questo mio Bruto abbia bensì nel suo carattere alcune e molte delle tinte necessarie per venirne a un tal atto; ma temo pure, che egli non sia, o non paja, padre abbastanza: e molti, forse, ne sarebbero assai più commossi, se l'autore l'avesse saputo fare con più maestria irresoluto nel sentenziare su i figli.

Collatino, attesa la recente uccision della moglie, atteso il suo giusto ed immenso dolore, attesa l'attività e il caldo zelo con cui egli seconda l'alte vedute di Bruto, e atteso insomma il sacrificio che egli fa da principio del suo privato dolore all'utile pubblico, e alla comune vendetta; Collatino a parer mio, per tutte queste ragioni riesce un così degno collega di Bruto nel consolato, che in questa tragedia egli riesce minore di Bruto soltanto.

Valerio, che nelle adunanze parla sempre nel senato, viene a rappresentarci (per quanto ha saputo l'autore) lo stato di quei patrizj al tempo della espulsione dei Tarquinj.

Il Popolo, che è principalmente personaggio in ambedue i Bruti, in questo primo riesce alquanto difettoso dall'annunziare un po' troppo quella virtù ch'egli non ebbe che dopo; ed a cui, fresco egli allora dell'oppressione, non potea puranco innalzarsi. Ma credo, che bisogni anche concedere non poco alla forza dell'orribile spettacolo del corpo della uccisa Lucrezia, da cui deve essere singolarmente commosso quel popolo: ed ogni moltitudine commossa è tosto persuasa; ed appena è persuasa (finchè non venga a dissolversi), ella opera e parla per lo più giustamente, e spesso anche altamente, per semplice istinto di commossa natura. E per questa sola importante ragione, ha voluto l'autore con un poetico anacronismo rapprossimare la uccisione di Lucrezia coll'uccisione dei figli di Bruto, non c'interponendo che un giorno: appunto a fine di rendere Collatino un personaggio più tragico, a fine d'infiammare con maggior verosimiglianza il popolo, e di giustificare con la recente atrocità della cagione, la lagrimevole atrocità dell'effetto. Tuttavia a una recita, quali sogliono farsi finora in

Italia; la voce d'uno sguajato, che uscirebbe in mezzo a uno stuolo di figuracce rappresentanti il popolo, potrebbe facilmente destar le risate; e questo anch'io lo sapea; ma purchè il risibile non stia nelle parole che dir dovrà il popolo, quanto a l'aspetto e forma di questo popolo attore, mi fo a credere che mutando poi un giorno la forma e il pensare degli spettatori, muterà poi anche l'arte, e il decoro degli attori. Quel dì, che in alcuna città d'Italia vi potrà essere un popolo vero ascoltante in platea, vi sarà infallibilmente anche un popolo, niente risibile, favellante sul palco.

Tito si mostra assai più figlio di Bruto, che non del nuovo cittadino e console di Roma. Con questa tinta nel di lui carattere, l'autore ha sperato di farlo con più verisimiglianza cedere il primo alle astute istanze di Mamilio, nel sottoscrivere il foglio.

Tiberio parea promettere un degno Romano, ove egli pure inciampato non fosse nelle reti di Mamilio. Questi, più caldo di libertà, più giovane, più arrendevole al fratello, e più innocente di lui, dee anche intenerire assai più di Tito. Tale almeno è stata l'intenzione dell'autore. Quanto più l'uno e l'altro commoveranno e parran poco rei, tanto maggiore verrà ad essere la compassione per essi e per Bruto; il quale non li può pur salvare, senza mostrarsi più padre e privato, che non cittadino e console; e se tal si mostrasse, non meriterebbe poi Bruto di dare egli primo l'impulso a quella sì splendida libertà, da cui ne dovrà poscia ridondare il maggior popolo che siasi mai mostrato nel mondo, la romana repubblica.

Mamilio è un ambasciator di tiranno; vile, doppio, presuntuoso, ed astuto; qual esser dovea.

Questa tragedia mi pare ben condotta in tutto, fuorchè col modo con cui s'inducono i giovani a sottoscrivere il foglio. Questo incidente è difficilissimo a ben graduarsi; non mi appaga quasi niente come egli sta, eppure non lo saprei condurre altrimenti: ma non posso già perciò nè difenderlo, nè lodarlo.

BRUTO II.

BRUTO II. - *Atto 3º - Scena IIª*

ARGOMENTO

Stava già per cadere la Romana Repubblica, ed era Cesare per salire sul trono, allorchè Giunio Bruto tramò d'accordo con Cassio quella famosa congiura che spense il tiranno. Nè i benefizj ricevuti da lui, nè il dubbio ch'ei gli fosse figliuolo, gli trattenero il braccio. Cesare moribondo sotto i colpi de' congiurati, vedendo fra questi anche Bruto, gli disse — E tu ancora, Bruto, mio figlio? — Cicerone, congiurato egli pure, scrisse ad Attico dopo l'avvenimento che — si era fatta con coraggio da eroi un impresa da fanciulli; perchè non si era portato il colpo alle radici dell'albero.

BRUTO II.

PERSONAGGI

Cesare   **Bruto**
Antonio   **Cassio**
Cicerone   **Cimbro**

Popolo - Senatori - Congiurati - Littori

Scena, il tempio della Concordia.

ATTO PRIMO

SCENA I.

Cesare, Antonio, Cicerone, Bruto, Cassio, Cimbro
e Senatori. *Tutti seduti.*

CES.
  Padri illustri, a consesso oggi vi appella
  Il dittator di Roma. E' ver, che rade
  Volte adunovvi Cesare: ma soli
  N'eran cagione i miei nemici, e vostri,
  Che depor mai non mi lasciavan l'armi,
  Se prima io ratto infaticabilmente
  A debellargli appien dal Nilo al Beti,
  Non trascorrea. Ma al fin, concesso viemmi,
  Ciò che bramai sovra ogni cosa io sempre,
  Giovarmi in Roma del romano senno;

E, ridonata pria Roma a sè stessa,
Consultarne con voi. — Dal civil sangue
Respira or ella; e tempo è ormai, che al Tebro
Ogni uom riabbia ogni suo dritto, e quindi
Taccia il livor della calunnia atroce.
Non è, non è (qual grido stolto suona)
Roma in nulla scemata; al sol suo nome,
Infra il Tago, e l'Eufrate; infra l'adusta
Sïene, e la divisa ultima ignota
Boreale Albïone; al sol suo nome,
Trema ogni gente: e vieppiù trema il Parto,
Da ch'ei di Crasso è vincitore; il Parto
Che sta di sua vittoria inopinata
Stupidamente attonito; e ne aspetta
Il castigo da voi. Null'altro manca
Alla gloria di Roma; ai Parti e al mondo
Mostrar che là cadean morti, e non vinti,
Quei romani soldati, a cui fea d'uopo
Romano duce, che non d'auro avesse,
Ma di vittoria, sete. A tor tal onta,
A darvi in Roma il re dei Parti avvinto,
Io mi appresto; o a perir nell'alta impresa.
A trattar di tal guerra ho scelto io questo
Tempio di fausto nome: augurio lieto
Per noi sen tragga: ah! sì, concordia piena
Infra noi tutti, omai fia solo il certo
Pegno del vincer nostro. Ad essa io dunque
E vi esorto, e vi prego. — Ivi ci appella
L'onor di Roma, ove l'oltraggio immenso
Ebbe l'aquile invitte: e a ogni altro affetto
Silenzio impon l'onor per ora. In folla
Arde il popol nel foro; udir sue grida
Di qui possiam; che a noi vendetta ei pure
Chiede (e la vuol) dei temerarj Parti.
Risolver dunque oggi dobbiam dell'alta
Vendetta noi, pria d'ogni cosa. Io chieggo
Dal fior di Roma (e, con romana gioja,
Chiesto a un tempo e ottenuto, io già l'ascolto)
Quell'unanime assenso, al cui rimbombo
Sperso fia tosto ogni nemico, o spento.

CIM.
Di maraviglia tanta il cor m'inonda
L'udir parlar di unanime consenso.
Ch'io qui primo rispondo; ancor che a tanti

Minor, tacer me faccia uso di legge.
Oggi a noi dunque, a noi, già da tanti anni
Muti a forza, il parlare oggi si rende?
Io primiero dunque, favellar mi attento:
Io, che il gran Cato in fra mie braccia vidi
In Utica spirare. Ah fosser pari
Mie' sensi a' suoi! Ma in brevità fien pari,
Se in altezza nol sono. — Altri nemici,
Altri obbrobrj, altre offese, e assai più gravi,
Roma punire e vendicar de' pria
Che pur pensare ai Parti. Istoria lunga,
Dai Gracchi in poi, fian le romane stragi.
Il foro, i templi suoi, le non men sacre
Case inondar vedea di sangue Roma:
N'è tutta Italia, e n'è il suo mar cosperso:
Qual parte omai v'ha del romano impero,
Che non sia pingue di romano sangue?
Sparso è forse dai Parti? — In rei soldati
Conversi tutti i cittadin già buoni;
In crudi brandi, i necessarj aratri;
In mannaje, le leggi; in rei feroci
I capitani: altro a patir ne resta?
Altro a temer? — Pria d'ogni cosa, io dunque
Dico, che il tutto nel primier suo stato
Tornar si debba: e pria rifarsi Roma,
Poi vendicarla. Il che ai romani è lieve.

ANT.
Io, consol, parlo; e spetta a me; non parla
Chi orgogliose stoltezze al vento spande;
Nè alcun lo ascolta. — E' mio parere, o padri,
Che quanto il nostro dittator invitto
Chiede or da noi, (benchè eseguire il possa
Ei per sè stesso omai) non pure intende
A tutta render la sua gloria a Roma,
Ma che di Roma l'esser, la possanza,
La securtà ne pende. Invendicato
Cadde in battaglia un roman duce mai?
Di vinta pugna i lor nemici mai
Impuniti ne andar presso i nostri avi?
Per ogni busto di roman guerriero,
Nemiche teste a mille a mille poscia
Cadean recise dai romani brandi.
Or, ciò che Roma, entro al confin ristretta
D'Italia sola, assentir mai non volle,

Il soffrirebbe or che i confin del mondo
Di Roma il sono? E, sorda fosse anch'ella
A sue glorie; poniam, che il Parto andarne
Impunito lasciasse; a lei qual danno
Non si vedrà tornar dal tristo esemplo?
Popoli molti e bellicosi, han sede
Fra il Parto e noi; chi, chi terralli a freno,
Se dall'armi romane il terror tace?
Grecia, Illiria, Macedoni, Germani,
Galli, Britanni, Ispani, Africa, Egitto,
Guerriera gente, che oltraggiata, e vinta,
D'ogni intorno ne accerchia, a Roma imbelle
Vorrìan servir? Nè un giorno sol, nè un'ora.
Oltre all'onor, dunque innegabil grave
Necessitade a vol nell'Asia spinge
L'aquile nostre a debellarla. — Il solo
Duce a tanta vendetta a sceglier resta. —
Ma, al cospetto di Cesare, chi duce
Osa nomarsi? — Altro eleggiamne, a patto,
Ch'ei di vittorie, e di finite guerre,
E di conquiste, e di trïonfi, avanzi
Cesare; o ch'anco in sol pugnar lo agguagli. —
Vile invidia che val? Cesare, e Roma,
Sono in duo nomi omai sola una cosa;
Poichè a Roma l'impero alto del mondo
Cesare sol rende, e mantiene. Aperto
Nemico è dunque or della patria, iniquo
Traditor n'è, chi a sua privata e bassa
Picciola causa, la comun grandezza
E securtà posporre, invido ardisce.

CAS.
Io quell'iniquo or dunque, io sì, son quello,
Cui traditore un traditore appella.
Primo il sono, e men vanto; or che in duo nomi
Sola una cosa ell'è Cesare e Roma. —
Breve parla chi dice «Altri qui faccia,
Con servili, artefatti, e vuoti accenti,
Suonar di patria il nome: ove pur resti
Patria per noi, sui casi suoi si aspetta
Il risolvere ai padri; in nome io 'l dico
Di lor; ma ai veri padri; e non, com'ora,
Adunati a capriccio; e non per vana
Forma a scherno richiesti; e non da vili
Sgherri infami accerchiati intorno intorno,

E custoditi; e non in vista, e quasi
Ascoltati da un popolo mal compro
Da chi il pasce e corrompe. E' un popol questo?
Questo, che libertade altra non prezza,
Nè conosce, che al farsi al ben inciampo.
E ad ogni male scudo? Ei la sua Roma
Nei gladiator del circo infame ha posta,
E nella pingue annona dell'Egitto.
Da una tal gente pria sgombro il Senato
Veggasi, e allor ciascun di noi si ascolti. —
Preaccennare il mio parer frattanto
Piacemi, ed è: Che dittator non v'abbia,
Poichè guerra or non v'ha; che eletti sieno
Consoli giusti; che un senato giusto
Facciasi; e un giusto popolo, e tribuni
Veri il foro rivegga. Allor dei Parti
Deliberar può Roma; allor, che a segni
Certi, di nuovo riconoscer Roma
Noi romani potremo. Infin che un'ombra
Vediam di lei fallace, i veri, e pochi
Suoi cittadini apprestansi per essa
A far gli ultimi sforzi: or che i suoi tanti
Nemici fan gli ultimi lor contr'essa.

CIC.
Figlio di Roma, e non ingrato, io l'amo
Più che me stesso: e Roma, il dì che salva
Dall'empia man di Catilina io l'ebbi,
Padre chiamommi. In rimembrarlo, ancora,
Di tenerezza e gratitudin sento
Venirne il dolce pianto sul mio ciglio.
Sempre il pubblico ben, la pace vera,
La libertà, fur la mia brama; e il sono.
Morire io solo, e qual per Roma io vissi,
Per lei deh possa! Oh qual mi fia guadagno,
S'io questo avanzo di una triste vita
Per lei consunta, alla sua pace io dono! —
Pel vero io parlo; e al canuto mio crine
Creder ben puossi. Il mio parlar non tende,
Nè a più inasprir chi dagli oltraggi molti
Sofferti a lungo, inacerbita ha l'alma
Già di bastante, ancor che giusto, sdegno;
Nè a più innalzar il già soverchio orgoglio
Di chi signor del tutto ormai si tiene.
A conciliar (che ancor possibil fora)

Col ben di ognuno il ben di Roma, io parlo. —
Già vediam da gran tempo i tristi effetti
Del mal da noi snudato acciaro. I soli
Nomi dei capi infrangitor di leggi
Si andar cangiando, e con più strazio sempre
Della oppressa repubblica. Chi l'ama
Davver fra noi, chè a cittadin di cuore,
E non di labbro, ora il mio esempio siegua.
Fra i rancor cupi ascosi, infra gli atroci
Odj palesi, infra i branditi ferri,
(Se pur l'Erinni rabide li fanno
Snudar di nuovo) ognun di noi frapponga
Inerme il petto: o ricomposti in pace
Fian così quei discordi animi feri;
O dalle inique spade trucidati
Cadrem noi soli; ad onta lor, Romani
Soli, e veraci, noi. — Son questi i sensi,
Questi i sospiri, il lagrimare è questo
Di un cittadin di Roma: al par voi tutti,
Deh! lo ascoltate: e chi di gloria troppa
E' caro già, deh! non la offuschi, o perda,
Tentando invan di più acquistarne: e quale
All'altrui gloria invidia porta, or pensi
Che invidia no, ma virtuosa, eccelsa
Gara in ben far, può sola i proprj pregi
Accrescer molto, e in nobil modo e schietto
Scemar gli altrui. — Ma, poichè omai ne avanza
Tanto in Roma a trattar, dei Parti io stimo,
Per or si taccia. Ah! ricomposta ed una,
Per noi sia Roma; e ad un suo sguardo tosto,
Parti e quanti altri abbia nemici estrani,
Spariscon tutti, come nebbia al vento.

BRU.
Cimbro, Cassio, e il gran Tullio, hanno i loro alti
Romani sensi in sì romana guisa
Esposti omai, che nulla a dir di Roma,
A chi vien dopo, resta. Altro non resta,
Che a favellar di chi in sè stesso ha posta
Roma, e neppur dissimularlo or degna. —
Cesare, a te, poiché in te solo è Roma,
Di Roma no, di te parlare io voglio.
Io non t'amo, e tu il sai; tu, che non ami
Roma; cagion del non mio amarti, sola:
Te non invidio, perchè a te minore

Più non mi estimo, da che tu sei fatto
Già minor di te stesso: io te non temo,
Cesare, no; perchè a morir non servo
Son presto io sempre; io te non odio, al fine,
Perchè in nulla ti temo. Or dunque, ascolta
Qui il solo Bruto; e a Bruto sol dà fede;
Non al tuo consol servo, che sì lungi
Da tue virtude stassi, e sol divide
Teco i tuoi vizj, e gli asseconda, e accresce. —
Tu forse ancor, Cesare, merti (io 'l credo)
D'esser salvo; e il vorrei; perchè tu a Roma
Puoi giovar, ravvedendoti: tu il puoi,
Come potesti nuocerle già tanto.
Questo popol tuo stesso, (al vivo or dianzi
Cassio il ritrasse) il popolo tuo stesso,
Ha pochi dì, del tuo poter ti fea
Meno ebro alquanto. Udito hai tu le grida
Di popolare indegnazione, il giorno,
Che, quasi a giuoco, il regio serto al crine
Leggiadramente cingerti tentava
La maestà del consol nuovo: udito
Hai fremer tutti; e la regal tua rabbia
Impallidir te fea. Ma il serto infame,
Cui pur bramavi ardentemente in cuore,
Fu per tua man respinto: applauso quindi
Ne riscotevi universal; ma punte
Eran mortali al petto tuo, le voci
Del tuo popol, che inver non più romano,
Ma nè quanto il volevi era pur stolto.
Imparasti in quel dì, che Roma un breve
Tiranno aver, ma un re, non mai, potea.
Che un cittadin non sei, tu il sai, pur troppo
Per la pace tua interna: esser tiranno
Pur ti pesa, anco il veggio; e a ciò non eri
Nato tu forse: or, s'io ti abborra, il vedi.
Svela su dunque, ove tu il sappi, a noi,
Ed a te stesso in un, ciò ch'esser credi,
Ciò ch'esser speri. — Ove nol sappi, impara,
Tu dittator, dal cittadino Bruto,
Ciò ch'esser merti. Cesare, un incarco,
Alto più assai di quel che assumi, avanza.
Speme hai di farti l'oppressor di Roma;
Liberator fartene ardisci, e n'abbi
Certezza intera. — Assai ben scorgi, al modo

Con cui Bruto ti parla, che se pensi
Esser già fatto a noi signor, non io
Suddito a te per anco esser mi estimo.
ANT.
Del temerario tuo parlar la pena,
In breve, io 'l giuro..
CES.   Or basti. — Io, nell'udirvi
Sì lungamente tacito, non lieve
Prova novella ho di me dato: e, dove
Me signor d'ogni cosa io pur tenessi,
Non indegno il sarei; poich'io l'ardito
Licenzïoso altrui parlare osava,
Non solo udir, ma provocare. A voi
Abbastanza pur libera non pare
Quest'adunanza ancor; benchè d'oltraggi
Carco v'abbiate il dittator, che oltraggi
Può non udir s'ei vuole. Al sol novello,
Lungi dal foro, e senza armate scorte
Che voi difendan dalla plebe, io dunque,
Entro alla curia di Pompeo, v'invito
A consesso più franco. Ivi, più a lungo,
Più duri ancora e più insultanti detti,
Udrò da voi: ma quivi, esser de' fermo
Il destino dei Parti. Ove ai più giovi,
Non io dissento, ch'ivi fermo a un tempo
Sia, ma dai più, di Cesare il destino.

ATTO SECONDO

SCENA I.

Cicerone e Cimbro.

CIC.
  Securo asilo, ove di Roma i casi
  Trattar, non resta, altro che questo....
CIM.   Ah! poco
  Ne resta a dir; solo ad oprar ne avanza.
  In tuo nome invitati ho Cassio e Bruto
  A qui venirne; e qui saranno in breve.
  Nulla indugiar, fia il meglio; al sol novello
  Corre (ahi pur troppo!) il suo periglio estremo
  La patria nostra.
CIC.   E' ver, che indugio nullo
  Più non ponendo ei al disegno iniquo,
  La baldanza di Cesare secura,
  Ogni indugio a noi toglie. Altro ei non vuole,
  Che un esercito in armi; or, che convinto
  Per prova egli è, che della compra plebe
  Può men l'amore in suo favor, che il fero
  Terror di tutti. Ei degli oltraggi nostri
  Ride in suo cor; gridar noi lascia a vuoto;
  Pur che l'esercito abbia: e n'ha certezza
  Dalle più voci, che in Senato ei merca.
  Di libertà le nostre ultime grida
  Scontar faranne al suo ritorno ei poscia.
  I romani guerrieri ai Parti incontro
  Guida ei, per dar l'ultimo crollo a Roma,
  Come a lei diè, del Reno in riva, i primi.
  Tropp'oltre, troppo, è ormai trascorso: or tempo,
  Anch'io il confesso, all'indugiar non havvi.
  Ma, come il de' buon cittadino, io tremo:
  Rabbrividisco, in sol pensar, che forse
  Da quanto stiam noi per risolvere, pende
  Il destino di Roma.
CIM.   Ecco venirne
  Cassio ver noi.

SCENA II.

Cassio, Cicerone e Cimbro.

CAS.   Tardo venn'io? Ma pure,
Non v'è per anco Bruto.
CIM.   In breve ei giunge.
CAS.
  Me qui seguir volean molti de' nostri:
  Ma i delatori, in queste triste mura,
  Tanti son più che i cittadini omai,
  Che a tormi appieno ogni sospetto io volli
  Solo affatto venirne. Alla severa
  Virtù di Cimbro, e del gran Tullio al senno,
  E all'implacabil ira mia, sol basti
  Aggiunger ora la sublime altezza
  Dello sdegno di Bruto. Altro consiglio
  Puossi unir mai, meglio temprato, ed atto
  Quindi a meglio adoprarsi a pro di Roma?
CIC.
  Deh, pur così voglian di Roma i Numi!
  Io, quant'è in me, presto a giovar di tutto
  Sono alla patria mia: duolmi che solo
  Debile un fiato di non verde etate
  Mi resti, a dar per essa. Omai, con mano,
  Poco oprar può la consueta mia forza;
  Ma, se con lingua mai liberi audaci
  Sensi, o nel foro, o nel Senato, io porsi:
  Più che il mai fossi, intrepid'oggi udrammi
  Roma tuonar liberi accenti: Roma,
  A cui, se estinta infra suoi ceppi or cade,
  Nè sopravviver più d'un giorno, io giuro.
CAS.
  Vero orator di libertà tu sempre
  Eri, e sublime il tuo parlar, fea forza
  A Roma spesso: ma, chi omai rimane
  Degno di udirti? Od atterriti, o compri
  Son tutti omai; nè intenderebber pure
  I sublimi tuoi sensi...
CIC.   Il popol nostro,
  Benchè non più romano, è popol sempre:
  E sia ogni uomo per sè; quanto più il puote,

Corrotto e vile, i più si cangian, tosto
Che si adunano i molti: io direi quasi
Che in comun puossi a lor prestar nel foro
Alma tutt'altra, appien diversa in tutto,
Da quella che ha fra i lari suoi ciascuno.
Il vero, il falso, ira, pietà, dolore,
Ragion, giustizia, onor, gloria pur anco;
Affetti son, che tutti in cor si ponno
Destar d'uomini molti (quai ch'ei sieno)
Dall'uom che in cor, come fra' labbri, gli abbia
Tutti davvero. Ove pur vaglian detti
Forti, liberi, ardenti, io non indarno
Oggi salir spero in ringhiera; e voglio
Ivi morir s'è duopo. — Al poter rio
Di quel Cesare stesso, onde or si trema,
Quale origine e base ei stesso dava?
La opinïon dei più. Col brando ei doma
Le Gallie, è ver; ma con la lingua ei doma,
Coi lusinghieri artificiosi accenti,
Le sue legion da prima, e in parte poscia
Il popol anco: ei sol, nè spegner tutti,
Nè comprar tutti allor potea: far servi
Ben tutti or può quei che ingannati ha pria.
E noi del par con lingua non potremmo
Disingannare, illuminar, far sani,
E gl'intelletti e i cuori? Infra il mio dire,
E il favellar del dittator tiranno,
Sta la forza per lui, per me sta il vero:
Se mi si presta orecchio, ancor pur tanto
Mi affido io, sì, nel mio sublime tema,
Ch'armi non curo. A orecchi e cor, già stati
Romani un dì, giunger può voce ancora,
Che romani per breve ancor li torni.
Svelato appien, Cesare vinto è appieno.

CIM.
    Dubbio non v'ha: se ti ascoltasse Roma,
Potria il maschio tuo dir tornarla in vita:
Ma s'anco tu scegliessi, generoso,
Di ascender solo, e di morir su i rostri,
Ch'or sono morte a chi il nome osa portarvi
Di libertà; s'anco tu sol ciò ardissi;
Tolto per sempre dalle infami grida
Di prezzolata vil genìa, ti fora
L'essere udito. Ella omai sola tiene

Del foro il campo, e ogni dritt'uom sbandisce.
Non è più al Tebro Roma: armi, e virtudi,
E cittadini, or ricercar si denno
Nelle estreme provincie. A guerra aperta
Duro assai troppo è il ritornar; ma pace
Pur non è questa. I pravi umor, che tanti
Tra viva e morta opprimon Roma, è forza
(Pur troppo!) ancor col sangue ripurgarli.
Romano al certo era Catone; e il sangue
Dei cittadini spargere abborriva;
Pur quel giusto de' giusti anco il dicea:
« Dall'armi nata, e omai dall'armi spenta,
« Non può riviver che dall'armi, Roma. »
Ch'altro a far ne rimane? O Roma è vinta,
E con lei tutti i cittadin veraci
Cadono; o vince, e annichiliti, spersi
Sono, o cangiati, i rei. Cesare forse
La vittoria allacciò? Sconfitto ei venga
Solo una volta; e la sua stessa plebe,
Convinta che invincibil ei non era,
Conoscerallo allora; a un grido allora
Tutti ardiran tiranno empio nomarlo,
E come tal proscriverlo.

CAS.   Proscritto
Perchè non pria da noi? Da un popol vile
Tal sentenza aspettiam, qualor noi darla,
Quando eseguirla il possiam noi primieri?
Fin che ad arbitrio nostro, a Roma in mezzo,
Entro a sue case, infra il senato istesso,
Possiam combatter Cesare, e compiuta
Noi riportarne palma; in campo, a costo
Di tante vite della sua men empie,
A pugna iniqua ci provocar dovrassi,
E forse per non vincerlo? Ove un brando,
Questo mio solo, e la indomabil ira
Che snudar mel farà, bastano, e troppo
Fiano, a troncar quella sprezzabil vita,
Che Roma or tutta indegnamente in pianto
Tiene allacciata e serva; ove non altro
A trucidar qual sia il tiranno vuolsi,
Che solo un brando, ed un roman che il tratti,
Perchè tanti adoprarne? — Ah! segga
Altri a consiglio, e ponderi e discuta,
E ondeggi, e indugi, infin che manchi il tempo:

Io tra i mezzi il miglior, stimo il più breve
Or più, di tanto, che il più breve a un tratto
Fia 'l più ardito, il più nobile, il più certo.
Degno è di Roma il trucidar quest'uno
Apertamente; e di morir pur merta,
Di man di Cassio, Cesare. All'altrui
Giusto furor lascio il punir l'infame
Servo-console Antonio — Ecco, vien Bruto.
Udiam, udiam, s'ei dal mio dir dissenta.

SCENA III.

Bruto, Cicerone, Cassio e Cimbro.

CIC.
Sì tardo giunge a contant'alto affare
Bruto?...

BRU.   Ah! primiero io vi giungea, se tolto
Finor non m'era...

CIM.   E da chi mai?

BRU.   Pensarlo
Nullo il potria di voi. Parlarmi a lungo
Volle Antonio finora.

CIC.   Antonio?

CAS.   E' il vile
Satellite di Cesare otteneva
Udïenza da Bruto?

BRU.   Ebbela, e in nome
Del suo Cesare stesso. Egli abboccarsi
Vuol meco, ad ogni patto: a lui venirne
M'offre, s'io il voglio; o ch'egli a me...

CIM.   Certo, ebbe
Da te ripulsa...

BRU.   No. Cesare amico,
Al cor mio schietto or più terror non reca,
Che Cesare nemico. Udirlo io quindi
Voglio, e fra breve, e in questo tempio stesso.

CAS.
Ma, che mai vuol da te?

BRU.   Comprarmi, forse.

Ma in Bruto ancor, voi vi affidate, io spero.
CAS.
   Più che in noi stessi
CIM.   Affidian tutti in Bruto.
   Anco i più vili.
BRU.   E a risvegliarmi, in fatti,
   (Quasi io dormissi) infra' miei passi io trovo
   Disseminati incitatori avvisi;
   Brevi, forti, romani; a me di laude
   E biasmo in un, come se lento io fossi
   A ciò che vuol Roma da me. Nol sono;
   Ed ogni spron mi è vano.
CAS.   Ma, che speri
   Dal favellar con Cesare?...
CIC.   Cangiarlo
   Tu speri forse...
BRU.   E piacemi, che il senno
   Del magnanimo Tullio, al mio disegno
   Si opponga in parte.
CAS.   Oh! che di' tu? Noi tutti
   Lungamente aspettandoti, qui esposto
   Abbiamo a lungo il parer nostro: un solo
   Fummo in Cesare odiar, nell'amar Roma,
   E nel voler morir per lei: ma fummo
   Tre diversi nel modo. Infra il tornarne
   Alla civile guerra; o il popol trarre
   D'inganno, e all'armi; e col privato ferro
   Svenar Cesare in Roma; or di' qual fora
   Il partito di Bruto?
BRU.   Il mio? — Nessuno,
   Per or di questi. Ove fia vano poscia
   Il mio scerrò pur sempre il terzo.
CAS.   Il tuo?
   E qual altro ne resta?
BRU.   A voi son noto:
   Parlar non soglio invan: piacciavi udirmi. —
   Per sanarsi in un giorno, inferma troppo
   E' Roma ormai. Puossi infiammar la plebe,
   Ma per breve a virtù; chè mai coll'oro
   Non si tragge al ben far, come coll'oro
   Altri a viltà la tragge. Esser può compra
   La virtù vera, mai? Fallace base

A libertà novella il popol guasto
Sarebbe adunque. Ma, il senato è forse
Più sano? Annoverar si pòn gli schietti;
Odian Cesare in core i rei pur anco,
Non perch'ei toglie libertade a tutti,
Ma perchè a lor, tiranno unico, ei toglie
D'esser tiranni. A lui succeder vonno;
Lo abborriscon perciò.

CIC.   Così non fosse,
Come vero è, pur troppo!

BRU.   Ir cauto il buono
Cittadin debbe, infra bruttura tanta,
Per non far peggio. Cesare è tiranno;
Ma non sempre lo è stato. Il vil desio
D'esser pieno signore, in cor gli sorge
Da non gran tempo: e il vile Antonio, ad arte,
Inspirando gliel va, per trarlo forse
A sua rovina, e innalzar sè sovr'esso.
Tali amici ha il tiranno.

CAS.   Innata in petto
La iniqua brama di regnar sempr'ebbe
Cesare...

BRU.   No; non di regnar: mai tanto
Non osava ei bramare. Or tu l'estimi
Più grande, e ardito, che nol fosse ei mai.
Necessità di gloria, animo ardente,
Anco il desir non alto di vendetta
Dei privati nemici, e in fin più ch'altro,
L'occasion felice, ivi l'han spinto,
Dove giunge ora attonito egli stesso
Del suo salire. Entro il suo cuor può ancora
Desio d'onor, più che desio di regno.
Provar vel deggio? Or non disegna ei forse
D'ir contra i Parti, e abbandonar pur Roma,
Ove tanti ha nemici?

CIM.   Ei mercar spera
Con l'alloro dei Parti il regio serto.

BRU.
Dunque a virtù, più assai che a forza, ei vuole
Del regio serto esser tenuto: ei dunque
Ambizïoso è più che reo...

CAS.   Sue laudi
A noi tu intessi?...

BRU.   Udite il fine. — Ondeggia
  Cesare ancora infra sè stesso; ei brama
  La gloria ancor; non è dunqu'egli in core
  Perfetto ancor tiranno: ma, ei comincia
  A tremar pure, e finor non tremava;
  Vero tiranno ei sta per esser dunque.
  Timor lo invase, ha pochi dì, nel punto
  Che il venduto suo popolo ei vedea
  La corona negargli. Ma, qual sia,
  Non è sprezzabil Cesare, nè indegno
  Ch'altri a lui schiuda al ravvedersi strada.
  Io per me deggio, o dispregiar me stesso,
  O lui stimar; poichè pur volli a lui
  Esser tenuto io della vita, il giorno
  Ch'io ne' campi farsalici in sue mani
  Vinto cadeva. Io vivo; e assai gran macchia
  E' il mio vivere a Bruto; ma saprolla
  Io scancellar, senza esser vil, nè ingrato.
CIC.
  Dell'armi è tal spesso la sorte: avresti
  Tu, se il vincevi, la vittoria seco
  Pure usata così. Non ebbe in dono
  Cesare stesso anch'ei sua vita, a Roma
  Or sì fatale? In don la vita anch'egli,
  Per grazia espressa, e vieppiù espresso errore,
  Non ricevea da Silla?
BRU.   E' vero; eppure
  Mai non mi scordo i beneficj altrui:
  Ma il mio dover, e la mia patria a un tempo,
  In cor ben fitti io porto. A Bruto, in somma,
  Cesare è tal, che dittator tiranno,
  (Qual è, qual fassi ogni di più) nol vuole
  Bruto lasciare a patto nullo in vita;
  E vuol svenarlo, o esser svenato ei stesso...
  Ma, tale in un Cesare a Bruto appare,
  Che libertade, e impero, e nerbo, e vita
  Render, per ora, ei solo il puote a Roma,
  S'ei cittadin ritorna. E' della plebe
  L'idolo già: norma divenga ai buoni;
  Faccia de' rei terrore esser le leggi:
  E' finchè torni al prisco stato il tutto,
  Dal disfar leggi al custodirle sia
  Il suo poter converso. Ei d'alti sensi
  Nacque; ei fu cittadino; ancor di fama

Egli arde: è cieco, sì; ma tal lo han fatto
Sol la prospera sorte, e gli empj amici,
Che fatto gli hanno della gloria vera
L'orme smarrire. O che il mio dire è un nulla;
O ch'io parole sì incalzanti e calde
Trar dal mio petto, e sì veraci e forti
Ragion tremende addur saprogli, e tante,
Ch'io sì, sforzar Cesare spero; e farlo
Grande davvero, e di virtù sì pura,
Ch'ei sia d'ogni uom, d'ogni Romano, il primo,
Senza esser più che un cittadin di Roma.
Sol che una gloria a Roma giovi, innanzi
Io la pongo alla mia; ben salda prova
Questo disegno mio, parmi, saranne. —
Ma, se a Cesare or parla indarno Bruto,
Tu il vedi, o Cassio, con me sempre io 'l reco;
Ecco il pugnal, ch'a uccider lui fia ratto,
Più che il tuo brando...

CIC.   Oh cittadin verace!
Grande sei troppo tu; ma da te stesso
Tu puoi conoscer Cesare tiranno.

CAS.
Sublime Bruto, una impossibil cosa,
Ma di te degna, in mente volgi; e solo
Tentarla puoi. Non io mi oppongo: ah! trarti
D'inganno appien, Cesare solo il puote.

CIM.
Far d'un tiranno un cittadino? O Bruto,
Questa tua speme generosa, è prova
Ch'esser tu mai tiranno non potresti.

BRU.
Chiaro in breve fia ciò: d'ogni oprar mio
Qui poi darovvi pieno conto io stesso. —
Ov'io vano orator perdente n'esca,
Tanto più acerbo feritor gagliardo
A' cenni tuoi, Cassio, mi avrai; tel giuro.

ATTO TERZO

SCENA I.

Cesare ed Antonio.

ANT.
  Cesare, sì; fra poco a te vien Bruto
  In questo tempio stesso, ove a te piacque
  Gli arroganti suoi sensi udir pur dianzi,
  E tollerarli. Il riudrai fra breve
  Da solo a sol, poichè tu il vuoi.
CES.   .Ten sono
  Tenuto assai: lieve non era impresa
  Il piegar Bruto ad abboccarsi or meco;
  Nè ad altri mai, fuorchè ad Antonio, darne
  Osato avrei lo incarco.
ANT.   Oh! quanto duolmi,
  Che a' detti miei tu sordo ognor, ti ostini
  In sopportar codesto Bruto! Il primo
  De' tuoi voler fia questo, a cui si arrenda
  Di mala voglia Antonio. In suon d'amico
  Pregar pur volli, e in nome tuo, colui,
  Che mortal tuo nemico a certa prova
  Esser conosco, e come tale abborro.
CES.
  Odian Cesare molti; eppur, sol uno
  Nemico io conto, che di me sia degno:
  E Bruto egli è.
ANT.   Quindi or, non Bruto solo,
  Ma Bruto prima, e i Cassj, e i Cimbri poscia,
  E i Tullj, e tanti uccider densi, e tanti.
CES.
  Quant'alto è più, quanto più acerbo e forte
  Il nemico, di tanto a' me più sempre
  Piacque di vincerlo; e il fea, più che con l'armi,

Spesso assai col perdono. Ai queti detti
Ricorrer, quando adoprar puossi il ferro;
Persuader, convincere, far forza
A un cor pien d'odio, e farsi essere amico
L'uomo, a cui tôrre ogni esser puossi; ah! questa
Contro a degno nemico è la vendetta
La più illustre; e la mia.
ANT.   Cesare apprenda
Sol da sè stesso ad esser grande: il fea
Natura a ciò: ma il far securi a un tempo
Roma e sè, da chi gli ama ambo del pari
Oggi ei l'apprenda: e sovra ogni uom, quell'uno
Son io. Non cesso di ridirti io mai,
Che se Bruto non spegni, in ciò ti preme
Più assai la vana tua gloria privata,
Che non la vera della patria; e poco
Mostri curar la securtà di entrambi.
CES.
E atterrir tu con vil sospetto forse
Cesare vuoi?
ANT.   Se non per sè, per Roma
Tremar ben può Cesare anch'egli, e il debbe.
CES.
Morir per Roma, e per la gloria ei debbe;
Non per sè mai tremar, nè mai per essa.
Vinti ho di Roma io gl'inimici in campo;
Quei soli eran di Cesare i nemici.
Tra quei che il ferro contro a lei snudaro,
Un d'essi è Bruto; io già coll'armi in mano
Preso l'ebbi, e perire allor nol fea
Col giusto brando della guerra; ed ora
Fra le mura di Roma, inerme (oh cielo!)
Col reo pugnal di fraude, o con la ingiusta
Scure, il farei trucidar io? Non havvi
Ragion, che trarmi a eccesso tal mai possa;
S'anco il volessi,... ah! forse... io nol... potrei.* —
Ma in somma, ai tanti miei trïonfi manca
Quello ancora dei Parti, e quel di Bruto:
Questo all'altro fia scala. Amico farmi
Bruto voglio, a ogni costo. Il far vendetta
Del trucidato Crasso, a tutto innanzi
Per ora io pongo; e può giovarmi assai
Bruto all'impresa, in cui riposta a un tempo
Fia la gloria di Cesare e di Roma.

ANT.
  Puoi tu accrescerti fama?
CES.   Ove da farsi
  Altro più resta, il da me fatto io stimo
  Un nulla: è tal l'animo mio. Mi tragge
  Or contra il Parto irresistibil forza.
  Vivo me, Roma rimanersi vinta?
  Ah! mille volte pria Cesare pera. —
  Ma di discordie, e d'atri umor perversi
  Piena lasciar pur la città non posso,
  Mentre in Asia guerreggio: nè lasciarla
  Piena di sangue e di terror vorrei;
  Benchè a frenarla sia tal mezzo il certo.
  Bruto può sol tutto appianarmi...
ANT.   E un nulla
  Reputi Antonio dunque?
CES.   — Di me parte
  Sei tu nelle guerriere imprese mie:
  Quindi terror dei Parti anco te voglio
  Al fianco mio. Giovarmi in altra guisa
  Di Bruto io penso.
ANT.   In ogni guisa io presto
  Sono a servirti; e il sai. Ma, cieco troppo
  Sei, quanto a Bruto.
CES.   Assai più cieco è forse
  Ei quanto a me. Ma il dì fia questo, io spero,
  Che il potrò tor d'inganno: oggi mi è forza
  Ciò almen tentare...
ANT.   Eccolo appunto.
CES.   Or, seco
  Lasciami; in breve a te verronne.
ANT.   Appieno.
  Deh! tu d'inganno trar te stesso possa,
  E in tempo ancor conoscer ben costui

SCENA II.

Bruto e Cesare.

BRU.
  Cesare, antichi noi nemici siamo:
  Ma il vincitor sei tu finora, ed anco

Il più felice sembri. Io, benchè il vinto
Paja, di te men misero pur sono.
Ma, qual che il nostro animo sia, battuta,
Vinta, egra, oppressa, moribonda, è Roma.
Pari desir, cagion diversa molto,
Tratti qui ci hanno ad abboccarci. A dirmi
Gran cose hai tu, se Antonio il ver narrommi:
Ed io pure alte cose a dirti vengo,
Se ascoltarle tu ardisci.

CES.   Ancor che Bruto
Sia stato sempre a me nemico, a Bruto
Non l'era io mai, nè il son; nè, se il volessi,
Esserlo mai potrei. Venuto io stesso
A favellarti in tua magion saria;
Ma temea, che ad oltraggio tel recasse:
Cesare osarne andar, dove consorte
A Bruto sta del gran Caton la suora:
Quind'io con preghi a qui venirne invito
Ti fea. — Me sol, senza littori, e senza
Pompa nessuna, vedi; in tutto pari
A Bruto; ove pur tale ei me non sdegni.
Qui non udrai, nè il dittator di Roma,
Nè il vincitor del gran Pompeo...

BRU.   Corteggio
Sol di Cesare degno, è il valor suo;
E vieppiù quando ei si appresenta a Bruto. —
Felice te, se addietro anco tu puoi,
Come le scuri ed i littor, lasciarti
E i rimorsi e il perpetuo terrore,
Di un dittator perpetuo!

CES.   Terrore?
Non che al mio cor, non è parola questa.
Nota pure al mio orecchio.

BRU.   Ignota ell'era
Al gran Cesare in campo invitto duce;
Non l'è a Cesare in Roma, ora per forza
Suo dittatore. E' generoso troppo,
Per negarmelo, Cesare: e, senz'onta,
Può confessarlo a Bruto. Osar ciò dirmi,
Di tua stessa grandezza è assai gran parte.
Franchi parliam: degno è d'entrambi. — Ai molti
Incuter mai timor non puote un solo,
Senza ei primo tremare. Odine, in prova,
Qual sia ver me il tuo stato. Uccider Bruto,

Senza contrasto il puoi: sai, ch'io non t'amo;
Sai, che a tua iniqua ambizïone inciampo
Esser poss'io: ma pur, perchè nol fai?
Perchè temi, che a te più danno arrechi
L'uccidermi ora. Favellarmi, intanto,
E udirmi vuoi, perchè il timor ti è norma
Unica omai; nè il sai tu stesso forse;
O di saperlo sfuggi....

CES.   Ingrato!... e il tôrre
Di Farsaglia nei campi a te la vita,
Forse in mia man non stette?

BRU.   Ebbro tu allora
Di gloria, e ancor della battaglia caldo,
Eri grande: e per esserlo sei nato:
Ma qui, te di te stesso fai minore,
Ogni dì più. — Ravvediti; conosci,
Che tu, freddo pacifico tiranno,
Mai non nascesti: io te l'affermo...

CES.   Eppure,
Misto di oltraggi, il tuo laudar mi piace.
T'amo; ti estimo; io vorrei solo al mondo
Esser Bruto, s'io Cesare non fossi.

BRU.
Ambo esser puoi; molto aggiungendo a Bruto.
Nulla togliendo a Cesare: ten vengo
A far l'invito io stesso. In te sta solo
L'esser grande davvero: oltre ogni sommo
Prisco romano, esser tu il puoi: fia il mezzo
Semplice molto; osa adoprarlo; io primo
Te ne scongiuro; e di romano pianto,
In ciò dirti, mi sento umido il ciglio.... —
Ma, tu non parli? Ah! tu ben sai, qual fora
L'alto mio mezzo: in cor tu 'l senti, il grido
Di verità, che imperïosa tuona.
Ardisci, ardisci; il laccio infame scuoti,
Che ti fa nullo a' tuoi stessi occhi; e avvinto
Ti tiene, e schiavo, più che altrui non tieni.
A esser Cesare impara oggi da Bruto.
S'io di gloria invido fossi, udresti
Or me pregarti ad annullar la mia?
Conosco il ver; me non lusingo: in Roma.
A te minor di dignitade, e d'anni,
E di possanza, e di trïonfi, io sono,

Come di fama. Se innalzarsi il nome
Di Bruto può col proprio volo, il puote
Soltanto omai sulla rovina intera
Del nome tuo. Sommessa odo una voce,
Timida, e quindi non romana affatto,
Bruto appellar liberator di Roma,
Come oppressor ten chiama. A farmi io tale,
Ch'io ti sconfigga, o ch'io ti spenga, è d'uopo.
Lieve il primo non è; più che nol credi
Lieve il secondo; e, se a me sol pensassi.
Tolto il signor già mi sarei: ma penso,
Romano, a Roma; e sol per essa io scelgo
Di te pregar, quando te uccider debbo.
Cesare, ah! sì, tu cittadin tornarne
A forza dei, da me convinto. A Roma
Tu primo puoi, tu sol, tu mille volte
Più il puoi di Bruto, a Roma render tutto;
Pace, e salvezza, e gloria, e libertade:
Quanto le hai tolto, in somma. Ancor per breve
Tu cittadin tua regia possa adopra,
Nel render forza alle abbattute leggi,
Nel tôr per sempre a ogni uom l'ardire e i mezzi
D'imitarti tiranno; e hai tolto a un tempo
A ogni uom, per quanto ei sia roman, l'ardire
Di pareggiarti cittadino. — Or, dimmi:
Ti estimi tu minor di Silla? Ei, reo
Più assai di te, più crudo, di più sangue
Bagnato e sazio; ei, cittadin pur anco
Farsi ardiva, e fu grande. Oh! quanto il fora
Cesare più, che di possanza è giunto
Oltre a Silla di tanto! Altra, ben altra
Fia gloria a te, se tu spontaneo rendi
A chi si aspetta, ciò che possa ed arte
Ti dieder; se sai meglio apprezzar te stesso;
Se togli, insomma, che in eterno in Roma
Nullo Cesare mai, nè Silla, rieda.

CES.
Sublime ardente giovine; il tuo ratto,
Forte, facondo favellar, pur troppo!
Vero è fors'anche. Ignota forza al core
Mi fan tuoi detti; e allor che a me ti chiami
Minore, io 'l sento, ad onta mia, di quanto
Maggior mi sei. Ma, il confessarlo io primo,
E il non n'esserne offeso, e il non odiarti,

Secure prove esser ti denno, e immense,
Che un qualche strano affetto io pur nudrisco
Per te nel seno. — A me sei caro, il credi;
E molto il sei. — Ciò ch'io di compier, tempo
Omai non ho, meglio da te compiuto
Vo' ch'ei sia, dopo me. Lascia, ch'io aggiunga
A miei trïonfi i debellati Parti;
Ed io contento muojo. In campo ho tratto
Di mia vita gran parte; il campo tomba
Mi fia sol degna. Ho tolta è vero, in parte
La libertà, ma in maggior copia ho aggiunto
Gloria a Roma, e possanza: al cessar mio,
Ammenderai di mie vittorie all'ombra
Tu, Bruto, i danni, ch'io le fea. Secura
Posare in me più non può Roma: il bene
Ch'io vorrei farle, avvelenato ognora
Fia dal mal che le ho fatto. Io quindi ho scelto,
In mio pensiero, alle sue interne piaghe
Te sanatore: integro sempre, e grande,
Stato sei tu; meglio di me, puoi grandi
Far tu i Romani, e integri tornarli.
Io, qual padre ti parlo;..... e, più che figlio,
O Bruto mio, mi sei.

BRU. ..... Non m'è ben chiaro
Questo tuo favellare. A me non puote
In guisa niuna mai toccar la ingiusta
Sterminata tua possa. E che? Tu parli
Di Roma già, quasi d'un tuo paterno
Retaggio?

CES. Ah! m'odi. — A te più omai non posso
Nasconder cosa, che a te nota, or debbe
Cangiarti affatto in favor mio

BRU. Cangiarmi
Puoi, se ti cangi; e se te stesso vinci;
Trïonfo sol, che a te rimanga.....

CES. Udito
Che avrai l'arcano, altro sarai.

BRU. Romano
Sarò pur sempre. Ma, favella.

CES. ..... O Bruto,
Nel mio contegno teco, e ne' miei sguardi,
E ne' miei detti, e nel tacer mio stesso,
Di' non ti par che un smisurato affetto

Per te mi muova e mi trasporti?
BRU. E' vero,
Osservo in te non so qual moto; e parmi
D'uomo più assai, che di tiranno; e finto
Creder nol posso; e schietto, attribuirlo
A che non so.
CES. ..... Ma tu, per quai senti
Moti entro al petto?
BRU. Ah! mille: e invidia tra
Tutti per te provo a vicenda i moti.
Dir non li so; ma, tutti in due gli stringo:
Se tiranno persisti, ira ed orrore;
S'uom tu ritorni e cittadino, immenso
M'inspiri amor di maraviglia misto.
Qual vuoi dei due da Bruto?
CES, Amore io voglio;
E a me tu il dèi.... Sacro, infrangibil nodo
A me ti allaccia.
BRU. A te? Qual fia?....
CES. Tu nasci
Vero mio figlio.
BRU. Oh ciel! che ascolto?....
CES. Ah! vieni,
Figlio al mio seno...
BRU. Esser potria....
CES. Se forse
A me nol credi, alla tua madre istessa
Il crederai. Questo è un suo foglio; io l'ebbi
In Farsaglia, poche ore anzi alla pugna.
Mira; a te nota è la sua mano: ah! leggi.
BRU.
(*Legge il foglio*)
« Cesare (oh ciel!) stai per combatter forse,
« Pompeo non pure, e i cittadini tuoi,
« Ma il tuo proprio figliuolo. E' Bruto il frutto
« Dei nostri amori giovenili. E' forza,
« C'hio te lo sveli; a ciò null'altro trarmi
« Mai non potrebbe, che il timor di madre.
« Inorridisci, o Cesare; sospendi,
« Se ancor n'è tempo, il brando: esser tu ucciso
« Puoi dal tuo figlio; o di tua man tu stesso
« Puoi trucidarlo. Io tremo.... I! ciel, deh! voglia,

« Che udito in tempo abbiami un padre!... Io tremo
« Servilia. » Oh colpo inaspettato e fero!
Io di Cesare figlio?

CES.   Ah! sì tu il sei.
Deh! fra mie braccia vieni.

BRU.   Oh padre!.... Oh Roma!......
Oh natura!... Oh dover!... — Pria d'abbracciarti;
Mira, a' tuoi piè prostrato Bruto cade;
Nè sorgerà, se in te di Roma a un tempo
Ei non abbraccia il padre.

CES.   Ah! sorgi, o figlio. —
Deh! Come mai sì gelido e feroce
Rinserri il cor, che alcun privato affetto
Nulla in te possa?

BRU.   E che? Credi or tu forse
D'amar tuo figlio? Ami te stesso; e tutto
Serve in tuo core al sol desìo di regno.
Mòstrati, e padre, e cittadin; chè padre
Non è il tiranno mai: deh! Tal ti mostra;
E un figlio in me ritroverai. La vita
Dammi due volte: io schiavo, esser nol posso;
Tiranno, esser non voglio. O Bruto è figlio
Di liber'uom, libero anch'egli, in Roma
Libera: o Bruto, esser non vuole. Io sono
Presto a versar tutto per Roma il sangue;
E in un per te, dove un Roman tu sii,
Vero di Bruto padre.... Oh gioia! io veggo
Sul tuo ciglio spuntare un nobil pianto?
Rotto è del cor l'ambizïoso smalto;
Padre or tu sei. Deh! Di natura ascolta
Per bocca mia le voci; e Bruto, e Roma,
Per te sien uno.

CES.   .... Il cor mi squarci.... Oh dura
Necessità!... Seguir del core i moti
Soli non posso. — Odimi, amato Bruto. —
Troppo il servir di Roma è omai maturo:
Con più danno per essa, e men virtude,
Altri terralla, ove tenerla nieghi
Bruto di man di Cesare....

BRU.   Oh parole!
Oh di corrotto animo servo infami
Sensi! — A me, no, non fosti, nè sei padre.

Pria che svelarmi il vil tuo core, e il mio
Vil nascimento, era pietà più espressa
Me trucidar, tu, di tua mano....

CES.   Oh figlio!

BRU.
Cedi, o Cesare......

CES.   Ingrato.... snaturato....
Che far vuoi dunque?

BRU.   O salvar Roma io voglio,
O perir seco.

CES.   Io ravvederti voglio,
O perir di tua mano. Orrida, atroce
E' la tua sconoscenza.... Eppure, io spero,
Ch'onta ed orror ne sentirai tu innanzi
Che in Senato ci vegga il dì novello. —
Ma, se allor poi nel non volermi padre
Ti ostini, ingrato; e se, qual figlio, sdegni
Meco divider tutto; al dì novello,
Signor mi avrai.

BRU.   — Già pria d'allora, io spero,
L'onta e l'orror d'esser tiranno indarno,
Ti avran cangiato in vero padre. In petto
Non puommi a un tratto germogliar di figlio
L'amor, se tu forte e sublime prova
Pria non mi dài del tuo paterno amore.
D'ogni altro affetto è quel di padre il primo:
E nel tuo cor de' vincere. Mi avrai
Figlio allora, il più tenero, il più caldo,
Il più sommesso, che mai fosse..... Oh padre!
Qual gioja allor, quanta dolcezza, e quanto
Orgoglio avrò d'esserti figlio!.....

CES.   Il sei.
Qual ch'io mi sia: nè mai contro al tuo padre
Volger ti puoi, senza esser empio...

BRU.   Ho nome
Bruto; ed a me, sublime madre è Roma. —
Deh! non sforzarmi a reputar mio vero
Genitor solo quel romano Bruto,
Che a Roma e vita e libertà, col sangue
De' proprj suoi svenati figli, dava.

SCENA III.

Cesare.

Oh mè infelice!... E fia pur ver, che il solo
Figliuol mio da me vinto or non si dica,
Mentr'io pur tutto il vinto mondo affreno?

ATTO QUARTO

SCENA I.

Cassio e Cimbro.

CIM.
  Quant' io ti dico, è certo: uscir fu visto
  Bruto or dianzi di qui; turbato in volto,
  Pregni di pianto gli occhi, ei si avviava
  Vér le sue case. Oh! potrebbe egli mai
  Cangiarsi?.....
CAS.   Ah! no. Bruto ama Roma, ed ama
  La gloria, e il retto. A noi verrà tra breve,
  Come il promise. In lui, più che in me stesso,
  Credo, e mi affido. ogni suo detto, ed opra,
  D'alto cor nasce; ei della patria sola
  L'util pondera, e vede.
CIM.   Eccolo appunto.
CAS.
  Non tel diss'io?

SCENA. II.

Bruto, Cassio e Cimbro.

BRU.   Che fia? Voi soli trovo?
CAS.
  E siam noi pochi, ove tu a noi ti aggiungi?
BRU.
  Tullio manca.....
CIM.   Nol sai? Precipitoso
  Ei con molti altri Senatori usciva
  Di Roma or dianzi.

CAS.   Il gel degli anni in lui
L'ardir suo prisco, e la virtude agghiaccia....
BRU.
Ma non l'estingue. Ah! niun Romano ardisca
Il gran Tullio spregiar. Per esso io 'l giuro,
Che a miglior uopo, a pro di Roma, ei serba
E libertade e vita.
CAS.   Oh noi felici!
Noi certi almen, siam certi, o di venirne
A onorata laudevole vecchiezza
Liberi; o certi, di perir con Roma,
Nel fior degli anni.
BRU.   Ah! sì; felici voi!.....
Nol sono io, no; cui riman scelta orrenda,
Fra il morir snaturato, o il viver servo.
CAS.
Che dir vuoi tu?
CIM.   Del favellar tuo lungo
Col dittator, che ne traesti?
BRU.   Io?.... Nulla
Per Roma; orrore e dolor smisurato
Per me, stupor per voi, misto fors'anco
Di un giusto sprezzo.
CIM.   E per chi mai?
BRU.   Per Bruto.
CIM.
Spregiarti noi?
CAS.   Tu, che di Roma sei,
E di noi, l'alma?.....
BRU.   Io son..., chi 'l crederia?...
Misero me!.... Finor tenuto io m'era
Del divin Cato il genero, e il nipote;...
E del tiranno Cesare io son figlio.
CIM.
Che ascolto? Esser potrebbe?..
CAS.   E sia: non toglie,
Che il più fero nemico del tiranno
Non sia Bruto pur sempre: ah! Cassio il giura.
BRU.
Orribil macchia inaspettata io trovo
Nel mio sangue; a lavarla, io tutto il deggio

Versar per Roma.
CAS.   O Bruto, di te stesso
  Figlio esser dèi.
CIM.   Ma pur, quai prove addusse
  Cesare a te? Come a lui fede?....
BRU.   Ah! prove,
  Certe pur troppo, ei mi adducea. Qual padre
  Ei da pria mi parlava; a parte pormi
  Dell'esecrabil suo poter volea
  Per ora, e farmen poscia infame erede.
  Dal tirannico ciglio umano pianto
  Scendea pur anco; e del suo guasto cuore,
  Senza arrossir, le più riposte falde,
  Come a figlio ei mi apriva. A farmi appieno
  Convinto infine, un fatal foglio (oh cielo!)
  Legger mi fea. Servilia a lui vergollo,
  Di proprio pugno. In quel funesto foglio,
  Scritto pria che si alzasse il crudel suono
  Della tomba farsalica, tremante
  Servilia svela, e afferma, ch'io son frutto
  Dei loro amori; e in brevi e caldi detti,
  Ella scongiura Cesare a non farsi
  Trucidator del proprio figlio.
CIM.   Oh fero,
  Funesto arcano! entro all'eterna notte
  Che non restasti?....
CAS.   E se qual figlio ei t'ama,
  Nel veder tanta in te virtù verace,
  Nell'ascoltar gli alti tuoi forti sensi,
  Come resister mai di un vero padre
  Potea pur l'alma? Indubitabil prova
  Ne riportasti omai, che nulla al mondo
  Cesare può dal vil suo fango trarre.
BRU.
  Talvolta ancora il ver traluce all'ebbra
  Mente sua, ma traluce in debil raggio.
  Uso in campo a regnare or già molti anni,
  Fero un error lo invesca; ei gloria somma
  Stima il sommo poter; quindi ei s'ostina
  A voler regno o morte.
CIM.   E morte egli abbia
  Tal mostro dunque.
      CAS   Incorreggibil, fermo

Tiranno egli è. Pensa omai dunque, o Bruto,
Che un cittadin di Roma non ha padre....
CIM.
E che un tiranno non ha figli mai...
BRU.
E che in cor mai non avrà Bruto pace. —
Sì, generosi amici, al nobil vostro
Cospetto io 'l dico: a voi, che in cor sentite
Sublimi e sacri di natura i moti;
A voi, che impulso da natura, e norma,
Pigliate all'alta necessaria impresa,
Ch'or per compiere stiamo; a voi, che solo
Per far securi in grembo ai padri i figli,
Meco anelate or di troncar per sempre
La tirannia che parte e rompe e annulla
Ogni vincol più santo; a voi non temo
Tutto mostrare il dolore, e l'orrore,
Che a brani a brani il cuor squarciano a gara
Di me figlio di Cesare e di Roma.
Nemico aspro, implacabil, del tiranno
Io mi mostrava in faccia a lui; nè un detto,
Nè un motto, nè una lagrima appariva
Di debolezza in me: ma, lunge io appena
Dagli occhi suoi, di mille furie in preda
Cadeami l'alma. Ai lari miei men corro:
Ivi, sicuro sfogo, alto consiglio,
Cor più sublime assai del mio, mi è dato
Di ritrovar; fra' lari miei la illustre
Porzia di Cato figlia, a Cato pari,
Moglie alberga di Bruto.....

CAS. E d'ambo degna
E' la gran donna.

CIM. Ah! così stata il fosse
Anco Servilla!

BRU. Ella, in sereno e forte
Volto, bench'egra giaccia or da più giorni,
Me turbato raccoglie. Anzi ch'io parli,
Dice ella a me: « Bruto, gran cose in petto
« Da lungo tempo ascondi; ardir non ebbi
« Di domandarten mai, fin che a feroce
« Prova, ma certa, il mio coraggio appieno
« Non ebbi io stessa conosciuto. Or, mira;
« Donna non sono. » E in così dir, cadersi

Lascia del manto il lembo, e a me discuopre
Larga orribile piaga a sommo il fianco.
Quindi soggiunge: « Questa immensa piaga,
« Con questo stil, da questa mano, è fatta,
« Or son più giorni: a te taciuta sempre,
« E imperturbabilmente sopportata
« Dal mio cor, benchè infermo il corpo giaccia:
« Degna al fin, s'io non erro, questa piaga
« Fammi e d'udire, e di tacer, gli arcani
« Di Bruto mio ».

CIM.   Qual donna!

CAS.   A lei qual puossi
Uom pareggiare?

BRU.   A lei davante io quindi,
Quasi a mio tutelar genio sublime,
Prostrato caddi, a una tal vista; e muto,
Piangente, immoto, attonito, mi stava. —
Ripresa poscia la favella, io tutte
L'aspre tempeste del mio cor le narro.
Piange al mio pianger ella; ma il suo pianto
Non è di donna, è di Romano. Il solo
Fato avverso ella incolpa: e in darmi forse
Lo abbraccio estremo, osa membrarmi ancora,
Ch'io di Roma son figlio, a Porzia sposo,
E ch'io Bruto mi appello. — Ah! nè un istante
Mai non diedi all'obblìo tai nomi, mai:
E a giurarvelo, vengo. — Altro non volli,
Che del mio stato orribile accennarvi
La minor parte; e l'amistà fu sfogo
Quant'io finora dissi. — Or, so; voi primi
Convincer deggio, che da Roma tormi
Nè il può natura stessa... Ma, il dolore,
Il disperato dolor mio torrammi
Poscia, pur troppo! e per sempre, a me stesso.

CIM.
Romani siamo, è ver; ma siamo a un tempo
Uomini; il non sentirne affetto alcuno,
Ferocia in noi stupida fora... Oh Bruto!...
Il tuo parlar strappa a me pure il pianto.

CAS.
Sentir dobbiam tutti gli umani affetti;
Ma, innanzi a quello della patria oppressa
Straziata, e morente, taccion tutti:

O, se pur parlin, l'ascoltargli a ogni uomo,
Fuor che a Bruto, si dona.
BRU.   In reputarmi
Più forte e grande ch'io nol son, me grande
E forte fai, più ch'io per me nol fora. —
Cassio, ecco omai rasciutto ho il ciglio appieno. —
Già si appressan le tenebre: il gran giorno
Doman sarà. Tutto di nuovo io giuro,
Quanto è fra noi già risoluto. Io poso
Del tutto in voi; posate in me: null'altro
Chieggo da voi, fuor che aspettiate il cenno
Da me soltanto.
CAS.   Ah! dei Romani il primo
Davver sei tu. — Ma, chi mai vien?...
CIM.   Che veggio?
Antonio!
BRU.   A me Cesare or certo il manda.
State; e ci udite.

SCENA III.

Antonio, Cassio, Bruto e Cimbro.

ANT.   In traccia, o Bruto, io vengo
Di te: parlar teco degg'io.
BRU.   Favella:
Io t'ascolto.
ANT.   Ma, dato emmi l'incarco
Dal dittatore...
BRU.   E sia ciò pure.
ANT.   Io debbo
Favellare a te solo.
BRU.   Io qui son solo.
Cassio, di Giunia a me germana è sposo;
Del gran Caton mio suocero, l'amico
Era Cimbro, e il più fido: amor di Roma,
Sangue, amistà, fan che in tre corpi un'alma
Sola siam noi. Nulla può dire a Bruto
Cesare mai, che nol ridica ei tosto
A Cassio, e a Cimbro.

ANT.   Hai tu comun con essi
   Anco il padre?
BRU.   Diviso han meco anch'essi
   L'onta e il dolor del tristo nascer mio:
   Tutto ei sanno. Favella. — Io son ben certo,
   Che in sè tornato Cesare, ei t'invia,
   Generoso, per tormi or la vergogna
   D'esser io stato d'un tiranno il figlio.
   Tutto esponi, su dunque: aver non puoi
   Del cangiarsi di Cesare sublime,
   Da re ch'egli era in cittadin, più accetti
   Testimon mai, di questi. — Or via, ci svela
   Il suo novello amore alto per Roma;
   Le sue per me vere paterne mire;
   Ch'io benedica il dì, che di lui nacqui.
ANT.
   — Di parlare a te solo m'imponeva
   Il dittatore. Ei, vero padre, e cieco
   Quanto infelice, lusingarsi ancora
   Pur vuol, che arrender ti potresti al grido
   Possente e sacro di natura.
BRU.   E in quale
   Guisa arrendermi debbo? A che piegarmi?...
ANT.
   A rispettare e amar chi a te diè vita:
   Ovver se amar tuo ferreo cuor non puote,
   A non tradire il tuo dover più sacro;
   A non mostrarti immemore ed indegno
   Dei ricevuti benefizj; in somma,
   A mertar quei, ch'egli a te nuovi appresta.
   Troppo esser temi uman, se a ciò ti pieghi?
BRU.
   Queste, ch'or vuote ad arte a me tu dai.
   Parole son: stringi, e rispondi. E' presto
   Cesare, al dì novello, in pien senato,
   A rinunziar la dittatura? E' presto
   Senza esercito a starsi? A scior del rio
   Comun terror tutti i Romani? A sciorne
   E gli amici, e i nemici, e in un sè stesso?
   A render vita alle da lui sprezzate
   Battute e spente leggi sacrosante?
   A sottoporsi ad esse sole ei primo? —
   Questi son, questi, i benefizj espressi,

Cui far può a Bruto il genitor suo vero.
ANT.
Sta bene. — Altro hai che dirmi?
BRU.   Altro non dico
A chi udirmi non merta. — Al signor tuo
Riedi tu dunque, e digli: che ancor spero,
Anzi ch'io credo, e certo son, che al nuovo
Sole in senato utili cose ed alte,
Per la salvezza e libertà di Roma,
Ei proporrà: digli, che Bruto allora,
Di Roma tutta in faccia, a' piedi suoi
Cadrà primier, qual cittadino e figlio;
Dove pur padre, e cittadino ei sia.
E digli in fin, ch'ardo in mio core al paro
Di far riviver per noi tutti Roma,
Come di far rivivere per essa
Cesare....
ANT.   Intendo. — A lui dirò quant'io
(Pur troppo invan!) gran tempo è già, gli dissi.
BRU.
Maligno messo, ed infedel ti estimo,
Infra Cesare e Bruto; ma, s'ei pure
A ciò te scelse, a te risposta io diedi.
ANT.
Se a me credesse, e all'utile di Roma,
Cesare omai, messo ei non altro a Bruto
Dovria mandar, che coi littor le scuri.

SCENA IV.

Bruto, Cassio e Cimbro.

CIM.
Udiste?...
CAS.   Oh Bruto!.. Il Dio tu sei di Roma.
CIM.
Questo arrogante iniquo schiavo, anch'egli
Punir si debbe...
BRU.   Ei di nostr'ira, parmi,
Degno non fora. — Amici, ultima prova

Domane io fo: se vana ell'è, promisi
Io di dar cenno, e di aspettarlo voi;
V'affiderete in me?

CAS.   Tu a noi sei tutto. —
Usciam di qui: tempo è d'andarne ai pochi
Che noi scegliemmo; e che a morir per Roma
Doman con noi si apprestano

BRU.   Si vada.

ATTO QUINTO

SCENA I.

La scena è nella curia di Pompeo

Bruto, Cassio e Senatori
che si vanno collocando ai loro luoghi

CAS.
 Scarsa esser vuol questa adunanza, parmi,
 Minor dell'altra assai...
 BRU.   Pur che minore
 Non sia il cor di chi resta; a noi ciò basta.
CAS.
 Odi tu, Bruto, la inquieta plebe,
 Come già di sue grida assorda l'aure?
BRU.
 Varian sue grida ad ogni nuovo evento:
 Lasciala: anch'essa in questo dì giovarne
 Forse potrà.
  CAS.   Mai non ti vidi io tanto
 Securo, e in calma.
  BRU.   Arde il periglio.
  CAS.   Oh Bruto!...
 Bruto, a te solo io cedo.
  BRU.   Il gran Pompeo,
 Che marmoreo qui spira, e ai pochi nostri
 Par ch'or presieda, omai securo fammi,
 Quanto il vicin periglio.
  CAS.   Ecco, appressarsi
 Del tiranno i littori.
  BRU.   E Casca, e Cimbro?
CAS.
 Feri scelto hanno il primo loco, a forza:
 Sieguon dappresso Cesare

BRU.   Pensasti
   Ad impedir che l'empio Antonio?...
CAS.   A bada
   Fuor del senato il tratterranno a lungo
   Fulvio e Macrin; s'anco impedirlo è d'uopo,
   Con la forza il faranno.
BRU.   Or, ben sta il tutto.
   Pigliam ciascun il loco nostro. — Addio,
   Cassio. Noi qui ci disgiungiam pur schiavi;
   Liberi, spero, abbraccieremci in breve,
   Ovver morenti. — Udrai da pria gli estremi
   Sforzi di un figlio; ma vedrai tu poscia
   Di un cittadin gli ultimi sforzi.
CAS.   Oh Bruto!
   Ogni acciar pende dal solo tuo cenno.

              SCENA II.

Senatori seduti. **Bruto** e **Cassio** ai lor luoghi. **Cesare**
preceduto dai Littori, che poscia lo lasciano;
Casca, Cimbro e molti altri lo seguono. *Tutti
sorgono all'entrar di Cesare, finch'egli seduto non sia.*

CES.
   Oh! che mai fu? Mezzo il senato appena,
   Benchè sia l'assegnata ora trascorsa?
   Ma, tardo io stesso oltre il dover, vi giungo. —
   Padri Coscritti, assai mi duol di avervi
   Indugiati... Ma pur, qual fia cagione,
   Che di voi sì gran parte ora mi toglie?
            (Silenzio universale).
BRU.
   Null'uom risponde? — A tutti noi pur nota
   E' la cagion richiesta, — Or, non te l'apre,
   Cesare, appieno il tacer di noi tutti? —
   Ma, udirla vuoi? — Quei che adunar qui vedi,
   Il terror gli adunò; quei che non vedi,
   Gli ha dispersi il terrore.
CES.   A me novelli
   Non son di Bruto i temerarj accenti;

Come a te non è nuova la clemenza
Generosa di Cesare. Ma invano;
Che ad altercar qui non venn'io...
BRU.   Nè invano
Ad offenderti noi. — Mal si avvisaro,
Certo, quei padri, che in sì lieto giorno
Dal senato spariro: e mal fan quelli,
Che in senato or stan muti. — Io, conscio appieno
Degli alti sensi che a spiegar si appresta
Cesare a noi, mal rattener di gioja
Gl'impeti posso; e disgombrar mi giova
Il falso altrui terrore. — Ah! no, non nutre
Contra alla patria omai niun reo disegno
Cesare in petto; ah! no: la generosa
Clemenza sua, che a Bruto oggi ei rinfaccia,
E che adoprar mai più non dee per Bruto,
Tutto or già l'ha rivolta egli all'afflitta
Roma tremante. Oggi, vel giuro, un nuovo
Maggior trionfo a' suoi trïonfi tanti
Cesare aggiunge; ei vincitor ne viene
Qui di sè stesso, e della invidia altrui.
Vel giuro io, sì, nobili padri; a questo
Suo trïonfo sublime oggi vi aduna,
Cesare: ei vuole ai cittadini suoi
Rifarsi pari: e il vuol spontaneo: e quindi,
Infra gli uomini tutti al mondo stati,
Mai non ebbe, nè avrà, Cesare il pari.
CES.
Troncar potrei, Bruto, il tuo dir...
BRU.   Nè paja
Temeraria arroganza a voi la mia;
Pretore appena, osare io pure i detti
Prëoccupar del dittatore. E' Bruto
Col gran Cesare omai sola una cosa. —
Veggio inarcar dallo stupor le ciglia:
Oscuro ai padri è il mio parlar; ma tosto,
D'un motto sol, chiaro il farò. — Son figlio
Io di Cesare...
         (*Grido universale di stupore.*)
BRU.   Si; di lui son nato;
E assai men pregio; poichè Cesare oggi,
Di dittator perpetuo ch'egli era,
Perpetuo e primo cittadin si è fatto.
         (*Grido universale di gioja.*)

CES.
   ...Bruto è mio figlio è ver; l'arcano or dianzi
   Glie ne svelava io stesso. A me gran forza
   Fean l'eloquenza, l'impeto, l'ardire,
   E un non so che di sovruman, che spira
   Il suo parlar: nobil, bollente spirto,
   Vero mio figlio, è Bruto. Io quindi, a farvi,
   Romani, il ben che in mio poter per ora
   Non sta di farvi, assai di me più degno
   Lui, dopo me, trascelgo; a lui la intera
   Mia possanza lasciar, disegno; in esso
   Fondata io l'ho: Cesare avrete in lui...

BRU.
   Securo io stommi: ah! di ciò mai capace,
   Non che gli amici, nè i nemici stessi
   I più acerbi e implacabili di Bruto,
   Nol credon, no, — Cesare a me sua possa
   Cede, o Romani: e in ciò vuol dir, che ai preghi
   Di me suo figlio, il suo poter non giusto
   Cesare annulla, e in libertà per sempre
   Roma ei ripone.

          (*Grido universale di gioja*).

CES.   Or basti. Al mio cospetto
   Tu, come figlio, e come a me minore,
   Tacerti dèi. — Cesare, o Padri, or parla. —
   Ir contra i Parti, irrevocabilmente
   Ho fermo in mio pensiero. All'alba prima,
   Colle mie fide legioni, io muovo
   Vêr l'Asia: inulta ivi di Crasso l'ombra,
   Da gran tempo mi appella, e a forza tragge.
   Lascio Antonio alla Italia; abbialo Roma
   Quasi un altro me stesso: alle assegnate
   Provincie lor tornino e Cassio, e Cimbro,
   E Casca: al fianco mio Bruto starassi.
   Spenti i nemici avrò di Roma appena,
   A darmi in man de' miei nemici io riedo:
   E, o dittatore, o cittadino, o nulla,
   Qual più vorrà, Roma a sua posta avrammi.

          (*Silenzio universale*).

BRU.
   — Non di Romano al certo, nè di padre,
   Nè di Cesare pur, queste che udimmo,
   Eran parole. I rei comandi questi

Fur di assoluto re. — Deh! padre, ancora
M'odi una volta; i pianti ascolta, e i preghi
Di un cittadin, di un figlio. Odimi; tutta
Meco ti parla, or per mia bocca, Roma.
Mira quel Bruto, cui null'uom mai vide
Finor nè pianger, nè pregar; tu il mira
A' piedi tuoi. Di Bruto esser vuoi padre,
E non l'esser di Roma?

CES.   Omai preghiere,
Che son pubblico oltraggio, udir non voglio.
Sorgi, e taci. — Appellarmi osa tiranno
Costui; ma, nol son io: se il fossi, a farmi
Sì atroce ingiuria in faccia a Roma, io stesso
Riserbato lo avrei? — Quanto in sua mente
Il dittator fermava, esser de' tutto.
L'util così di Roma impera; e ogni uomo,
Che di obbedirmi omai dubita, o niega,
E di Roma nemico; a lei rubello,
Traditor empio egli è.

BRU.   — Come si debbe
Da cittadini veri, omai noi tutti
Obbediam dunque al dittatore. (*Bruto snuda, brandisce in alto il pugnale; i congiurati si avventano a Cesare coi ferri*).

CIM.   Muori,
Tiranno, muori.

CAS.   E ch'io pur anco il fera.

CES.
Traditori...

BRU.   E ch'io sol ferir nol possa?...
        (*Alcuni Senatori*).
Muoja, muoja, il tiranno.
        (*Altri Senatori, fuggendosi.*)

CES.   Oh vista! oh giorno!
    (*Carco di ferite, strascinandosi fino alla statua di Pompeo, dove, copertosi il volto col manto, egli spira.)*
Figlio,... e tu pure... Io moro..

BRU.   Oh padre!... Oh Roma!...

CIM.
Ma, dei fuggenti al grido, accorre in folla

Il popol già...
CAS.   Lascia, che il popol venga:
  Spento è il tiranno. A trucidar si corra
  Antonio anch'ei.

SCENA III.

Popolo, **Bruto** e **Cesare** morto.

POP.   Che fu? Quai grida udimmo?
  Qual sangue è questo? Oh! col pugnale in alto
  Bruto immobile sta?
BRU.   Popol di Marte,
  (Se ancora il sei) là, là rivolgi or gli occhi:
  Mira chi appiè del gran Pompeo sen giace...
POP.
  Cesare? Oh vista! Ei nel suo sangue immerso?...
  Oh rabbia!...
BRU.   Sì; nel proprio sangue immerso
  Cesare giace: ed io, benchè non tinto
  Di sangue in man voi mi vediate il ferro.
  Io pur cogli altri, io pur, Cesare uccisi...
POP.
  Ah traditor! tu pur morrai...
BRU.   Già volta
  Sta dell'acciaro al petto mio la punta:
  Morire io vo': ma, mi ascoltate pria.
POP.
  Si uccida pria chi Cesare trafisse...
BRU.
  Altro uccisor invan cercate: or tutti
  Dispersi già fra l'ondeggiante folla,
  I feritor spariro: invan cercate
  Altro uccisor, che Bruto. Ove feroci
  A vendicare il dittator qui tratti
  V'abbia il furore, alla vendetta vostra
  Basti il capo di Bruto. — Ma, se in mente,
  Se in cor pur anco a voi risuona il nome
  Di vera e sacra libertade, il petto
  A piena gioja aprite: è spento al fine,

E' spento là, di Roma il re.
POP.   Che parli?
BRU.
Di Roma il re, sì, vel confermo, e il giuro
Era ei ben re: tal qui parlava; e tale
Mostrossi ei già ne' Lupercali a voi,
Quel dì che aver la ria corona a schivo
Fingendo, al crin pur cinger la si fea
Ben tre volte da Antonio. A voi non piacque
La tresca infame; e a certa prova ei chiaro
Vide, che re mai non saria, che a forza.
Quindi a guerra novella, or, mentre esausta
D'uomini e d'armi, e di tesoro è Roma,
Irne in campo ei volea; certo egli quindi
Di re tornarne a mano armata, e farvi
Caro costare il mal negato serto.
L'oro, i banchetti, le lusinghe, i giuochi,
L'empio il tentò; Romani vói, la vostra
Libertà non vendete: e ancor per essa
Presti a morir tutti vi veggio: e il sono
Io, quanto voi. Libera è Roma; in punto
Bruto morrebbe. Or via, svenate dunque
Chi libertà, virtù vi rende, e vita;
Per vendicare il vostro re, svenate
Bruto voi dunque: eccovi ignudo il petto..
Chi non vuol esser libero, me uccida. —
Ma, chi uccidermi niega, omai seguirmi
Debbe, ed a forza terminar la impresa.
POP.
Qual dir fia questo? Un Dio lo inspira...
BRU.   Ah! veggo
A poco a poco ritornar Romani
I già servi di Cesare. Or, se Bruto
Roman sia anch'egli, udite. — Havvi tra voi
Chi pur pensato abbia finora mai
Ciò, ch'ora io sto con giuramento espresso
Per disvelare a voi? — Vero mio padre
Cesare m'era...
POP.   Oh ciel! che mai ci narri?...
BRU.
Figlio a Cesare nasco; io l' giuro: ei stesso
Jer l'arcano svelavami; ed in pegno
Di amor paterno, ei mi volea, (vel giuro)

Bruto II - Atto V.

    Voleva un dì, quasi tranquillo e pieno
    Proprio retaggio suo, Roma lasciarmi.
POP.
    Oh ria baldanza!...
BRU.   E le sue mire inique
    Tutte a me quindi ei discoprire ardiva...
POP.
    Dunque (ah pur troppo!) ei disegnava al fine
    Vero tiranno appalesarsi...
BRU.   Io piansi,
    Pregai, qual figlio; e in un, qual cittadino,
    Lo scongiurai di abbandonar l'infame
    Non romano disegno: ah! che non feci,
    Per cangiarlo da re?... Chiesta per anco
    Gli ho in don la morte; che da lui più cara
    Che il non suo regno m'era: indarno il tutto:
    Nel tirannico petto ei fermo avea,
    O il regnare, o il morire. Il cenno allora
    Di trucidarlo io dava; io stesso il dava
    A pochi e forti: ma in alto frattanto
    Sospeso stava il tremante mio braccio...
POP.
    Oh virtù prisca! oh vero Bruto!
BRU.   E' spento
    Di Roma il re; grazie agl'Iddii sen renda..
    Ma ucciso ha Bruto il proprio padre;... ei merta
    Da voi la morte... E viver volli io forse?...
    Per brevi istanti, io il deggio ancor; finch'io
    Con voi mi adopro a far secura appieno
    La rinascente comun patria nostra:
    Di cittadin liberatore, il forte
    Alto dover, compier si aspetta a Bruto;
    Ei vive a ciò: ma lo immolar sè stesso.
    Di proprio man su la paterna tomba,
    Si aspetta all'empio parricida figlio
    Del gran Cesare poscia.
POP.   Oh fero evento!...
    Stupor, terror, pietade;... oh! quanti a un tempo
    Moti proviamo?... Oh vista! in pianto anch'egli,
    Tra il suo furor, Bruto si stempra?...
BRU.   — Io piango.
    Romani, sì: Cesare estinto io piango.

Sublimi doti, uniche al mondo; un'alma,
Cui non fu mai l'egual, Cesare avea:
Cor vile ha in petto chi nol piange estinto. —
Ma, chi ardisce bramarlo omai pur vivo,
Roman non è.

POP. Fiamma è il tuo dire, o Bruto...

BRU.
Fiamma sian l'opre vostre; alta è l'impresa,
Degna è di noi: seguitemi; si renda
Piena ed eterna or libertade a Roma.

POP.
Per Roma, ah! sì, su l'orme tue siam presti
A tutto, sì...

BRU. Via dunque, andiam noi ratti
Al Campidoglio; andiamo; il seggio è quello
Di libertade, sacro: in man lasciarlo
Del traditor vorreste?

POP. Andiam: si tolga
La sacra rocca ai traditori.

BRU. A morte,
A morte andiamo, o a libertade. *(Si muove Bruto, brandendo ferocemente la spada: il popolo tutto a furore lo segue.)*

POP. A morte,
Con Bruto a Morte, o a libertà si vada.

FINE DELLA TRAGEDIA.

Parere dell'Autore sul Bruto II.

Molte delle cose anzidette circa il soggetto di Bruto primo, mi vagliano anche dette per Bruto secondo. Corre però fra le due tragedie questa estrema differenza che nella prima gli affetti paterni vi fanno veramente (e debbono farvelo) un naturale e caldissimo contrasto con gli affetti di libertà, essendo Giunio Bruto un vero legittimo padre di figli per sè stessi fino a quel punto incontaminati; in vece che l'amor filiale di Marco Bruto per quel Cesare il quale o non gli è vero padre, o illegittimamente lo è, e che di molte realtà giustamente gli par maculato, mi è sembrato sempre uno incidente posticcio, e, sì dagli storici che dai poeti, intromesso in questo soggetto, più per accattarvi il meraviglioso, che per seguire la verisimile traccia degli affetti naturali. Ed in fatti, Marco Bruto, che si viene a chiarir figlio di Cesare, appunto in quell'istesso giorno in cui egli ha risoluto di ucciderlo, Marco Bruto, che fin a quel giorno avea, e con ragione, abborrito in Cesare il tiranno della patria comune; non può certamente tutto ad un tratto venirlo ad amar come padre. Onde questo filiale amore, che nascer non può come un fungo essendo debolissimo in Bruto, non dee mai cagionare nel di lui cuore quel feroce contrasto di passioni con l'amore di libertà più antico, più radicato e più giusto, di cui era invaso l'animo tutto di Bruto, e da questo solo urto di contrarie passioni può ridondare il tragico vero.

E Cesare parimente, bench'egli da gran tempo sapesse di essere il padre di Bruto, non glie lo avendo manifestato pur mai fino ad ora, ed avendo occupatissimo l'animo, il cuore e la mente da tutt'altra cosa che dall'amore di padre, egli con pochissima verisimiglianza perviene ad innestarsi ad un tratto nel cuore quest'amore, di cui non può aver mai (nè mostrarla pure) una dose bastante da poter contrastare colla smisurata sua ambizione inveterata di regno.

Un altro manifesto svantaggio del Bruto secondo, rispetto al Bruto primo, si è questo: l'amore di un vero padre superato dall'amore di libertà, la quale è nobile e virtuosa passione in sè stessa, sorprende, piace, e rapisce: perchè un tale magnanimo sforzo non può mai accadere se non in un animo altrettanto virtuoso quanto maschio e sublime: ma, che l'amore di un mezzo padre sia vinto dall'amore d'impero, non sorprende nè piace; perchè tale è il comune andamento di tutti i volgari uomini. Cesare dunque, per questa tragica parte, riesce tanto minore di Giunio Bruto, quanto un tiranno è minore d'un cittadino. E così Marco Bruto trovandosi o dubbio o non dovuto figlio di Cesare, non è meraviglia punto se egli preferisce la repubblica ad un tal padre. Per la parte dunque del contrasto d'affetti non corre paragone alcuno tra il primo Bruto e il secondo.

L'autore ha creduto (ma forse ingannavasi) di potere alquanto supplire al difetto inerente a questa paternità di Cesare, e a queste filialità di Bruto, col fargli amendue già pieni di reciproca stima e di ammirazione l'uno per l'altro; Cesare pronto ad accogliere in Bruto un successore della potenza sua, che anzi ne potrebbe ammendare poi le brutture, e menomarne la violenza; Bruto, pronto a riconoscere in Cesare il suo nobile emulo, anzi il suo degno maestro in gloria e in virtù, dove egli, ravviatosi pel dritto sentiero, consenta a ridivenir grande come semplice cittadino, e non a finirsi dimpicciolire come tiranno. Posti costoro in questo aspetto di generosa nimistà, la quale ad ogni poco che l'un dei due si rallenti, è vicinissima a cangiarsi in eroica amicizia; mi pare che sopraggiungendo poi l'agnizione tra 'l padre ed il figlio, ne risulti allora un tutto fra loro che basti a destare un tal quale contrasto colle loro dominanti primitive passioni, di libertà nell'uno, di tirannide e di falsa gloria nell'altro. E di questo contrasto, ancorchè più artificiale sia egli che naturale, ne può nascere un certo interesse tragico di pietà; ma non mai, come già dissi, paragonabile a quello che deve destar Giunio Bruto.

Il Bruto secondo somministra tuttavia il vero sublime in molto maggior copia che il primo, e che niun'altra di tutte queste precedenti tragedie. Il sublime di questa dee riuscire di tanto maggiore di quello (per esempio) di Sofonisba, di quanto le passioni che muovono questi eroi sono infinitamente più alte e più importanti che le passioni di quelli. Siface e Sofonisba, son mossi dall'odio e dalla vendetta contra Roma; Massinissa dall'amore; Scipione della privata amistà: ma in questa tragedia Cesare è mosso dalla sfrenata voglia di regnare, e più ancora da un immoderato amore di gloria, benchè fallace; Bruto, e gli altri congiurati tutti, gradatamente son mossi dalla divina passione di libertà; la cosa combattuta fra loro è Roma, cioè il mondo conosciuto d'allora; i nomi dei combattitori son tali, che nessuna storia maggiore gli dà; l'effetto che risulta da questa azione si è l'annichilamento della più vasta repubblica che mai vi sia stata, e l'innalzamento della più feroce e durabil tirannide che gli uomini mai sopportassero. Nessuna sublimità di oggetto e di personaggi può dunque contrastare con questa. Ed ancorchè un Bruto, e Roma, e la libertà, siano il soggetto del Bruto primo, quello dee pur cedere nella sublimità al soggetto del Bruto secondo, perchè questa Roma di Cesare di tanto superava (se non in virtù) in sublimità e grandezza, quella Roma dei Tarquinj. Quindi in mezzo ai difetti che ha questo soggetto in sè stesso, egli appresta pure al poeta un vastissimo campo alla grandezza ideale dei caratteri; senza rischio di sentirsi addosso quelle fredde parole: *Non è verisimile:* perchè, per quanto grandiosi siano e giganteschi questi eroi, ove però non escano dal possibile in natura, li può sempre un autore giustificare, col dire: è Cesare, è Cicerone, è Cassio, ed è Bruto.

Il Cesare di questa tragedia non è interamente quale era il Cesare di Roma, ma quale egli dovea e potea benissimo essere, attese le circostanze e i doni suoi di natura; e quale forse a molti egli potè parere, senza esser tale.

Così questo Bruto, mi pare affatto creato e inventato dall'autore, ma sopra una gran base di vero. Onde io reputo, che l'autore in costui abbia forse riuscito a formare un verosimile colossale.

Cassio, è il primo dei congiurati, ma non esce però dalla comune classe dei congiuratori. E Cassio doveva pur cedere in grandezza al protagonista Bruto, che in questa tragedia mi pare un ente possibile fra l'uomo e il Dio. Nè credo, che bisognasse crear quell'eroe in nulla tragicamente minore di quel ch'ei lo sia; poichè in Bruto si dovea far degna tomba alla grandezza tutta di Roma.

Cimbro, si è voluto che in parte rappresentasse l'animo e le virtù di Catone in questo fatto, nel quale certamente l'ombra sua fu a quei tempi uno dei principalissimi attori. La virtù, la fermezza, e la feroce morte di quel Romano, debbono per certo essere stato un incentivo caldissimo nel cuore degli uccisori tutti di Cesare. Ma la parte di Cimbro non era qui suscettibile di quella estensione che si sarebbe richiesta per sviluppare gli alti sensi e le virtuose opinioni di Catone.

Cicerone, personaggio poco tragico, perchè per la sua età e senno, non essendo egli agitato da fortissima passione, poco commuove; mi parve tuttavia da introdursi in questa azione, ancorchè il farnelo sparire al terz'atto bastantemente provi contra l'aptore, ch'egli non era neppure necessario nei due primi. Necessario non era; ma, col mostrare un tale romano di più, col farlo opinare sopra i presenti pericoli, col farlo parlare della Repubblica con quella vera tenerezza di padre, non credo di aver nojato gli spettatori. Dove pure colla severità dell'arte giudicare si debba, non oserò io mai approvare l'intromissione di un attore, il quale, senza cagionar mancanza nessuna, sparisce allor che l'azione si compie. Onde difficilmente le parole di Bruto, nel principio del quart'atto, basteranno ad impedire qualche risatella, che s'innalzerà quando Cimbro annunzia che Cicerone è fuggito.

Il popolo, in questa tragedia fa una parte assai meno splendida che nell'altra. Ma credo che così esser dovesse. I Romani, all'uscire dal giogo dei Tarquinj, erano oppressi, sdegnati, e non ancora corrotti: all'entrare sotto il giogo di Cesare, erano licenziosi e non liberi, guasti, in ogni vizio perduti, e il più gran numero dal tiranno comprati. Non potea dunque un tal popolo in una tragedia di libertà aver parte, se non nel fine; quando, commosso prima dello spettacolo di Cesare morto, da buon servitore ch'egli era, imprenderebbe a vendicare il padrone. Ma allora dalla meravigliosa fermezza, dalla divina impetuosa eloquenza di Bruto egli viene arrestato, persuaso, convinto, infiammato a ricordarsi, almeno per breve ora, ch'egli può ridivenire il popolo romano. Pare a me, che in questo sublime istante si debba finir la tragedia, se l'autore nello scriverla si propone di ricavarne il più nobile fine ch'ella presenti, cioè un giusto ed immenso amore di libertà. Ma, dal finirla coll'arringa di Antonio al popolo in lode e favore del morto Cesare, ne risulta per l'appunto l'effetto contrario; e con doppio difetto dell'arte si prolunga assai troppo l'azione, che già è compiuta con la morte di Cesare, ed affatto si scambiano il fine proposto, o che uno propor si dovea, cioè, l'amore e la meraviglia per Bruto; due effetti che, per la troppa pietà da Antonio destata per Cesare, vengono falsamente a cambiarsi in odio non giusto per Bruto. Ma vero è, che le altre tragedie che trattano questo fatto s'intitolavano Cesare; e questa s'intitola Bruto.

Gli elogi del morto Cesare, nella bocca stessa di Bruto, pajono a me più grandi e più tragici assai, che non le smaccate e vili adulazioni nella bocca d'Antonio. E massimamente forse commovere potrà quell'istante, in cui Bruto si dichiara al popolo ad un tempo stesso e l'uccisore e il figlio di Cesare.

La condotta di questa tragedia partecipa dei difetti annessi necessariamente alle congiure, nelle quali si parla molto più che non si opera; e vi campeggia tra gli altri la quasi total nullità del quarto atto. Non ho saputo evitare questo difetto; ma spero, che la grandezza delle cose in esso trattate potrà renderlo in gran parte tollerabile.

INDICE

L'AUTORE E LE SUE OPERE	5
ANTIGONE	7
AGAMENNONE	61
LA CONGIURA DE' PAZZI	115
SAUL	171
MIRRA	231
BRUTO I	287
BRUTO II	341

Stampa Lito Velox - Trento